本书为国家社科基金一般项目（项目批准号：17BJY203）成果

资产价格波动与商业银行脆弱性研究

舒长江 著

Research on Asset Price Fluctuation and Vulnerability of Commercial Banks

中国社会科学出版社

图书在版编目（CIP）数据

资产价格波动与商业银行脆弱性研究/舒长江著. —北京：中国社会科学出版社，2021.7
ISBN 978-7-5203-7702-7

Ⅰ.①资… Ⅱ.①舒… Ⅲ.①资本市场—经济波动—影响—商业银行—经济管理—研究 Ⅳ.①F830.33

中国版本图书馆 CIP 数据核字（2020）第 264346 号

出 版 人	赵剑英	
责任编辑	张 潜	
责任校对	胡新芳	
责任印制	王 超	

出　　版	中国社会科学出版社	
社　　址	北京鼓楼西大街甲158号	
邮　　编	100720	
网　　址	http://www.csspw.cn	
发 行 部	010-84083685	
门 市 部	010-84029450	
经　　销	新华书店及其他书店	
印　　刷	北京君升印刷有限公司	
装　　订	廊坊市广阳区广增装订厂	
版　　次	2021年7月第1版	
印　　次	2021年7月第1次印刷	
开　　本	710×1000 1/16	
印　　张	15	
字　　数	202千字	
定　　价	79.00元	

凡购买中国社会科学出版社图书，如有质量问题请与本社营销中心联系调换
电话：010-84083683
版权所有　侵权必究

目 录

第1章　绪论 …………………………………………（1）
 1.1　研究背景与意义 …………………………………（1）
 1.2　研究内容与研究目标 ……………………………（7）
  1.2.1　研究内容 ……………………………………（7）
  1.2.2　研究目标 ……………………………………（11）
 1.3　概念界定 …………………………………………（12）
  1.3.1　金融脆弱性 …………………………………（12）
  1.3.2　金融资产 ……………………………………（13）
  1.3.3　资产价格波动 ………………………………（13）
 1.4　研究思路与研究方法 ……………………………（14）
  1.4.1　研究思路 ……………………………………（14）
  1.4.2　具体研究方法 ………………………………（14）
 1.5　研究特色与创新之处 ……………………………（16）
  1.5.1　研究特色 ……………………………………（16）
  1.5.2　创新之处 ……………………………………（17）
 1.6　研究不足 …………………………………………（18）

第2章　文献综述 ……………………………………（19）
 2.1　金融脆弱性本质与根源 …………………………（19）

2.2 金融脆弱性成因 …………………………………………… (20)
2.3 金融脆弱性的呈现效应 ……………………………………… (24)
2.4 金融脆弱性与宏观政策 ……………………………………… (27)
2.5 文献简评 ……………………………………………………… (34)

第3章 基础理论构建：基于资金循环流动视角 ………… (36)
3.1 引言 …………………………………………………………… (36)
3.2 理论模型构建 ………………………………………………… (37)
3.3 产业资金与金融窖藏 ………………………………………… (39)
    3.3.1 产业资金 ……………………………………………… (39)
    3.3.2 金融窖藏 ……………………………………………… (40)
3.4 理论模型推导 ………………………………………………… (41)
3.5 资产价格波动对商业银行脆弱性的传导机制 ……………… (44)

第4章 资金循环流动与资产价格波动 ……………………… (47)
4.1 引言 …………………………………………………………… (47)
    4.1.1 流动性驱动与资产价格波动 ………………………… (49)
    4.1.2 资产价格波动与货币政策 …………………………… (50)
4.2 研究假设 ……………………………………………………… (51)
4.3 研究设计 ……………………………………………………… (52)
    4.3.1 变量选取与数据说明 ………………………………… (52)
    4.3.2 模型设定 ……………………………………………… (54)
4.4 实证结果分析 ………………………………………………… (55)
    4.4.1 多元回归分析 ………………………………………… (55)
    4.4.2 VAR模型结果分析 …………………………………… (57)
4.5 货币政策扩展 ………………………………………………… (62)

4.6 研究结论和政策建议 ……………………………………（65）

第5章 我国商业银行脆弱性的现实考察 ………………（68）
5.1 引言 ………………………………………………………（68）
5.2 理论基础 …………………………………………………（71）
5.3 我国商业银行脆弱性的现实考察 ………………………（72）
   5.3.1 家庭部门杠杆率 …………………………………（75）
   5.3.2 政府部门杠杆率 …………………………………（76）
   5.3.3 非金融企业杠杆率 ………………………………（78）
5.4 研究结论与政策建议 ……………………………………（80）

第6章 利率价格波动对商业银行脆弱性的冲击 ………（83）
6.1 引言 ………………………………………………………（83）
6.2 理论模型 …………………………………………………（85）
6.3 研究设计 …………………………………………………（88）
   6.3.1 实证模型与变量说明 ……………………………（88）
   6.3.2 样本选取与数据来源 ……………………………（94）
6.4 实证结果分析 ……………………………………………（95）
   6.4.1 回归结果分析 ……………………………………（95）
   6.4.2 稳健性检验 ………………………………………（99）
6.5 研究结论和政策建议 ……………………………………（100）

第7章 房地产价格波动对商业银行脆弱性的冲击 ……（102）
7.1 引言 ………………………………………………………（102）
7.2 文献回顾 …………………………………………………（105）
7.3 研究设计 …………………………………………………（106）

7.3.1　计量模型设定 …………………………………………（106）
　　7.3.2　变量选取与数据说明 …………………………………（107）
　7.4　实证结果分析 ……………………………………………（108）
　　7.4.1　描述性统计 ……………………………………………（108）
　　7.4.2　实证结果分析 …………………………………………（108）
　7.5　研究结论与建议 …………………………………………（112）

第8章　资产价格联合波动对商业银行脆弱性的冲击 …………（114）
　8.1　引言 ………………………………………………………（114）
　8.2　研究设计 …………………………………………………（118）
　　8.2.1　变量选取与数据说明 …………………………………（119）
　　8.2.2　模型设立 ………………………………………………（123）
　8.3　实证结果分析 ……………………………………………（124）
　　8.3.1　多元回归分析 …………………………………………（124）
　　8.3.2　VAR模型分析 …………………………………………（127）
　8.4　结论和建议 ………………………………………………（130）

第9章　信贷错配与商业银行脆弱性特征下的宏观效应 ………（132）
　9.1　引言 ………………………………………………………（132）
　9.2　考虑银行脆弱性的银行与企业最优行为分析 …………（136）
　　9.2.1　违约概率与银行最优契约安排 ………………………（138）
　　9.2.2　违约概率与企业最优投资规模 ………………………（139）
　9.3　模型、数据及指标说明 …………………………………（141）
　　9.3.1　模型描述 ………………………………………………（141）
　　9.3.2　指标解释 ………………………………………………（144）
　　9.3.3　数据说明 ………………………………………………（145）

9.4 模型检验与参数估计 …………………………………… (145)
　　9.4.1 参数校准 …………………………………………… (145)
　　9.4.2 参数估计 …………………………………………… (147)
　　9.4.3 模型检验 …………………………………………… (149)
9.5 模拟结果及分析 ………………………………………… (150)
9.6 结论及启示 ……………………………………………… (154)
附录　DNK-DSGE 模型各部门具体描述 ………………… (155)

第10章　商业银行脆弱性与货币政策新框架选择 ……… (161)
10.1 引言 …………………………………………………… (161)
10.2 理论模型构建 ………………………………………… (164)
10.3 基于动态随机一般均衡模型的数值模拟 …………… (168)
　　10.3.1 模型描述 ………………………………………… (168)
　　10.3.2 参数估计 ………………………………………… (171)
　　10.3.3 模拟分析 ………………………………………… (173)
10.4 研究结论与政策启示 ………………………………… (176)

第11章　货币政策立场、宏观审慎管理与商业银行脆弱性 … (180)
11.1 引言 …………………………………………………… (180)
11.2 理论分析与研究假设 ………………………………… (184)
11.3 研究设计 ……………………………………………… (187)
　　11.3.1 模型构建与估计 ………………………………… (187)
　　11.3.2 变量定义与描述 ………………………………… (191)
　　11.3.3 样本与数据来源 ………………………………… (195)
11.4 实证结果与分析 ……………………………………… (195)
　　11.4.1 货币政策立场对银行风险承担影响的估计

　　　　　结果 …………………………………………………………（195）
　　11.4.2　货币政策立场对银行风险承担影响异质性的
　　　　　估计结果 …………………………………………………（197）
　　11.4.3　货币政策立场与宏观审慎管理对银行风险承担
　　　　　协同作用的估计结果 ……………………………………（199）
　　11.4.4　稳健性检验 ………………………………………………（202）
　11.5　主要结论 ……………………………………………………………（203）

第12章　研究结论与展望 …………………………………………………（205）
　12.1　研究结论 ……………………………………………………………（205）
　　12.1.1　基础理论构建：基于资金循环流动视角 ………………（206）
　　12.1.2　资金循环流动与资产价格波动 …………………………（206）
　　12.1.3　利率价格波动对商业银行脆弱性的冲击 ………………（207）
　　12.1.4　房地产价格波动对商业银行脆弱性的冲击 ……………（207）
　　12.1.5　资产价格联合波动对商业银行脆弱性的冲击 …………（208）
　　12.1.6　信贷错配与商业银行脆弱性特征下的宏观效应 ………（208）
　　12.1.7　商业银行脆弱性与货币政策新框架选择 ………………（209）
　　12.1.8　货币政策立场、宏观审慎管理与商业银行
　　　　　脆弱性 ……………………………………………………（210）
　12.2　工作展望 ……………………………………………………………（211）
　　12.2.1　负利率条件下的货币政策操作对商业银行
　　　　　脆弱性的影响 ……………………………………………（211）
　　12.2.2　金融去杠杆对商业银行脆弱性的影响 …………………（212）

参考文献 ……………………………………………………………………（213）

第 1 章　绪　论

1.1　研究背景与意义

当前整个世界正处于百年未有大变局时期，中美贸易战的持续加剧了整个世界经济的不确定性，让后金融危机时期的经济体系更加脆弱。经济的萎缩、大量金融风险的不断积聚，如果稍微处理不好极易发生"明斯基时刻"。金融是经济体系正常运转的血液，金融机构是链接实体经济与虚拟经济互动的桥梁，金融强则经济强，金融活则经济活，金融稳则经济稳。当前整个世界不同国家的金融体系按照融资方式的不同大致可以划分为以美国为典型代表的直接融资体系国家和以中国为典型代表的间接融资体系国家。直接融资的金融体系大量的金融风险可以通过社会公众的分担而有效释放，间接融资的金融体系大量的金融风险则主要积聚在商业银行体系，难以被社会分担，很容易发生系统性金融风险。

改革开放四十年来，我国取得了令人瞩目的成绩，GDP 总量已经跃居全球第二、外汇储备位居世界第一，金融开放不断加快，人民币国际化水平不断提升。与此同时，我国资产价格也在不断攀升并且呈现大涨大落的特征。在股市，我国上证指数从最初的 1990 年的 1000 多点达到 2007 年的最高 6100 多点，但是 2007 年的金融危机又使得股指在半年的时间里迅速暴跌到 2000 点以下，尤其在 2014 年 11 月 20 日到 12 月 8 日，短短 12 个交易日，经历漫漫 7 年熊市的中国股市暴涨 20% 多，迎来了一场轰轰烈烈的"疯牛"行情；但好景不长，2015 年 6 月 15 日到 7 月 8 日，短短 17 个交易日，A 股从 5178 点暴跌到 3507 点，股指暴跌了 1671 点，出现连续多日的千股跌停的壮观场面（见图 1-1）。

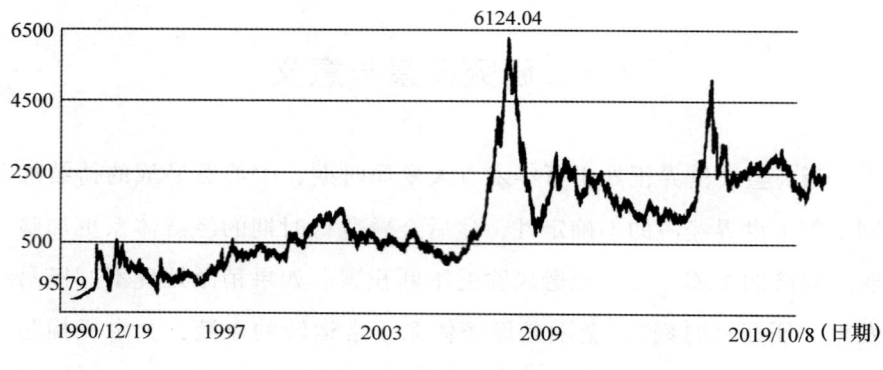

图 1-1　上证指数年线图

数据来源：新浪财经。

在房市，房地产已经成为拉动我国经济高速发展的重要行业，房地产的金融属性已经严重越位房地产的商品属性，房地产投机成为全国居民最亲睐的标的，例如从 2015 年至 2017 年两年之间，全国房地产出现了井喷式增长，尤其以深北上广等一线城市房价全面飙升进而带动内地二三四线城市房地产"量价"齐升的火爆场面，房地产市场泡沫高位累积，截至 2018 年末我国房地产价值总量达到 65 万亿美元，房地产总市值大约是 GDP 总量的 5 倍，位居世界前列（见表 1-1）。

表 1-1　　　　　　　　房地产总市值国际比较

国家	房地产总市值	国家总人口	GDP（2018）
中国	65 万亿美元	13.95 亿	13.46 万亿美元
日本	10 万亿美元	1.26 亿	5.07 万亿美元
美国	30 万亿美元	3.28 亿	20.51 万亿美元
英国	8.5 万亿美元	0.66 亿	2.8 万亿美元
加拿大	2.8 万亿美元	0.37 亿	1.66 万亿美元

股市的虚假繁荣以及楼市的火热导致大量的资金进入虚拟经济市场，由于我国是典型的以商业银行为主体的间接融资体系，大量的银行信贷使得我国商业银行的规模快速增长，但是增长的背后却是以不良资产率高企为代价。根据中国银保监会公告，截至 2018 年第二季度末，商业银行（法人口径）不良贷款较上季度末增加 1829 亿元，达 1.96 万亿，创逾十年来有记录以来最大季度涨幅，不良贷款率 1.86%，是 2009 年 3 月以来最高水平。与此同时，美国银行的资本充足率不断上升，不良贷款率与不良资产率呈现"双降"趋势，截至 2018 年第二季度末，美国银行的不良贷款率与不良资产率仅为 0.99 与 0.6，远远低于国内银行水平。由此可见，我国商业银行脆弱性非常严重，一旦市场发生"黑天鹅"和"灰犀牛"事件，整个金融体系将不堪一击，容易爆发金融危机，美国的次债危机就是前车之鉴。因此，2017 年中央工作经济会议明确将防范化解系统性风险置于今后工作的首要位置，去杠杆成为金融监管的一个重点方向。

金融自由化与金融监管的放松极大地促进了全球金融市场的发展，有力地助推了世界经济的增长，但同时也导致世界性的金融危机频频发生，尤其最近二三十年以来，世界不同区域的国家在毫无征兆的情况下，突然出现了金融机构倒闭、金融体系动荡，进而引发金融危机。典型的事例有：20世纪80年代亚洲的日本"楼市泡沫经济"的破灭，20世纪90年代南美洲阿根廷金融危机，2008年美国的金融危机，2010年的欧洲主权国家债务危机。这些金融危机的发生尽管形式多样、原因多种，但都有一个共同的特征，即危机发生前实体经济一切运行良好，危机最初发生在一个相对封闭的金融体系内，然后通过金融系统迅速传导到实体经济，最后全面爆发经济危机。传统的关于金融危机理论多是从外部宏观经济角度来解释和分析，但频繁的金融危机使得这些传统理论越来越不具有适应性和说服力，这就迫使人们不得不放弃传统思维，从金融系统本身来进行研究，金融脆弱性理论便应运而生。金融危机破坏之大、影响之深、波及范围之广，促使人们对金融脆弱性进行持续性、系统性的研究，世界货币基金组织也定期发布"金融稳定报告"，对全球的金融脆弱性状况进行持续评估。现有研究表明，金融体系的顺周期性、金融自由化、资产价格巨幅波动是造成金融脆弱性频发的主要原因。如何缓解金融脆弱性和防范金融危机是理论界和实务界共同关注的问题。

2008年全球金融危机再次证明，以价格稳定为目标的货币政策在降低金融脆弱性方面所发挥的作用并不能达到预期目标，越来越多的国家和组织开始反思当前宏观政策的缺陷，与此同时，人们更多地寻求从宏观审慎视角来防范金融脆弱性，建立宏观审慎政策框架的重要性日益凸显。最新的研究显示，宏观审慎政策与货币政策对金融市场的作用呈现出异质性，其中货币政策的作用显著持久，并且可以缓解长期金融不确定性，相比较而言宏观审慎政策的作用更加迅速，持续时间更短。例如对比利率和贷款收入比率可知，二者共同作为抑制经济过度波动的工具选择，在具体实施过程中发现利率在维持宏观经济变量稳定的同时也会引起其他宏观经济变量特别是产出和通货膨胀的波动，而实践证明贷款收入比率是抑制经济过度波动最行之有效的工具；经济周期受到外界不同冲击驱动时，宏观审慎政策对金融市场会产生不同的影响，当经济周期来源于供给冲击驱动的正常时期，宏观审慎政策对金融市场稳定效果不是特别明显，但当经济周期来源于金融冲击驱动的非正常时期，宏观审慎政策对金融市场稳定效果非常明显。货币政策通常被视作调控经济最好的工具，但在受到金融冲击的情况下，最优的政策选择是货币政策和宏观审慎政策共同发挥作用，货币政策盯住价格稳定，宏观审慎政策盯住信贷稳定。即使在货币政策比较激进的情况下，宏观审慎政策仍旧可以有效地补充货币政策的不足，引入宏观审慎政策依然会增进社会福利。

目前我国正处于经济制度转型和完善阶段，一旦发生金融脆弱性，必将会对整个国民经济体系造成致命的冲击。同时随着市场经济的逐步发展完善，金融体系下的各种金融市场联系更加紧密，呈现出高度复杂的网络特征以及联动效应，这种新特征使得金融风险传播更便捷、更迅速、更难以防范。基于当下现实背景以及我国金融体系的实际，揭示导致资产价格大起大落的根本因素、资产价格波动对商业银行脆弱性的冲击机理、冲击路径、商业银行脆弱性表象特征，并就如何加强货币政策与宏观审慎政策协调，提升金融监管手段的有效性，防范系统性金融风险，维护金融体系的整体稳定具有重大的理论与现实意义。

第一，大量的金融危机警示我们，资产价格的波动只是问题的外在表现，将稳定资产价格作为应对危机的切入点很难从根本上解决问题。尤其当前世界各主要经济体宏观流动性与资产价格呈现高度的趋同性：从2001年至2007年底，宏观流动性充裕甚至过剩的态势在逐渐凸显，最主要体现在以房地产和股票为代表的资产价格出现持续、大幅度的上涨趋势。2007年底美国次贷危机发生后，直接导致了全世界宏观流动性和资产价格发生大幅逆转，出现了宏观流动性短缺、资产价格暴跌的局面，流动性与资产价格波动之间到底具有什么联系值得深究。纵观已有研究成果，学者们或从资产定价、资产价格泡沫的成因和治理方面进行研究，而对资金流动与资产价格波动之间相互作用机制的深入研究还比较少，理论上还需要进一步完善。

第二，我国是典型的以商业银行为主导的间接融资体系国家，商业银行在整个融资体系发挥着不可替代的作用，资产价格波动对我国金融脆弱性的冲击，主要表现为对商业银行脆弱性的冲击。当前我国的商业银行发展格局已经表现为大型国有控股商业银行、股份制商业银行、城市商业银行、农村商业银行、外资银行、村镇银行等多种类型并存格局，2015年5月1日国家正式出台了商业银行存款保险制度，国家不再对商业银行兜底，商业银行根据市场运行规则允许破产，在此大背景下，研究资产价格波动对这些不同类型、不同层次、不同规模的商业银行脆弱性冲击途径、冲击机理以及冲击效果是否存在显著的差异性，切实保护存款人的财产安全、为宏观政策差异化操作提供理论指导和操作建议无疑具有重要的理论和现实指导意义。

第三，历次金融危机表明，当市场参与主体处在经济周期上升阶段时，有一股内在力量促使其增加风险偏好、加大融资杠杆，金融体系也会变得愈发脆弱。金融体系向纵深方向发展以及市场严密分工不仅不能有效化解金融体系内在脆弱性，反而有加重之势。各类金融机构不仅要承受主营业务的风险，还要面临金融风险在各金融子市场间加速传递和配置所导致的跨市场风险，而这往往是现有监管体系的薄弱区，也是危机的爆发点。本书以资产价格波动为切入点，重点探讨了资产价格波动与金融脆弱性的关系，并将落脚点放在宏观审慎政策框架的构建上，从宏观、逆周期和跨市场的视角评估和防范系统性风险，防止金融体系的顺周期波动和跨市场的风险传播，是当前研究推进金融监管体制改革十分重要的出发点和视角，能够弥补原有金融管理体制上的重大缺陷。

1.2 研究内容与研究目标

1.2.1 研究内容

本书基于资金循环视角,构建资产价格波动的理论基础,在此基础上探讨资产价格波动对商业银行脆弱性的传导机制、微观效应,进而从微观层面上升到宏观层面就货币当局如何强化宏观审慎政策框架与货币政策协调,防范金融风险。整个研究遵循文献综述、一般理论系统归纳、计量模型构建、实证分析和对策启示等研究范式。具体研究内容如下。

第1章 绪论。本章分别从为什么(本章的选题背景、研究意义)、是什么(研究内容、研究目标、概念界定、研究思路、研究方法)、怎么样(创新之处与不足)三方面对本章所要阐述的重点内容进行了详细的论述。

第2章 文献综述。本章主要工作是对现有文献进行系统梳理,并从金融脆弱性本质与根源、金融脆弱性成因、金融脆弱性的宏观效应、金融脆弱性与宏观政策四个方面进行了归纳总结,在此基础上,评述现有文献在某些方面的不足,为后续研究提供理论价值参考。

第3章 基础理论构建:基于资金循环流动视角。从看似毫不相关的经典实例入手,深入分析这些经典实例背后的共同点。由现象到本质,从实体经济与金融虚拟经济的关系出发,以资金循环流动为纽带,借鉴 Binswanger(1997)三部门建模思路构建了一个包括家庭部门、企业部门、金融部门、政府部门和国外部门的五部门资金循环流量模型,并利用数理方法对该模型进行了理论推导,并以此理论作为本书的理论基石。

第4章 资金循环流动与资产价格波动。根据构建的资金循环流动理论模型,从流动性螺旋机制入手,厘清了资金流动性与资产价格波动之间的内在逻辑关系,揭示了资产价格波动的实质是资金流动性"三失"问题。并基于我国2010年第四季度至2018年第四季度房地产数据进行了实证检验,无论是多元线性回归模型静态分析还是Var模型动态分析都一致支持结论的正确性,其中脉冲响应函数分析结果印证了流动性螺旋的传导机制,差分分解结果表明宏观流动性变动对房地产价格具有很强的持续解释能力,格兰杰因果检验结果暗示流动性螺旋机制在房地产市场存在。根据上述研究结论,对传统货币政策框架中的货币数量方程和菲利普斯曲线进行了扩展,建立了货币政策理论新框架,探讨了宏观流动性、资产价格、实体经济之间的关系。新的理论框架表明,资产价格对产出确实有影响,具有明显的挤出效应,货币政策在关注实体经济稳定的同时应该关注资产价格的稳定。当下的政策建议是市场情绪应该纳入货币政策操作的参考变量,尽早建立流动性预警体系,防范系统性风险的产生,增强货币政策宏观调控的前瞻性,有效识别流动性螺旋机制的发生。

第5章 我国商业银行脆弱性的现实考察。基于资金循环视角,从非金融企业杠杆率定义推导出了资产收益率是连接微观杠杆率与宏观杠杆率的纽带,进而从理论上论证了我国经济部门结构性微观杠杆率差异在于各部门之间的资产收益率的差异。依据该理论考察了我国商业银行脆弱性的现实情况,研究发现,当前我国一些部门与行业的现实杠杆率与理论分析相悖,造成了资金的错配,严重冲击了我国金融体系的稳定性,加大了我国金融体系的脆弱性。在保稳定、防风险政策实施过程中要精准识别不同部门、不同领域杠杆率的性质,科学施策,避免"一刀切"的金融去杠杆。

第6章 利率价格波动对商业银行脆弱性的冲击。利用2010年第四季度至2018年第四季度数据，基于商业银行的脆弱性，并将银行同业拆借市场纳入分析框架，检测了我国商业银行受利率冲击的金融加速器效应及其差异性。研究结果表明，面对利率冲击，基于银行脆弱性的不同类型的商业银行，不仅存在差异显著的冲击效应，而且还呈现显著的非线性、非对称性特征。相应的政策含义是，央行在货币政策制定和实施过程中，应根据外部融资溢价状态相机决策，采取差异化的操作手段，以提高货币政策的有效性。

第7章 房地产价格波动对商业银行脆弱性的冲击。鉴于房地产在我国国民经济中的重要性，选取2010年第四季度至2018年第四季度数据，考察了房地产价格波动与商业银行脆弱性冲击的微观效应，并在此基础上进一步分析了这种微观效应的非线性特征。研究结果表明，面对房地产价格波动的冲击，商业银行脆弱性呈现典型的显著性效应，房地产价格波动对商业银行脆弱性具有显著的负向冲击，房地产价格上升能够显著减低商业银行的脆弱性，房地产价格下降会显著提升商业银行的脆弱性，加大商业银行体系的金融风险。研究结论还显示，面对房地产价格冲击，不同类型商业银行脆弱性具有显著的差异性，其中，国有商业银行脆弱性面临的冲击效应最大，城市商业银行最小。非线性估计结果表明，房地产价格波动对商业银行脆弱性的冲击呈现典型的"U"曲线效应，表明房地产价格上升在短期内会显著降低商业银行的脆弱性，但是随着时间的推移，房地产价格持续上升，其价格泡沫不断增大，隐含的金融风险越来越大，对商业银行的脆弱性又具有提升作用，会加大商业银行的系统性金融风险。结论还表明，不同类型商业银行脆弱性面对房地产价格波动所呈现的非线性特征具有显著性差异。随着房地产价格泡沫的不断增大，一旦泡沫破裂，农村商业银行抵御风险的能力最低，抵御风险能力最强的是国有商业银行。

第8章 资产价格联合波动对商业银行脆弱性的冲击。本章基于资金循环视角，利用2010年第四季度至2018年第四季度数据，构建了包含金融市场多项资产价格波动的FCI指数和商业银行脆弱性代理变量，建立了两者之间多元线性回归与VAR模型，并通过脉冲响应函数，得出FCI指数的表达式。研究结果一致表明，无论是线性回归模型还是VAR模型，房地产价格、人民币有效汇率价格波动是造成商业银行脆弱性的主要扰动源，其扰动贡献值高达71%；同时进一步分析得出FCI指数是商业银行脆弱度的单项格兰杰原因。并就当下正确处理好房地产去库存与防风险、人民币国际化改革与国内金融稳定、金融分业监管与加强协调沟通之间的关系提出了相关对策建议。

第9章 信贷错配与商业银行脆弱性特征下的宏观效应。基于我国经济现实，放松企业同质性（国有企业与民营企业）和"完美银行"的隐含假设，将国有、民营的"二元"信贷错配和商业银行脆弱性特征引入带有金融加速器效应的DNK-DSGE模型。模拟结果表明，随着金融市场约束条件的不同，金融加速器效应存在显著性差异，由于放松了"完美银行"假设，外界微小冲击通过企业资产负债表和银行资产负债表双重扩大（收缩）机制，使得金融加速器效应更加显著，又由于我国典型的国有企业与民营企业"二元"信贷错配的存在，造成了我国整体外部融资风险升水的杠杆率弹性被低估，对金融加速器效应又具有一定的冲抵效应。模拟结果还表明，信贷错配和商业银行脆弱性特征叠加的外部冲击影响程度存在差异，其货币政策对调控通货膨胀效果最好，对调控总产出效果欠佳，同时其外部冲击具有传递性和持续性，并且这种持续性会延长1—2个季度。本研究可为宏观调控决策提供理论依据。

第10章 商业银行脆弱性与货币政策新框架选择。残酷的经济泡沫与频发的金融危机现实不断提醒货币当局，传统的以稳定实体经济为唯一目标的货币政策框架已经不合时宜。借鉴现有文献，在传统货币政策目标框架体系内增加了金融稳定目标。新的货币理论框架模型推导表明，中央银行增加金融稳定目标后，能有效避免最优利率被系统性低估，从而发挥中央银行最优利率在整个市场体系中的基准价格的引导作用。同时动态随机一般均衡模型模拟结果表明，中央银行最优利率水平与中央银行设定金融稳定目标权重的偏好程度、与社会福利损失水平同向变动，与银行损失成本反向变动。同时央行设定不同金融稳定目标权重后，面对外界不同冲击，实际产出与货币供给增速会发生显著性变化。根据上述研究结论，给出的政策启示一是建立"双稳定目标"的货币政策新框架，二是构建"双支柱"宏观调控新格局。

第 11 章 货币政策立场、宏观审慎管理与商业银行脆弱性。本章实证检验货币政策立场与宏观审慎管理对银行风险承担的协同作用。研究结果表明：宽松的货币政策立场会增加银行风险承担，且银行的资产规模越小、资本比例越低、流动性越差，承担的风险越高，对货币政策立场的变化越敏感。研究还发现，宏观审慎管理的加强会降低银行风险承担，削弱货币政策立场对银行风险承担的影响，且银行的资产规模越小、资本比例越低，货币政策立场对银行风险承担的作用效果降低得越明显。

第 12 章 研究结论与展望。本章主要是对本书的研究结论进行概括并提出下一步的研究方向。

1.2.2 研究目标

本书在拟在已有文献研究的基础上，根据研究框架和研究内容，提出并实现以下研究目标。

第一，根据资金循环理论，构建资金循环流动五部门模型，运用宏观经济五部门变量恒等式，得出了金融机构将基础货币转化为信用后，形成了两个现代经济中既有联系又相互独立的循环系统，即致力于发展实体经济的"产业循环"和用于金融交易的"金融循环"，进而探究境内资金"金融窖藏"与境外资金"金融窖藏"这两个解释变量与资产价格剧烈波动的内在关系，为后续研究打下坚实理论基础。

第二，根据资产价格波动对商业银行脆弱性传导机制，分别考察利率和房地产价格波动对商业银行脆弱性的冲击效应，并运用2010年第四季度至2018年第四季度数据进行实证检验，检验结论可为我国防范资产价格波动对商业银行脆弱性的冲击提供政策操作参考。

第三，随着金融市场的日益发展，出现了多种金融资产市场，包括股票市场、房地产市场、外汇市场、货币市场等，这些金融市场相互交织、相互影响，具有"共振效应"，并且这些资产的波动呈现双向性。用单一金融市场数据来分析其对整个金融体系的影响已远远不够，金融条件指数作为多种资产价格的代理变量是否适应我国具体实际，其对金融市场的冲击是否具有非线性、非对称性影响，这些问题需要一一加以解决。

第四，随着宏观审慎政策在我国金融宏观调控过程中发挥着越来越重要的作用，作为一项相对较新的、重要的政策，其与传统的宏观调控政策——货币政策具有怎样的内在联系以及两者之间的协调性如何，这是本书亟须解决的重点和难点，也是预期需要实现的重要目标。

1.3　概念界定

1.3.1　金融脆弱性

现有关于金融脆弱性的文献研究大多集中在论述其产生的原因，

对其具体概念的阐述较少以至于学界至今没有给出明确的界定。根据Minsky, Hyman P.（1995）、黄老金（2001）等文献，金融脆弱性可以界定为：金融业固有的高负债经营特征更容易受到监管疏漏、道德风险、经济周期波动、国内外经济环境变化的冲击，进而导致金融危机、债务危机、企业破产、物价飞涨或通货紧缩、失业等问题。现有文献研究对金融脆弱性的定义有广义和狭义之分。广义的金融脆弱性主要是指随着风险积聚到一定程度，金融领域处于危险的一种状态；狭义的金融脆弱性是指金融机构高负债经营的特征本身就内含不稳定性因素，增加了破产的可能性。在商业银行占主导地位的金融体系中，商业银行脆弱性就代表了金融体系脆弱性，由于我国的金融体系是典型的以商业银行为主导，因此本书研究的金融脆弱性特指商业银行脆弱性。

1.3.2 金融资产

资产是指经济主体所拥有的或者能够控制的以货币来衡量的各种经济资源的总和。资产有各种划分标准，从大类划分一般被划分为非金融资产和金融资产。非金融资产又进一步可以划分为生产资产与非生产资产等；金融资产主要是指金融体系里的一切金融工具或金融合约。这里特别要对房地产资产进行明确说明。在现代经济中，房地产同时具有商品属性与金融资产属性。当房地产用来居住时，主要体现其商品属性，但房地产也可以用来投资与投机，主要体现其金融资产属性，其价格波动与其他金融资产价格波动相同。因此在实证分析时很自然将房地产视为金融资产。本书在没有特别说明的情况，所研究的资产都是金融资产。

1.3.3 资产价格波动

金融资产价格波动指金融资产价格偏离由经济基本面所决定的金

融资产的内在价值。目前，关于金融资产价格波动的理论研究主要遵循两种思路：一种是从单个金融资产市场出发研究单个金融资产价格如何围绕自身内在价值波动，此类研究称之为个体视角下的金融资产价格波动；另一种思路是从总体视角出发对某类金融资产市场上整体金融资产价格水平的波动进行研究。根据研究需要，本书选取后一种研究思路，即从总体视角来研究金融资产价格波动。

1.4 研究思路与研究方法

1.4.1 研究思路

本项目从资金循环流动的本质入手，揭示资产价格波动与商业银行脆弱性之间的内在逻辑、相互影响机理。整个研究遵循文献综述、一般理论系统归纳、计量模型构建、实证分析和对策启示等研究范式，运用文献梳理与经验分析法、计量统计法、动态随机一般均衡分析法以及比较分析法开展，最终实现本课题的研究目标。其具体研究路线图见图1-2。

1.4.2 具体研究方法

（1）文献梳理与经验分析法。通过归纳整合现有的文献研究，对资产价格波动、金融脆弱性的相关文献进行梳理、理论与经验分析，以资金循环理论为研究基石构建了资产价格波动与金融脆弱性的理论分析框架。

（2）计量经济学分析方法。运用 VAR 模型、Kitotaki & Moore（1997）模型、理性预期结构模型等计量经济学模型构建分析的主体框架，通过协整检验、格兰杰因果分析、方差分解、脉冲响应分析等方法，就"跨境资金"、"金融窖藏"、银行信贷对资产价格波动与金

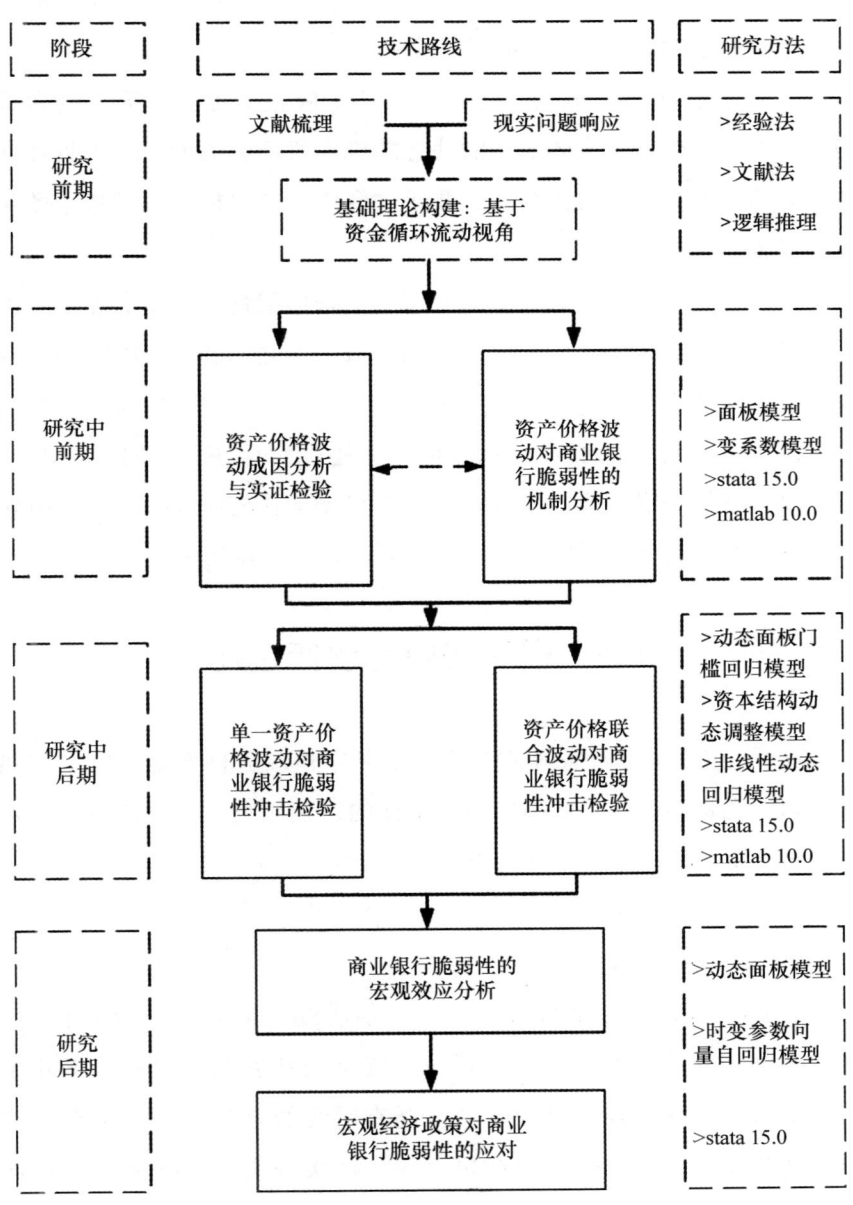

图 1-2 技术路线图

融脆弱性的影响、资产价格波动对商业银行脆弱性的影响、货币政策对资产价格波动的反应等进行实证分析。

（3）动态随机一般均衡分析。构建了囊括家庭、厂商、金融机构、政府、国外五个主体部门的动态随机一般均衡模型，运用贝叶斯估计对相关参数进行具体估计，并通过数值模拟分析了我国货币政策工具规则的选择问题。

（4）比较分析法。本书关注常态化信贷错配特征对于商业银行脆弱性的影响，在借鉴 Aspachs, Goodchart, Tsomocos（2006）关于商业银行脆弱性研究的基础上，构建了一个同时包含成本效应、杠杆效应、信贷错配特征的 DNK-DSGE 模型，通过对传统的 DNK-DSGE 模型以及考虑信贷错配特征的 DNK-DSGE 模型的比较研究，刻画同时包含信贷错配和商业银行脆弱性特征下的金融加速器效应。

1.5 研究特色与创新之处

资产价格波动、金融脆弱性以及宏观审慎政策框架是研究中的热点问题，也是同时具备基础性和前瞻性的课题研究。本书的研究特色和创新点主要体现在以下几个方面。

1.5.1 研究特色

本书自始至终贯穿两条主线：一条明线：宏观审慎政策框架，这是本书完成的落脚点；一条暗线：资金循环流动，这是本书开始的立足点。明线与暗线交相呼应，既有明线的宏观视野，又有暗线的微观基础，使得本书研究逻辑严谨、层次分明、思路清晰、目标明确。

1.5.2 创新之处

第一，在借鉴 Binswanger（1997）"金融窖藏"模型基础上，构建了资金循环的五部门模型，以产业循环与金融循环为着眼点探讨资产价格的波动，并就影响资金循环的两个重要因素：境外资金"金融窖藏"和境内资金"金融窖藏"对商业银行脆弱性和资产价格波动的影响分别进行了实证分析，并在此基础上就资产价格波动冲击下宏观经济金融系统稳态的阶段性特征与动态演化机制进行了深入研究。

第二，关于资金流量扩张、资产价格波动与金融稳定的关系，以往文献研究主要关注银行资本充足率、抵押渠道以及金融加速器等各个方面，本书在对资产价格波动与银行信贷关系进行了系统论证基础上，以资金循环流动为切入点重新审视这一问题，认为在以银行为主导的金融体系中，银行信贷在资金循环流动中起到重要的"中介效应"，对资产价格波动的助长助跌作用会更加明显，进而探讨了银行信贷、资产价格、产业"空心化"以及金融脆弱性之间的作用机制，阐明了资产泡沫破灭对宏观经济体系构成毁灭性打击深层原因。

第三，将资产价格波动分为上升期和下降期两个阶段，各种资产价格在不同阶段所产生的交互影响具有差异性。目前大多数研究仅仅关注到资产价格波动的一个阶段或者是一种资产价格的影响，很少有文献研究将多种资产价格波动与金融脆弱性相互作用全过程联系起来进行完整的描述与阐释。本书通过 FCI 合成指数法构建出作为市场多种资产价格的代理变量，分析多种资产价格波动对金融体系的联合影响。

第四，通过建立相关计量模型和资金循环流动下的五部门 DSGE 模型，论证了央行沟通在宏观审慎监管政策与货币宏观调控政策之间的重要作用，并有效解决了当下两者之间的协调性问题。

1.6 研究不足

第一，本书从资金循环流动切入构建了五部门资金循环模型，来剖析资产价格波动对商业银行脆弱性的冲击，具有较强的理论基础。但是资金循环流动是在市场主体之间不断流动的，考察资产价格波动与商业银行之间的关系，最好采用结构方程计量模型。但是鉴于数据的可获性以及研究周期的时长性未能采取这种方法，这会使分析的实际效果可能与真正要求还有一定距离，需要未来进一步深入挖掘。

第二，当前我国已经成为全球第二大经济体，开放格局不断扩大，已经与世界经济深入融合，考虑中国经济问题不得不考虑外国因素的溢出效应。本书在研究过程中虽然使用了 DNK-DSGE 模型，但是为了使研究简洁，模型使用了封闭经济条件假设，这些假设比较苛刻，未来研究假设需要进一步放松。

第 2 章　文献综述

2.1　金融脆弱性本质与根源

现有文献大多从货币角度与金融特殊性角度两方面论述金融脆弱性本质的问题。Houben、Kakes and Shinasi（2004）认为，货币的功能引致了金融的属性与功能，金融在对货币功能进行扩展和提升的同时，其脆弱性也随之产生。Diamond and Dybvig（1983）认为，商业银行在进行流动性转换的同时也面临着非流动性资产应对流动性负债的固有缺陷，极易诱发金融风险。Diamond and Rajan（2000）研究表明，由于储蓄契约脆弱性的存在，银行时刻暴露于挤兑危险之下，银行自有资本虽然可以降低危机发生的概率，但需以牺牲银行流动性创造能力为代价。Bandt and Hartmann（2000）认为，金融机构比其他部门更脆弱，更容易陷入系统性危机的原因在于金融部门的资产负债表结构特性、银行间市场和支付清算系统组成的复杂网络的特性、金融合约包含的信用特性三方面特性的存在。Houben、Kakes and Shinasi（2004）指出，过去的几十年，由于金融系统快速扩展、金融体系内部结构深化、跨产业与跨界并购、金融活动和金融衍生品的创新等因素，加重了金融体系的脆弱性。巩云华、张若望（2009）认为，金融体系内在不稳定性、信息不对称和经济周期波动等原因会导致金融脆弱性产生,并进一步分析提出了经济规模较小、金融自由化、制度与管理不合理会加剧发展中国家金融脆弱性。刘湘勤、陈建华(2010)认为,金融市场参与者的心理偏差、金融企业家利用系统中的非对称信息进行市场操控等行为是导致金融脆弱性的微观基础,金融监管制度设计中的激励冲突扭曲了市场参与者的投资行为是导致金融脆弱性的制度根源。马亚明、赵慧(2012)利用SVAR模型研究热钱流动对我国金融脆弱性会产生重要影响,热钱流入形成资产泡沫化,短期投机行为不具有可持续性,一旦热钱撤离会对我国资产价格产生巨大冲击,加剧金融体系脆弱性。张元(2015)在总结国内外研究的基础上结合我国的相关数据,以逻辑分析方法得出,机构投资者的中介效应导致了资金的流向发生改变,资金的脱实向虚加上同业竞争日趋激烈成为加重我国金融脆弱性的主要原因。

2.2 金融脆弱性成因

关于金融脆弱性的成因,国内外学者从各个方面进行了相关论述。

(1)金融体系的顺周期性与金融脆弱性

Minsky and Kregel(1992)从商业循环周期和信贷周期视角对金融脆弱性的形成进行了系统的理论分析,研究表明企业对资金需求和银行对贷款供给的顺周期行为导致了经济基础和金融体系的脆弱。Demirguc-Kunt and Detragiche(1998a)基于1980—1994年度数据,通过利用多元Logit模型对多个发达经济体和发展中国家所发生的银行挤兑危机的研究,发现当一国国内经济环境恶化,特别是经济增长下滑、通货膨胀上升时,银行危机发生概率会普遍提高。Craig、Furfine and Claudio（2001）等人基于 1979—1999 年的相关数据，通过对世界经合组织中一部分发达国家银行危机的实证分析，结果表明在经济繁荣时期银行贷款供给和利润都会显著增加，并且伴随着资本充足率和损失准备计提等指标的显著下降，在经济衰退时无论是银行贷款供给还是利润都会显著下降。因此得出银行经营具有显著的顺周期特征的结论。银行顺周期经营特征，会误导金融市场主体对风险做出错误的甚至相反的估计和反应。Zicchino（2005）通过引入资本约束假设，在拓展 Chami and Cosimano（2001）银行资本渠道模型基础上，分析了银行资本和银行贷款对宏观经济的影响，研究表明商业银行在资本充足率的约束下，信贷供给在 Basel Ⅱ 准则下具有更明显的顺周期性。张铁强（2013）研究指出经济开放水平是影响跨境资本流动顺周期性的重要因素，新兴经济体跨境资本流动呈现出顺周期性波动性较强的特点，资本逆转和突停会引发金融不稳定性风险，进而会间接加重金融脆弱性。叶茜茜（2016）以明斯基金融脆弱模型为基础分析了温州金融波动形成的机制发现，金融顺周期导致企业加杠杆的行为推动银行信贷的急剧上升，企业的无效投资行为、房价泡沫等现象导致了资金链产生断裂的风险从而加剧了金融脆弱性。

（2）金融自由化与金融脆弱性

Carlosdiaz and Alejandro（1985）研究指出，金融工具和金融理念的创新以及金融自由化的进一步深化，导致了更多的金融危机的发生。Demirg-Kunt and Detragiache（1998b）通过实证分析，证明了金融自由化进程的加快和过度金融创新的确增加了金融危机发生的概率。钟伟（1998）通过对亚洲金融危机的剖析，认为内在的脆弱性的国际金融体系、盲目过度加快金融自由化进程以及国家转型与经济转轨时所积累的风险是金融危机爆发的重要原因。杨惠昶、石岩（2009）研究表明全世界金融危机爆发的根源起因于美国在全球极力推崇的金融自由化，金融自由化导致世界金融资产数量急剧膨胀，助长了全球金融投机的盛行，越来越多资金流入金融体系，加剧了资金在实体经济与虚拟经济之间的严重失衡。张新平、王展（2009）通过对历次金融危机事件的梳理，认为根据新自由主义理论指导的金融自由化政策才是美国次贷危机爆发的深层原因。Obstfeld（2012）指出经济全球化带来了相较之前更加开放的金融体系，资本跨境流动限制在逐步减小，汇率制度与货币政策对于一国经济的影响显得更加重要，在经常性项目失衡的状况下，一国想同时追求汇率稳定和货币政策独立性的难度更大，这进一步加剧了金融脆弱性。朱民（2017）发现在全球经济危机的影响下，金融市场变动更为复杂，央行货币政策与现实情况产生背离加剧了货币市场的不稳定性、金融中介功能从银行业向非银行业的转移过程中带来了风险集中度的上升，这一系列的结构性变化最终引发了流动性的紧缩、金融市场的大幅波动以及由此所造成金融市场脆弱性上升。

（3）信息不对称与金融脆弱性

Bernanke and Gertler（1999）认为信息不对称导致的金融市场不完善和不完美会对实际经济带来"小冲击、大周期"的影响。Mishkin（1998）认为，信息不对称所产生的逆向选择和道德风险问题是阻碍金融市场功能有效发挥的主要障碍。Barry、Chai and Schumacher（2000）认为，信息不对称还会引发搭便车效应、理性模仿、委托代理、监督失效、快速传染效应等问题。当金融体系面临外界不确定因素冲击时，在信息不对称加剧条件下，金融市场主体难以有效识别市场信息，不能有效发挥金融体系资源配置和风险转移的功能，甚至在某些情况下，微小的外部冲击就可能引发金融危机的发生。黄金老（2001）指出信息不对称是造成资产价格波动及波动性的联动效应脆弱性的根源，而资产价格波动及波动性的联动效应脆弱性会进一步导致金融市场的脆弱性。

(4) 制度不完备与金融脆弱性

国内学者胡祖六(1998)认为银行部门在1997年亚洲金融危机的潜伏、爆发与扩散过程中扮演了十分重要的角色,政府对银行经营决策的过度干预、政府对银行监管的松弛、政府过度担保而形成的裙带关系等因素使银行非理性扩张,承担了过度风险,为金融体系的脆弱性埋下了隐患。殷孟波(1999)从历史渊源和制度建设等方面分析了中国信用基础脆弱性的原因、危害等,指出信用基础薄弱恶化了信用环境,并导致整个信用领域的混乱,加大了我国金融脆弱性。郑鸣(2003)通过选取资本充足率、不良资产率、市场结构、盈利能力等指标对金融脆弱性进行了实证研究,结果表明不彻底和滞后的金融化改革是金融脆弱性的诱因,并提出商业银行市场化是缓解我国金融脆弱性的可行路径。潘英丽(2004)从政府规制的视角对我国金融脆弱性的根源及其产生诱因进行了系统的分析。分析表明,我国金融脆弱性来源于国家对金融资金的控制以及在这种体制下对资金融通的不恰当补贴。Cafiso(2012)研究表明,由于政府预算的软约束导致政府债务过度扩张是影响欧元区国家金融脆弱性与金融稳定的重要因素。滑冬玲(2014)对比研究发达国家、发展中国家以及转轨国家的金融脆弱性指数发现,不同发展阶段国家的金融脆弱性具有差异性,提高制度质量对于转轨国家金融稳定起着至关重要的作用。Obstfeld(2015)指出对于新兴的经济体来说应当高度关注如何应对主要发达国家经济政策对本国宏观政策的冲击。新兴经济体由于制度不够健全,运用政策工具应对外来冲击的经验有限,在开放的经济条件下,会同时面临保持经济平稳较快发展和避免外来冲击对本国经济所造成的负面影响两方面问题,经济制度不够健全会变相加剧金融脆弱性。

(5) 投资者非理性与金融脆弱性

传统金融学假设投资者是理性的，这与现实有很大出入，导致行为金融学理论的产生。行为金融学认为市场主体在不确定环境下的决策往往是有限理性的甚至是非理性的，由于受到过度自信、认知偏差、损失规避、框定依赖等信念因素的影响，使得市场主体在不确定环境下无法对资产价格做出无偏估计来实现效用最大化。市场主体在投资过程中，容易产生从众跟风和羊群效应，很容易造成资产价格单边运行，市场价格逐渐偏离其内在价值。此外，投资者的非理性行为很容易滋生市场恐慌情绪，一旦这种情绪迅速蔓延，在短时间内就会造成大量金融机构的倒闭，典型的如存款人的非理性"挤兑"就容易使银行发生"流动性恐慌"而倒闭。Shiller（2008）运用市场"非理性繁荣"理论，从历史角度考察了美国股票市场和其他市场资产价格投机性泡沫事件，得出了房地产泡沫风险积聚导致了金融危机频繁爆发的结论。克鲁格曼（2009）通过对美国历次金融危机的实证分析，也得出了金融危机爆发部分归因于人们的"非理性亢奋"。阿克洛夫和希勒（2009）研究指出，人类大部分经济行为源于经济动机，但是也会有许多经济行为受到非理性因素的影响，只要这种非理性行为不消除，系统性风险就无可避免。舒长江、洪攀、黄佳卉（2019）从资金循环视角出发，以资产收益率作为连接微观杠杆率和宏观杠杆率的纽带，研究发现投资者的非理性行为导致当前我国一些部门杠杆率高企，资金在不同部门之间产生错配现象，对我国金融体系的稳定性、金融体系的脆弱性都造成了负面影响。

2.3 金融脆弱性的呈现效应

Bernanke、Gertler and Gilchrist（1996、1997、1998）提出了金融

加速器概念①后，现有文献关于金融脆弱性的宏观效应分析基本都在此框架下进行。Barry、Chai and Schumacher（2000）研究指出，当金融体系面临外界不确定因素冲击时，在信息不对称加剧条件下还会引发搭便车效应、理性模仿、委托代理、监督失效、快速传染效应等问题，致使金融市场主体难以有效识别市场信息，不能有效发挥金融体系资源配置和风险转移的功能，甚至在某些情况下，微小的外部冲击就可能引发整个金融体系的动荡。Aguiar and Drumond（2009）、Liu and Seeiso（2012）以银行资本约束和投资者流动性溢价为切入点研究货币政策冲击所引起的金融加速器效应，发现银行资本约束与金融加速器效应呈正相关关系；此外基于DSGE模型的实证分析结果表明银行部门在受到货币政策冲击时具有明显的金融加速器效应，并且这种效应在巴塞尔协议二下高于巴塞尔协议一。Koriinek（2009）创建了一个包含外部性特征的资产定价模型，在此模型框架下分析了外生强负向冲击下的金融加速效应，模拟结果表明资产价格波动是金融脆弱性的诱发因素，在金融加速器效应下放大了宏观经济的波动。Roger and Olivero（2010）基于美国1984—2005年的季度数据样本，采用VAR模型研究，证实了外部冲击在美国银行业存在金融加速器效应。Gertler and Kiyotaki（2011）通过构建DSGE模型来解释外部冲击引发银行等金融中介金融加速器效应的作用机理，并论证了金融加速器效应如何导致经济波动和经济危机。Liu and Seeiso（2012）在传统的BGG模型中增加了银行部门，着重研究银行部门受到资本约束时对经济周期的冲击。研究结果表明，由于受到家庭部门的流动性溢价影响，银行部门的外部融资溢价会上升，银行部门具有金融加速器效

---

① "金融加速器"是指信贷市场金融摩擦的存在（信息不对称、代理成本），资本品相对价格产生变化所产生的静态与动态乘数，具有冲击放大和加速效应，通过信贷市场将最初外界微小的冲击放大的机制。

应，外界冲击经由银行部门会加大经济周期的波动。在国内，文凤华、张阿兰、戴志锋等（2012）通过建立 SVAR 模型来分析房地产价格对金融脆弱性的冲击。研究结果表明：房地产价格在短期对金融脆弱性具有负向冲击，随着时间的推移逐步由负转正。同时房地产价格对宏观经济的影响，在短期内具有积极影响，但是随着金融脆弱性的加剧，宏观经济的波动也加大。余雪飞（2013）构建了包含银行部门的 DSGE 模型并基于我国 2000—2011 年季度数据，从信贷供给角度分析了金融加速器效应，脉冲响应函数显示，银行资本约束的存在增大了金融加速器效应，导致各项外部冲击对经济波动表现出较强的顺周期性影响。张良贵、孙久立、王立勇（2014）基于 DNK-DSGE 模型运用 1999—2010 年我国数据，分析了银行部门金融加速器作用机制，脉冲响应函数显示模型中由于加入了银行部门显著增强了金融加速器效应。胡援成、舒长江（2015）利用 2005 年第一季度至 2016 年第一季度数据，基于金融加速器原理检验了利率冲击对我国金融脆弱性的影响。研究结果表明，面对利率冲击，基于脆弱性的不同类型商业银行不仅存在差异显著的金融加速器效应，并且还呈现出显著的非线性、非对称性差异特征。刘慧悦、罗月灵（2017）应用 Markov 区制转移模型对金融脆弱性进行地区划分，并对金融脆弱性指数进行重构发现，金融脆弱性指数变化与我国宏观政策有密切联系，强刺激政策可以推动经济发展，但是同样会带来监管难题，增加系统性风险，政府需谨慎使用宏观刺激政策。张云、李宝伟和葛文欣（2017）以我国 31 个省份工业企业资产负债率月度数据作为样本，构建了代表我国金融稳定状况指数。研究表明金融不稳定性会对各省的 GDP 产生负面影响，同时随着 GDP 的增长会减弱金融不稳定性。何畅、邢天才（2018）从风险偏好、金融部门、非金融部门、国际因素四个维度、13 类指标构建了适用于度量我国的金融体系脆弱性的指标体系。

研究发现，我国金融脆弱性的传播路径存在双向选择即实体经济部门会影响到金融部门，同时金融部门反过来会对实体经济发生作用。荆逢春、李翠锦和周一（2018）利用中国工业企业数据库的数据，从金融脆弱性的视角出发建立模型进行研究发现，外资的引入有利于缓解融资约束，增加企业的对外出口，这种正向作用对金融脆弱性更高的企业更明显。肖远企（2019）以 2008 年全球经济危机作为切入点，在归纳国际金融体系演变及其规律的基础上提出了当代金融体系同时面临着金融集中化、金融活跃与风险并存三方面的问题。

2.4 金融脆弱性与宏观政策

（1）金融脆弱性与货币政策

长期以来，西方主要国家央行一直奉行以保持稳定物价和促进经济增长作为其唯一目标的通货膨胀目标制。在这样的政策框架下，关于金融脆弱性与货币政策争论的焦点在于资产价格是否纳入货币政策目标。一是以 Bernanke and Gertler（1999，2001）等为代表的学者认为，由于资产价格中已经包含了预测通货膨胀的因素，货币政策作为"清理残局"工具就不应该盯住资产价格这一目标，因而对资产价格的膨胀应该采取"善意忽略"的策略。Greenspan（1999）认为央行的能力是有限度的，相比于市场经济主体，央行没有信息比较优势，央行不能够全面了解市场情况。在这种情况下央行关注资产价格波动，很容易导致错误的货币政策。Bean（2004）认为央行具备认识有限、决策时滞等约束，建议央行不要采取主动措施干预资产价格泡沫，而是等泡沫破灭后事后补救。Blinder and Reis（2005）认为由于货币当局不参与市场行为，当货币当局不能够对市场运行状况是否良好做出正确判断的时候，最好的选择是不对市场进行干涉。Mishkin

(2007)认为货币政策盯住资产价格波动必须同时具备三个前提：一是中央银行要能够准确区分出资产价格波动中哪些是合理的成分，哪些是属于泡沫的成分，二是货币政策刺破泡沫的同时不能影响其他宏观经济变量，三是在资产泡沫破灭后央行采取的任何行动都是无效的。由于上述三个前提在现实中不能成立，因此他认为，货币政策不应该关注资产价格波动。

B. G. Malkiel（2010）认为市场经济的内在缺陷导致了资产价格泡沫的发生，由于市场信息不对称，任何试图戳破泡沫的行为都是冒险的且极易造成经济的更大波动，所以货币当局应该忽略资产价格泡沫。在国内，瞿强（2001）通过对我国股票市场的实际波动与货币政策之间关系分析，得出了我国的货币政策应该是关注而不是盯住资产价格波动的结论。郭田勇（2006）通过理论分析揭示了资产价格波动与宏观经济的关系机理，并实证检验了资产价格波动确实对金融稳定具有很强冲击，但鉴于货币政策调控资产价格波动存在较大的难度，因此建议货币政策需要密切关注而不是盯住。伍戈（2007）研究发现，由于我国资本市场处于快速发展与转轨时期，难以测度资产价格的合理区间，建议资产价格变化不应纳入货币政策目标考虑范围，同时货币政策操作不应以资产价格为目标。卢宝梅（2008）认为通货膨胀目标制是货币政策实施的一个有效规则，在各国实践中取得了良好效果，因此建议面对资产价格膨胀货币政策应不予关注。周晖、王擎（2009）、杨柳、冯康颖（2013）分别运用相关模型，通过实证数据来研究资产价格对经济增长波动性的影响，研究发现货币政策没有必要直接盯住资产价格。刘金全、刘达禹、张达平（2015）构建了同时包含市场异质交易者和资产价格的新凯恩斯模型，通过数值模拟发现，相比资产价格错位仓促采取的临时措施，事后采取的货币政策同时兼备稳定经济系统和稳定理性预期均衡的作用。

Goodhart（1995）认为既然资产价格本身已经包含并且向市场传递了关于商品和劳务未来价值的一切信息，那么资产价格理所当然应该被中央银行纳入到货币政策调控的广义价格目标当中。Cecchetti, S. G、H. Genberg and J. Lipsky et al.（2000）以美国数据为研究样本，详细探讨了资产价格与货币政策的内在逻辑关系。研究结果表明资产价格作为一个重要影响因素美联储应该将其纳入到货币政策反应函数。以 Borio and Lowe（2002）、Nicholas and Apergis（2003）、Demary and Markus（2009）为代表的学者认为资产价格本身就内含未来通货膨胀等诸多信息，这些隐含的信息会成为影响金融体系不稳定的重要因素，通过扩大物价稳定的含义，构建 DEPI 指数的方式将股票、房地产等资产价格纳入货币政策物价稳定的最终目标中，央行可通过对隐含信息的判断，及时对资产价格做出应对，以反向操作货币政策的方式实现其最终目标。Semmler and Zhang（2007）通过实证研究得出了股价会影响实际产出水平的结论，并在此基础上借助跨期模型归纳出了最优货币政策规则。

国内学者吕江林（2005）通过实证研究发现，上证综合指数与实际产出存在显著的双重协整和单项格兰杰因果关系，建议我国货币政策应该事前对资产价格做出预案。杨伟、谢海玉（2009）在系统总结之前有关资产价格波动与货币政策的各种观点并结合央行的具体操作的基础上，论证了货币政策目标应当包含资产价格波动的合理性、可行性。邢天才、田蕊（2010）采用 VAR 模型进行实证分析，得出房地产价格、股票价格与产出、通货膨胀等宏观经济变量之间存在着长期稳定的关系，因此认为，央行应该关注资产价格波动，以便更好地完善我国货币政策框架。陈继勇、袁威、肖卫国（2013）针对资产价格波动隐含信息的研究结果表明，必要的条件下，应该采取货币政策干预资产价格的策略，条件完备的情况下，货币政策可以盯住房地产价格。黄宪、王书朦（2013）研究表明，数量型货币政策工具会面临资产价格波动带来的强烈的反向冲击，尤其是对房地产价格波动的负向冲击更加明显，我国货币政策应该关注资产价格尤其是房地产价格波动。张元（2015）基于对金融脆弱性自增强理论机制的研究发现，在没有外部政策冲击时，金融脆弱性也会逐渐累积，通过保证各项宏观政策的稳定性和连续性，创新调控方式及思路，健全宏观审慎基本框架的方式可以降低金融脆弱性带来的风险。邓创（2015）研究发现，货币政策对通货膨胀的逆向调控效果在很大程度上受资产价格波动的影响，因此密切关注资产价格波动的货币政策有助于提高货币政策宏观调控效果，而且可以兼顾宏观经济和金融市场的稳定。张旭、彭劼、赵昌川（2016）构建了一个包含滞后期的非限制性的 VAR 模型，实证检验了货币政策与资产价格之间的关系，结果表明货币供应量导致了我国房地产价格泡沫的形成。阮湛洋（2017）采用 CISS 综合指数法测度了我国 2000 年第一季度到 2015 年第四季度系统性金融风险，指出加强对货币政策微调和预调、完善微观市场风险管理，提高风险管控能力从而达到二者的相互协调对于维持我国金融体系的稳定具有重要作用。舒长江、罗静（2017）将资产价格波动与货币政策反应纳入到 Ball 的模型当中，论证了传统的货币政策框架存在缺陷，于是对 Agur、Ague and Demertzis 模型框架进行了相应的修正与拓展，指出由于现实金融脆弱性的存在应当将金融稳定目标纳入到了货币政策框架范围内。

（2）金融脆弱性与宏观审慎政策

目前，理论上关于金融脆弱性与宏观审慎监管的研究，主要从三个方面开展。

一是宏观审慎政策监管目的。如 Drehmann（2009）强调监管部门应当重点关注通货膨胀率、GDP 增长率等宏观经济指标，金融机构不良贷款率、资本充足率、存贷比率等衡量金融体系抵御风险能力的微观经济指标,进而采取宏观审慎政策来维护金融稳定。Brunnermeier(2009)认为宏观审慎监管应当盯住防范金融体系顺周期性这一目标,达到实现金融稳定的目的。Perotti and Suarez(2009a)认为宏观审慎监管的目的可以有效阻断因部分银行的盲目冲动引致的错误决策,对整体金融系统带来系统风险和负外部性。Landau(2009)认为宏观审慎监管相关工具,包括净稳定资产比率、动态资本比率等可以有效弥补传统监管的不足,防止金融体系泡沫的产生。Hanson(2010)认为宏观审慎监管应将金融机构之间的共同风险暴露作为重点内容,一旦单个金融机构发生损失,可以迅速将损失内部化,有效降低道德风险并将风险控制在局部,避免系统性风险的发生。

二是宏观审慎政策框架下的监管工具选择。如 Borio(2008)认为系统性和顺周期风险受到不同因素的影响,具有时间上的连续性和空间上的传递性,因此宏观审慎监管的工具选择需要从时间和横截面两个维度来划分。Perotti and Suarez(2010)、Hanson(2010)将宏观审慎监管的工具划分为数量型和价格型,如流动性覆盖比率、动态拨备、资本留存缓冲等,并进一步将数量型工具细分为相对比率和绝对数量工具。

三是宏观审慎监管政策与其他宏观政策的协调。如 Crockett(2000)认为现有的微观审慎监管方式不能有效防范金融脆弱性,提出了宏观审慎监管的重要意义,并从微观和宏观协调配合的视角来强化金融监管,实现金融稳定。White(2008)通过全面系统分析不同国家实施宏观审慎监管政策的效果,认为单一的宏观审慎政策有效性存在不足,首次指出不同宏观政策搭配的主张,并特别强调了宏观审慎政策与货币政策、财政政策的配合可以弥补单一政策的不足。在国内,目前关于宏观审慎政策框架下的金融监管的研究还处于起步阶段。李妍（2009）认为金融体系的顺周期性、金融主体的同质性、金融过度创新、金融市场不透明导致了系统性风险具有以往风险不具有的新特征，凸显了实施宏观审慎政策的必要性，并论述了央行在实施宏观审慎政策框架下的优势和主导作用。巴曙松（2009）以影子银行风险为例，指出我国的金融风险不仅具有一般性风险的特征，同时还具有转轨经济风险特征，在此基础上从时间与空间两个维度研究系统性风险的发展轨迹与转播机制，据此初步构思了宏观审慎监管框架。李文泓（2009）对国际金融监管趋势进行了分析，强调宏观审慎政策的主要任务就是防范金融体系的顺周期性，并详细分析了二者之间的机理，在此基础上提出了逆周期政策工具。梅良勇、刘勇（2010）通过对2008年美国金融危机暴露出的金融监管不足的分析，比较总结了美国、欧盟、英国等国家推出的金融监管方案，归纳了后金融危机时代国际金融监管的新趋势，并分析了其对中国大型商业银行的影响。张亦春、胡晓（2010）基于奥地利学派理论观点，分析了历次金融危机爆发中主流货币政策所起的作用，从宏观审慎视角，提出了"强化的灵活通胀目标制"最优货币政策框架。

周小川（2011）从动力学、系统论的视角探讨了宏观审慎政策发生背景、形成原因、内在逻辑和基本要求，全面系统完整地阐述了宏观审慎政策框架体系。Metrick（2012）指出近年来随着金融体系所涵盖的范围在逐步扩大，"影子银行"逐步参与到信贷市场中，但是由于目前国内对"影子银行"监管政策不够健全，使其一直游离于监管体系之外，进而导致了微观审慎政策难以满足监管的要求，使得宏观审慎政策成为政府调控系统性风险的重要途径。张敏锋和李拉亚（2013）通过分析2011年以来国际经济学界关于宏观审慎政策有效性的研究成果，阐述了现有宏观审慎政策在目标、组织安排、工具设计、成本收益和国际合作等方面的有效性，在此基础上揭示了当前宏观审慎政策有效性的缺陷，并提出了含有金融加速器的 DSGE 模型是未来研究的有力工具。王晓、李佳（2013）以文献综述的方式系统梳理了宏观审慎监管的提出背景、宏观审慎监管与货币政策二者协调配合的必要性、方式、职能，并从维护金融稳定目标的视角，阐述了二者之间的功效差别。陈雨露、马勇（2013）构造了一个包含内生性金融体系的 DEGE 模型来系统考察货币政策、金融监管政策和信贷政策之间的协调搭配问题，模拟结果表明，宏观审慎更适用于规则简单清晰的宏观环境，基于宏观审慎视角的政策搭配组合有利于稳定经济金融系统、有利于降低单一政策面临的多目标约束和政策负担。但模拟结果也强调在进行政策协调搭配过程中应当关注"政策叠加"和"政策冲突"带来的问题。张雪兰、何德旭（2014）通过文献综述的形式，比较系统地对近年来有关宏观审慎监管工具在逆周期经济形势下的有效性进行了评述，其论述的主要方面包括逆周期资本缓冲、杠杆率、动态拨备、流动性缓冲等监管工具的内在作用机理及其有效性。王爱俭、王璟怡（2014）将家庭、生产性企业、房地产部门、商业银行以及政府部门纳入到 DSGE 模型框架，分析了宏观审慎政策与货币政策之间的关系，模型模拟结果表明：宏观审慎政策逆周期资本工具有助于稳定金融波动，同时也是福利增进的；在市场受到金融冲击时，宏观审慎政策能够效果明显地辅助货币政策起作用。因而建议货币当局在宏观调控与管理过程中，需要协同发挥宏观审慎政策与货币政策效应。

綦相（2015）基于 G20 领导人峰会后国际金融监管改革的变化，认为需要从监管制度设计、对内加强金融监管政策的协调配合、对外加强跨境监管协调、充分发挥好市场约束和信息披露等方面来有效提升监管水平。梁琪、李政和卜林（2015）利用中国银行业 2003—2012 年的微观数据作为样本，采用 GMM 方法进行实证检验分析发现，宏观审慎政策的逆周期调节效应能够有效降低信贷扩张和杠杆率上升所起到的正周期效应，从而起到熨平经济、降低金融脆弱性的目的。陈守东、张丁育（2016）基于2005年第一季度至2015年第一季度数据，借助LT-TVP-VAR模型比较分析了逆周期监管资本工具实施先后对金融稳定的影响。研究表明，在实施逆周期监管资本工具前，金融系统具有不稳定特征，在实施逆周期监管资本工具后，金融不稳定消极因素减弱，证明逆周期资本监管机制有助于保持金融稳定。吴云、史岩（2016）通过对世界各主要国家监管政策的详细梳理，指出我国监管体制的突出问题在于监管割据和审慎不足，在此基础上明确了我国金融监管体系要强化宏观审慎和整合监管权力的目标。史炜、瞿亢、侯振博（2017）在对英国金融监管体系框架、监管组织形式、监管目标进行考察的基础上指出了当下我国金融业分业监管方式所带来的问题，并提出了建立超部门专职金融监管协调机构的设想。刘超、郝丹辉（2018）依据"双峰"理论将我国金融监管体系划分成宏观审慎、微观审慎以及行为监管三个子系统，基于协同论和GM模型的方法实证分析发现，宏观审慎监管处于基本无序的状态，突出宏观审慎监管在我国金融监管体系中的核心地位是今后的主要工作。

2.5　文献简评

上述研究文献让我们对目前国内外的研究现状有了更加充分的了解，为本书后续工作的开展打下了坚实的理论基础，形成了比较完整的逻辑体系和研究框架结构，同时面临如下尚待解决的重要问题。

第一，资产价格波动分为上升期和下降期两个阶段，各种资产价格在不同阶段所产生的交互影响具有差异性。目前大多数研究仅仅关注到资产价格波动的一个阶段或者是一种资产价格的影响，很少有文献研究将多种资产价格波动与金融脆弱性相互作用全过程联系起来进行完整的描述与阐释。

第二，现有的国内外大量的研究资产价格波动与金融脆弱性关系的文献都具有相同的特性，即从信贷视角出发，研究的主要思路基本遵循从资产负债表以及将资产作为抵押品来分析其中的机理。但其背后所潜藏的深层原因是什么？银行除充当信贷扩张的主体之外，对金融资源的配置起到什么作用？为弄清这些问题，需要从更广阔的视角进行再审视。

第三，资产价格波动本质就是资金的不断循环流动，正是因为资金的巨量逆转才容易引发商业银行脆弱性，目前的研究大多是立足于宏观层面搭建分析框架，比较接近客观世界现实，但是微观基础分析甚是缺乏，这就需要以资金循环理论为核心开展充分的微观基础分析，避免"卢卡斯批判"。

第3章 基础理论构建：基于资金循环流动视角

3.1 引言

近代经济金融史上，曾经发生过的三次著名的金融泡沫事件，它们分别是荷兰的郁金香泡沫、法国密西西比公司泡沫、英国南海股票泡沫。1980年以来发生在12个国家和地区的较严重的金融危机中，有12次都存在着不同程度的资产价格泡沫。然而，每一次经济衰退几乎都与资产价格泡沫的形成和破灭有着必然联系。资产价格的崩溃将引发大面的违约，进一步演变成金融危机。在最近的二三十年里，纵观全球与我国市场，不难发现，有很多经典事例值得细细回味。

（1）20世纪80年代之后，西方很多国家出现了"现代市场经济之谜"，货币供应量持续增加，通货膨胀非但没有高企，甚至出现持续性的通货紧缩，同时实体经济也出现下滑。与此对应的却是资产价格持续膨胀，即出现了通货紧缩、经济下滑与资产价格膨胀并存的奇异经济现象。

（2）2009年以来，网络上先后出现了"蒜你狠""姜你军""豆你玩""糖高宗""盐王爷"等"时髦"用语，这些时髦用语形象地描绘了我国大蒜、绿豆、生姜、白糖、食盐等商品价格大幅上涨的现象。

（3）2011年，我国江浙地区与珠三角地区先后发生了民营老板"跑路"和企业倒闭事件，但与此相反的却是银行理财产品销售呈现火爆局面。

（4）2014—2015年中国实体经济处于下行态势，但在资本市场方面，2014年下半年至2015年上半年我国上证综合指数迅速从2000多点攀升到5600高点，出现了严重的股市泡沫，但在接下来短短一个月不到的时间里，上证综合指数又从5000多高点断崖式地下跌到2000多点。股市跌涨幅居全球第一。"股市是国民经济晴雨表"这一教科书规律失灵。

（5）截至2016年9月，我国M2/GDP比值高达2.15，远超世界任何国家。但与此同时，中小民营企业却连连抱怨"融资难""融资贵"。一方面是货币超发，另一方面是中小企业无处融资，那么这么多的钱去哪儿了？

这些经典实例看似没有关联性，但仔细研究，可以发现，它们都有一个共同点，即都与资金流动有关。正是因为资金在不同部门和领域流动，尤其是在实体经济与虚拟经济之间流动，加上所有系统性的非理性行为和乐观情绪的高涨都会导致泡沫。泡沫膨胀时，受非理性乐观情绪的主导，人们普遍低估风险，才造就了上述一系列违背经济学常识的经典事例。资产价格泡沫形成与膨胀，导致商业银行金融脆弱性上升进而引发金融危机的可能性不断上升。

3.2 理论模型构建

随着金融自由化和经济一体化进程的加快，大量的金融产品被创造，金融虚拟经济在整个经济体系中的作用越来越明显，现实的经济系统不仅包括实体经济，还包括虚拟经济。本书从实体经济与金融虚拟经济的关系出发，以资金循环流动为纽带，借鉴 Binswanger（1997）三部门建模思路构建了一个包括家庭部门、企业部门、金融部门、政府部门和国外部门的五部门资金循环流量模型（如图 3-1）。与 Binswanger 用来分析金融部门对实体经济的影响不同，本书重点关注实体经济的货币流量如何"漏"进出金融循环中去的，并且希望能通过研究流进或流出的资金来解释金融市场中资产价格的变动。

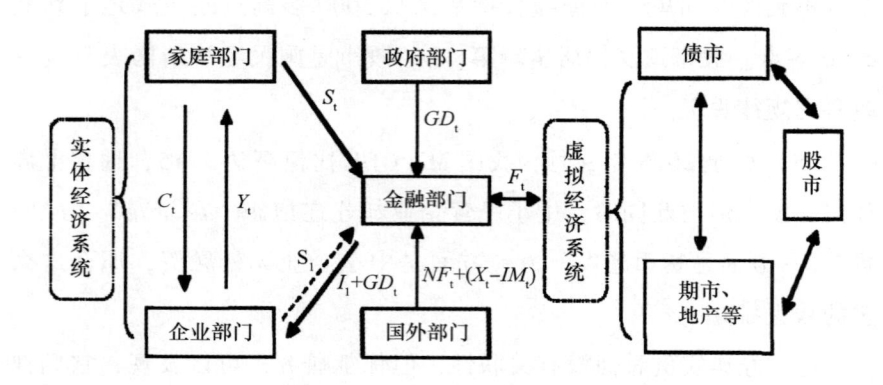

图 3-1 资金循环流动五部门模型

模型假设：

（1）资金流动发生在两个时期，时期长短不影响分析结果；

（2）资金能够在五部门之间连续循环流动；

（3）居民通过向企业提供劳动力获取收入，并通过购买商品进行消费；

（4）企业部门利用循环中的货币来发放工资，这些资金在不同时期不会消失；

（5）政府部门通过税收收入进行支出；

（6）国外部门通过对外贸易与对外投资实现收益；

(7) 基础货币流动性通过金融部门的货币乘数效应形成银行系统流动性。

那么，根据一定时间内资金供给的流量应该等于资金需求的流量原则，得出一般均衡式：

$$GI_t + C_t + IFL_t + (G_t - T_t - TR_t) = Y_t + DP_t + OFL_t + \Delta M_t + (X_t - IM_t) + \Delta F_t$$

$$(3-1)$$

其中，等式左边反映了 t 时期资金的需求，GI 是总投资，C 是消费，IFL 是从产业循环进入金融循环的货币量，G、T、TR 分别代表政府的公共支出、税收收入和转移支付。等式右边表示 t 时期资金的供给，Y 是总货币收入，DP 是折旧的货币融资，OFL 是从金融循环中退出的资金，ΔM 表示新增信用货币供给变化量，$X - IM$ 表示经常项目的盈余，ΔF 为当期资本项目的盈余。进行移项后，可以得到：

$$IFL - OFL = \Delta FL = (S_t - I_t) + \Delta M_t + (X_t - IM_t) + \Delta F_t \quad (3-2)$$

通过模型可知，基础货币通过金融机构转化为信用后，在现代经济中形成了两个既有联系，又相互独立的循环系统，即用于经济实体的"产业循环"和用于金融交易的"金融循环"。我们定义在一定时期内流入金融部门而没有全部从金融部门流出的资金为"金融窖藏"，其包含国内资金"金融窖藏"和国外资金"金融窖藏"。

3.3 产业资金与金融窖藏

3.3.1 产业资金

在经济体系中，企业作为生产者，需要支付一定数量的资金，这些支出构成了家庭的收入。在获得资金收入后，家庭会将一部分资金用于消费，将另外一部分资金交付给金融机构进行储蓄。金融机构将家庭的储蓄以信贷的形式借给企业，为企业融资，满足企业投资需求，这样资金在不断循环之中增值。用 L_d 代表产业循环中总的资金需求，Y 代表收入，i 代表银行存款利率，P 表示商品的市场价格，则 $L_d = L(Y, i, P)$。这样产业循环与投资、生产、交易、储蓄等活动联系在一起。由经济学常理可知，收入越高，产业资金需求越高，商品市场价格越高，产业资金需求越高，银行存款利率越高，会有更多的资金进入金融机构进行储蓄，进而退出实体经济，因此产业资金需求减少。所以，产业循环中的资金需求与收入、商品价格正相关，与利率负相关，即：$L_d = L(Y^+, i^-, P^+)$。

3.3.2 金融窖藏

在现实经济中并不是所有的资金都进入了实体经济中，居民的储蓄也不是完全转化为实体企业的投资。凯恩斯很早就意识到了资金在"产业"和"金融"两种不同的领域相互不断地循环转换。由于金融创新、管制放松与经济全球化，越来越多资金进入到金融领域，金融市场获得了爆发式的发展。金融体系发挥资源配置功能的作用越来越强大。同时随着金融市场的不断健全与发展，居民投资渠道和途径越来越便利越来越多样。为了满足金融机构、企业和居民的金融资产交易需要，当期储蓄的一部分资金不会立即转化为企业的投资，而是滞留在金融体系。这部分暂时或者永久地脱离于实体经济产业循环之外而滞留在金融领域的资金，就是"金融窖藏"。如果当期的活期储蓄不重新注入实体经济而进入虚拟经济，那么"金融窖藏"就会增加。"金融窖藏"规模越大，表示游离出实体经济的资金越多，投向金融市场的资金就越多；反之，就表明"金融窖藏"的减少。

3.4 理论模型推导

假定在初始时，整个经济体系的资产总存量为 $(Q+I)$，其中实体经济资产总存量为 Q，虚拟经济资产总存量为 I，并假定当前新增投资总量为 ΔI（$\Delta I>0$），ΔI 既可投资实体经济，也可投资虚拟经济。用 I_1 表示实体经济投资，I_2 表示虚拟经济投资部分，因而 $\Delta I = I_1 + I_2$。

对于实体经济投资而言，只有当新增投资量 I_1 超过当期折旧所需的最小投资量 I_0 时，社会总产出才能增长，即实现社会扩大再生产。假定总产出随实体投资增长的比率关系为 $\left(\dfrac{I_1-I_0}{Q+\Delta I}\right)^{\alpha}$，其中参数 $\alpha = \dfrac{2k-1}{2k+1}$（其中 k 为自然数），显然 α 满足 $0<\alpha<1$，表示投资的边际产出递减。不难看出：当 $I_1>I_0$ 时，$\left(\dfrac{I_1-I_0}{Q+\Delta I}\right)^{\alpha}>0$，即当新增投资量 I_1 超过当期折旧所需的最小投资量时，社会总产出将按 $\left(\dfrac{I_1-I_0}{Q+\Delta I}\right)^{\alpha}$ 的比率增长；当 $I_1<I_0$ 时，$\left(\dfrac{I_1-I_0}{Q+\Delta I}\right)^{\alpha}<0$，当新增投资量 I_1 无法补足当期折旧所需的最小投资量时，总产出将按 $\left(\dfrac{I_1-I_0}{Q+\Delta I}\right)^{\alpha}$ 的比率减少。

假定实体经济投资的收益率为 r_1，虚拟经济投资的收益率为 r_2，且 $r_1, r_2>0$，因而整个社会的总收益为 $F=Q\left(\dfrac{I_1-I_0}{Q+\Delta I}\right)^{\alpha} r_1 + (I+I_2) r_2$。理性的社会投资决策就是要在新增投资量 ΔI 一定的前提下，合理配置实体经济 I_1 投资和虚拟经济投资 I_2 的比例，已实现总收益的最大化，即：

$$\text{Max} F = Q\left[1 + \left(\frac{I_1 - I_0}{Q + \Delta I}\right)^\alpha\right] r_1 + (I + I_2) r_2 \qquad (3-3)$$

由于 $\Delta I = I_1 + I_2$, 代入上式进一步得到目标函数为:

$$\text{Max} F = Q\left[1 + \left(\frac{I_1 - I_0}{Q + \Delta I}\right)^\alpha\right] r_1 + [I + (\Delta I - I_1)] r_2 \qquad (3-4)$$

上述优化问题的一阶导数为:

$$\frac{\partial F}{\partial I_1} = Q r_1 \alpha \frac{(I_1 - I_0)^{\alpha-1}}{(Q + \Delta I)^\alpha} - r_2 \qquad (3-5)$$

二阶导数为:

$$\frac{\partial F}{\partial I_1^2} = \frac{Q r_1}{(Q + \Delta I)^\alpha} \alpha (\alpha - 1)(I_1 - I_0)^{\alpha-2} \qquad (3-6)$$

情形1: 当 $I_1 > I_0$ 时。

当 $I_1 > I_0$ 时, 由于 $0 < \alpha < 1$, $Q > 0$, $r_1 > 0$, $\Delta I > 0$, 很容易得到二阶导数 $\frac{\partial^2 F}{\partial I_1^2} < 0$, 因而目标函数存在极大值。求解下面的一阶条件:

$$\frac{\partial F}{\partial I_1} = Q r_1 \alpha \frac{(I_1 - I_0)^{\alpha-1}}{(Q + \Delta I)^\alpha} - r_2 = 0 \qquad (3-7)$$

可以得到最优的实体经济投资量 I_1^* 为:

$$I_1^* = I_0 + \left[\frac{r_2}{Q r_1 \alpha} (Q + \Delta I)^\alpha\right]^{\frac{1}{\alpha-1}} \qquad (3-8)$$

由于 $0 < \alpha < 1$, 不难看出, 在初始资金总存量 Q 和新增投资量 ΔI 一定的情况下, 最优的实体经济投资量 I_1^* 与虚拟经济投资的收益率 r_2 负相关, 与实体经济投资收益率 r_1 正相关, 这意味着实体经济的最优投资量 I_1^* 取决于虚拟经济投资收益率 r_2 和实体经济投资收益率 r_1 的相对大小, 即 r_2/r_1 的比值; 当虚拟经济投资的收益率越是大于实体经济投资的收益率, 即 r_2/r_1 越大, 最优的实体经济投资量 I_1^* 越小, 虚拟经济投资对实体经济投资的"挤出效应"越强, 导致"金

融窖藏"规模越大。特别地，当 $r_2 \gg r_1$，即虚拟经济投资的收益率充分大于实体经济投资的收益率时，$I_1^* \to I_0$，新增投资将仅用于弥补折旧，金融资本完全挤出了增量实体经济投资。

情形2：当 $I_1 = I_0$ 时。

当 $I_1 = I_0$ 时，新增实体经济投资量刚好等于当期折旧所需的最小投资量，这意味着实体经济投资增量仅能满足维持现有产出的资产折旧，而扣除折旧后的新增净实体投资为0，此时，社会产出增长率为0，不存在扩大再生产，社会的总产出将维持在初始水平，实体经济没有增长空间。

情况3：当 $I_1 < I_0$ 时。

当 $I_1 < I_0$ 时，二阶导数 $\frac{\partial^2 F}{\partial I_1^2} > 0$，因而函数 F 存在极小值，由一阶条件 $\frac{\partial F}{\partial I_1} = 0$ 可以得到取得极小值的实体经济最优投资量：

$$I_1^{**} = I_0 - \left[\frac{r_2}{Qr_1\alpha}(Q+\Delta I)^\alpha\right]^{\frac{1}{\alpha-1}} \quad (3-9)$$

当 $I_1 < I_0$ 时，新增实体投资量 I_1 无法抵补当期折旧所需的最小投资量 I_0，因而实体经济无法维持原有的生产状态。可进一步细分为两种情况考虑：

第一，当 $I_1 \in [-Q, I_1^{**}]$ 时，虽然新增实体经济投资量无法抵补当期所需折旧，但 $I_1 > 0$，此时实体经济的减少主要来自折旧带来的自身耗损，虚拟经济投资暂时不会侵蚀实体经济的固定资产，"金融窖藏"不会增加。

第二，当 $I_1 < 0$ 时，虚拟经济部分的投资超过了 ΔI，此时只能通过抽取实体经济存量资金 Q 来增加虚拟经济投资，虚拟经济投资的扩张侵蚀了实体经济，大量资金脱离实体经济的"产业循环"，进入了虚拟经济的"金融循环"，出现了严重的"脱实向虚"现象，"金融

窖藏"增加，实体经济受到严重侵蚀，部分实体企业可能变卖，完全转型做金融投资，继而可能涌现产业"空心化"的问题。

3.5 资产价格波动对商业银行脆弱性的传导机制

关于资产价格波动是否会诱发金融脆弱性？Marshall（1998）通过建立 Probit 概率模型，实证分析股票价格与未来经济危机之间的关系，研究表明股票价格的波动加剧了经济危机发生的概率。Danielsson、J. and Zigrand、J. P（2008）建立了多资产定价均衡模型，引入异质投资者的假设来研究信息不对称条件下杠杆率与银行风险之间的关系。研究表明杠杠率过度加大与搭便车行为是金融系统性风险产生的原因，进而说明金融脆弱性的重要诱发因素来自资产价格波动。在实证层面，Wilson（2002）利用事件分析法，归纳总结了发生在美国早期历史上的四次主要的金融危机与股票市场崩溃的本质，发现金融危机与资产价格波动之间具有惊人的一致性。Kaminsky and Reinhart（1999）比照分析了亚洲金融危机和墨西哥金融危机，解释货币危机与银行危机的关系。研究表明，银行危机与货币危机之间存在紧密的时间关系，银行危机一般优先于货币危机，货币危机会深化银行危机，资产价格的暴跌往往是银行危机发生的重要前兆。上述理论与实证充分证明，资产价格波动会诱发金融脆弱性，关注金融脆弱性必须提前关注资产价格的波动。

资产价格波动诱发金融脆弱性的传导机制是什么？Allen and Gale（2000）建立了 AG 模型，该模型重点分析信贷扩张如何影响资产价格波动进而引发银行的脆弱性。模型认为，存款人对银行信贷需求在短期是缺乏弹性的，当受到外界流动性一个微小冲击时，会引发资产价格的大幅波动，导致银行资产迅速贬值，进而容易引发脆弱性。Cheng Nan-kuang（2002）建立了一个动态一般均衡模型，分析资产价格、银行部门和总体经济活动之间的互动关系。该模型分析认为，银行贷款和投资由于受到资本充足率与抵押物条件的严格限制，会导致信贷约束与资产价格的互动强化负面的生产冲击的强度与时间。Borio and Lowe（2002）利用资产价格缺口、投资缺口和信用缺口等指标来编制综合指标，实证分析发现，快速的资产价格上涨、高速的投资上涨和快速的信用扩张，共同提高了金融脆弱性发生的可能。Shin（2006）通过资本金变动的影响来分析房地产价格波动与金融脆弱性之间的关系，为简化假设，假定经济系统中只有房地产一种资产，当受到一个意外冲击导致房地产价格下跌时，以房地产作为资产的企业价值就会减少，就会减少其在银行抵押物价值，进而降低企业的融资能力，企业融资困难被迫减少投资，降低其盈利能力，从而影响整个经济体系的稳定性。Goetz, V. P.（2009）通过建立世代交替的宏观理论模型，论证银行机构与资产价格之间的双向互动机理。模型结果表明，银行危机与资产价格下跌之间存在一个间接的、非线性的、相互反馈的关系。

Agnello and Schuknecht（2011）采用1980—2007年期间18个工业化国家的数据，利用多值选择模型，研究分析影响房地产价格泡沫生成与破灭的决定性因素。结果显示，利率水平与国内信贷的变化对房地产价格泡沫生成具有显著性影响。Arsenault、Clayton and Peng（2013）利用美国1991—2011年的季度数据，实证研究房地产价格与抵押贷款供给之间的关系，研究表明二者之间存在较强的正反馈循环机制，正是这种正反馈机制驱动了房地产价格的长周期波动。在国内，段军山（2007）研究发现，资产价格波动分别通过"融资约束"、企业资产净值、商业银行信贷可获得性等因素来影响消费和投资，进而引发银行系统的不稳定。桂荷发、邹朋飞、严武（2008）运用1996年第一季度至2006年第四季度的数据，运用五变量的VAR模型对银行信贷与股票价格之间的动态关系进行实证分析，研究表明，股票价格的上涨会导致银行信贷的扩张，但银行信贷扩张不一定会导致股票价格上涨。郑庆寰（2009）研究表明，房地产价格持续走高容易引起金融机构放松融资条件和加大杠杆融资，银行的信贷扩张又会进一步助长房地产价格泡沫，房地产价格与金融脆弱性之间存在明显的正反馈机制。张睿锋（2009）在传统的信贷扩张资产价格泡沫模型上引入杠杆比率进行了拓展，分析了杠杆比率与银行信贷风险、资产价格泡沫的关系。分析表明，高杠杆率会使银行获得超额的信贷收益，但同时也会导致资产泡沫的形成以及投资者违约概率的上升。王晓明（2010）基于我国1998年1月—2009年6月的月度数据实证分析银行信贷和资产价格的顺周期关系，并将企业外部融资额外成本作为银行信贷与资产价格之间的枢纽，来研究二者之间微观作用机理和互动强化机制。研究表明，资产价格大幅度上涨和下跌的主要原因在于银行信贷资金过度介入股票市场和房地产市场，相对应的政策措施是反周期信贷政策框架建设。马亚明、赵慧（2012）利用SVAR模型，基于国内2003年1月—2011年12月月度数据，从热钱流动视角研究了资产价格波动的本质，在此基础上进一步分析了热钱流动对金融脆弱性的影响机理。研究发现，热钱流动通过影响我国外汇占款，降低了我国货币政策的独立性，增加了金融脆弱性。张玉（2014）依据债务紧缩理论和金融脆弱性理论，揭示了资产价格波动与金额不稳定之间存在相互强化的作用机制。胡援成、舒长江、张良成（2016）、舒长江、胡援成、樊嫱（2017）等实证研究发现，资产价格波动是金融脆弱性的单项格兰杰因果原因。

第4章 资金循环流动与资产价格波动[*]

4.1 引言

近年来,世界各主要经济体流动性与资产价格呈现高度的趋同性:从2001年至2007年底,宏观流动性出现充裕甚至过剩的态势,以房地产和股票为代表的资产价格镜像出现持续、大幅度的上涨趋势。2007年底美国次贷危机发生后,直接促成了全世界宏观流动性和资产价格"跳水",相应地出现了宏观流动性短缺、资产价格暴跌的局面。各国政府为了积极应对经济危机冲击,相继实行了量化宽松或负利率的宏观政策,向经济注入大量流动性,从2009年中开始,宏观流动性又迅速从短缺转换为过剩、资产价格止跌回升。面对经济下行的压力,我国宏观流动性也一直保持着高速的增长,M2年均增长18%以上。但是宏观流动性高速增长的背后却是经济增速持续下滑、物价水平持续低迷、资产价格持续暴涨。典型事例就是:在实体经济方面,最近两年我国GDP增速下滑到7%左右,CPI维持在2.0%左右,大量民营企业因融资难、融资贵跑路破产;在虚拟经济方面,

---

[*] 本章节部分内容发表于《现代财经》(CSSCI期刊)2017年第8期。

2014—2015年上半年我国股市迅速从1000多点攀升到5600高点，出现了严重的股市泡沫，紧接着2015年下半年至今，出现了以深北上广等一线城市领跑进而带动二三线城市房地产"量价"齐升的火爆场面，房市泡沫严重。实体经济与虚拟经济的鲜明对比，表明我国出现了宏观流动性超发、物价水平紧缩、资产价格暴涨共存的"三角组合"。传统的货币数量理论模型框架无法解释"超发的货币之谜"或"中国之谜"现象，货币政策操作陷入两难境地（见图4-1）。

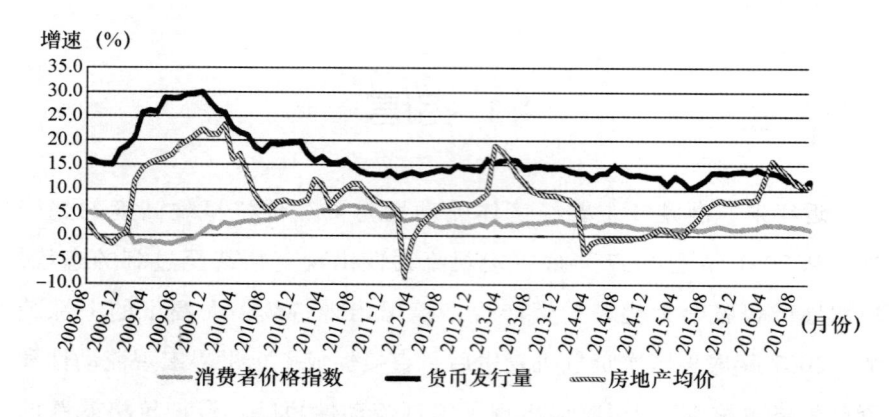

图4-1 货币发行量、房地产价格、消费者价格指数增速

面对上述情况，人们不禁反问：上述现象是一时的偶发现象还是普遍性经常现象？流动性与资产价格波动之间到底具有什么联系？如果二者之间有内在逻辑关系，那么作为宏观调控的货币政策应该如何选择新框架来积极应对？厘清上述问题具有重大的理论和现实意义。

本章具体的边际贡献在于：（1）在五部门资金循环流量模型基础上，引入流动性螺旋传导机制，揭示了资产价格波动的本质和根本扰动源，从理论上回答了流动性与资产价格波动之间的内在逻辑关系；（2）对传统货币数量理论框架进行了拓展，增加了虚拟经济系统和市场情绪因素，构建了新的货币政策理论模型框架，从理论上很好地回答了"中国之谜"现象；(3) 利用我国房地产价格波动数据，实证检验了上述理论模型，为应对资产价格波动的货币政策框架与工具选择提供现实依据。

4.1.1 流动性驱动与资产价格波动

流动性按照层次划分大致可分为：货币流动性、银行体系流动性与金融市场流动性（北京大学中国经济研究中心宏观组，2008）。根据现有文献，一般将货币流动性和银行体系流动性称为宏观流动性，而将金融市场流动性称为微观流动性。本章所研究的流动性特指宏观流动性。大多数现有研究基本认同流动性对资产价格存在显著影响。Adalid & Detken（2006）利用 BIS 数据通过对 18 个国家的实证分析，详细分析了流动性过剩和资产价格波动的关系，结果表明流动性过剩是房地产价格暴涨的显著解释变量；Machado & Sousa（2006）运用分量回归的非参数估计方法区别考察了货币总量和信贷总量对资产价格的影响，研究结果表明，银行信贷相比货币流动性对资产价格的影响更显著；AnsgarBelke. et. al（2009）使用 VAR 模型，利用 OECD 国家 1984—2006 年的季度加总数据，检验了商品价格、货币供给和资产价格的互动关系，研究表明房价周期性上升来自全球流动性冲击；Gerdesmeier et al（2010）、郭伟（2010）、王晓明和施海松（2010）的研究一致发现，信贷扩张是诱发资产价格膨胀的重要因素；骆祚炎（2011）、李建和邓瑛（2011）认为无论是货币扩张还是信用扩张对资产价格都具有重要的推动作用；与此同时，也有少部分研究认为流动性与资产价格无关。Ruffer & Stracca（2006）用房地产价格和股票价格混合组成了真实资产价格指标来检验全球流动性的冲击，实证研究发现二者之间没有显著反应；Giese & Tuxen（2007）的研究也支持股票价格并没有流动性的扩张而上涨；何静等（2011）研究表明，流动性紧缩与资产价格萧条时期的关系不紧密。上述研究文献主要侧重从流动性总量考察流动性与资产价格之间的关系，忽视了流动性结构、市场情绪等方面的因素，并且没有阐述流动性与资产价格发生关系的流动性螺旋机制，因而研究需要进一步深化。

4.1.2 资产价格波动与货币政策

现有文献关于央行的货币政策是否应该对资产价格做出反应存在着两种截然不同的观点。以 Bernanke & Gertler（1999，2001）、Mishkin（2001）等为代表的学者认为，由于资产价格中用于预测通胀的因素已经被考虑进来，货币政策就不应该对资产价格波动做出反应，货币政策作为清理残局的工具，对资产价格的膨胀应该采取"善意忽略"的策略；国内学者瞿强（2001）、冯用富（2003）、伍戈（2007）分别利用中国数据得出相似的结论。但是以 Borio & Lowe（2002）、Nicholas & Apergis（2003）、Demary & Markus（2009）为代表的学者认为，资产价格等应当以一种合适的加权方式进入货币政策物价稳定的最终目标中，货币政策应该对资产价格做出反应。他们认为资产价格隐含了未来通货膨胀等一系列信息，这些隐含的信息会带来金融体系的不稳定，央行可通过对隐含信息的判断，反向操作货币政策实现货币政策最终目标。国内学者杨伟和谢海玉（2009）系统总结了货币政策与资产价格波动的各种观点以及现实央行的具体实践，认为货币政策对资产价格"善意忽视不仅不能解决问题，反而有可能导致更大的损失"；陈继勇等（2013）通过对资产价格波动隐含信息的研究，认为货币政策在必要时应该干预资产价格，在条件完备时甚至可以盯住房地产价格。上述文献虽然肯定了货币政策应该对资产价格的波动做出反应，但未能在理论上提出一个普适的、自洽的、能够有效应对资产价格波动的货币政策框架与工具选择，无法解决现实"现代市场经济之谜"。

4.2 研究假设

通过五部门资金循环流量模型，在流动性螺旋机制作用下（见图4-2），资产价格的大幅上涨，会进一步导致银行杠杆融资扩张和市场投资情绪的高涨，反过来又会不断推高资产价格的上涨，进而形成资产价格上涨与银行融资杠杆交替螺旋上升。

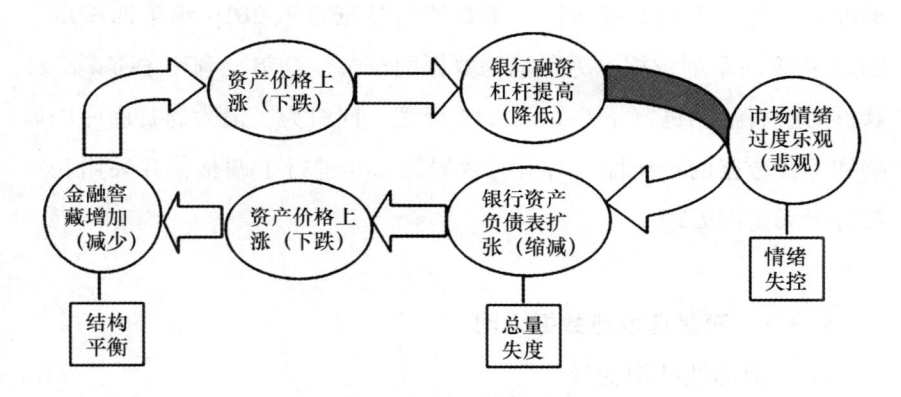

图4-2 流动性螺旋机制发生机理

提出以下三个研究假设：

H1：流动性脱实向虚，形成"金融窖藏"，造成流动性在实体经济与虚拟经济之间结构失衡，是造成资产价格波动的扰动源之一；

H2：流动性超发（紧缩），形成对实体经济资金需求的超额（短缺）供给，形成流动性总量失度，是造成资产价格波动的扰动源之二；

H3：投资者市场情绪失控（过度乐观或悲观），会导致总量失度与结构失衡超过某个临界值，从而引爆资产价格上下波动，是造成资产价格波动的扰动源之三。

4.3 研究设计

根据第3章的理论模型与研究假设，以我国商品房价格波动实际数据，对上述研究假设进行实证检验，并根据实证研究结论，构建我国货币政策应对资产价格波动的新框架。考虑当前我国资本管制现实以及房地产投资长周期性，本章未考虑境外资金流动性对商品房价格的冲击。鉴于数据的可获性，本章所有数据选取2010年第四季度至2018年第四季度数据，为了消除数据的季节性趋势，利用Eviews6.10软件对所有数据进行了Census X12处理。同时为了消除通货膨胀的影响和保证数据的可比性，对所有数据用CPI进行了调整，并采用相对数进行无量纲处理。

4.3.1 变量选取与数据说明

(1) 流动性结构变量

现有文献一般用M1/M2来度量货币流动性结构。M1代表的是流动性资金的交易性需求，M2代表的是流动性资金的投资性需求。M1/M2比值的高低很好地反映了流动性在实体经济与虚拟经济之间的转换关系，标记为FS，数据来源于国家统计局网站。

(2) 流动性总量变量

如前文所述，本章流动性特指宏观流动性，其包括货币流动性与银行系统流动性。由于我国是以银行系统为核心的金融体系，基础货币通过银行机构转化为信用货币，这些信用货币超过实体经济需求不断流入虚拟经济体系，因此本章选取银行系统流动性代表流动性总量。Adrian and Shin（2007）提出银行资产负债表的扩张率是一个较好的反应银行系统流动性的指标，如果银行的主要资产为贷款时或者主要负债为存款时，可以用存款或贷款的扩张速度替代。本章根据研究目的以及数据的可获性，选取个人住房贷款增长率作为银行系统流动性总量的代理变量，标记为CG，数据来源于wind数据库。

（3）情绪变量

目前理论上还没有关于房地产投资的具体情绪指标，相关研究一般都是采用景气指数作为替代变量。本章选取国房景气指数作为投资者的情绪指标，以100代表情绪中性，高于100表示投资者情绪乐观，低于100表示投资者情绪悲观。标记为EM，数据来源于中经网数据库。

（4）房地产价格变量

本章通过选取全国商品房销售额和销售面积，计算得到全国商品房月均价，然后转换成季度均价，以2009年第四季度商品房季均价为定基，算出全国商品房季均价上年同比增长率，标记为PG，数据来源于中经网数据库。

（5）控制变量

详细探究一个城市的房价也不仅仅由上述解释变量决定，还受多方面因素影响，其中人口变动因素是不可忽视的，故将人口因素引入模型，以年末人口增长率衡量，记为RK。同时，消费者购买房屋时，除了考虑其本身的建造质量、舒适程度之外，很重要的一点是周边环境尤其是教育环境，因此将教育情况引入模型，以每万人在校大学生数目增长率衡量，记为JY。另外增加宏观变量社会融资规模增速，记为ZY。数据来源于国家统计局网站。

所有变量和数据描述性统计结果见表4-1。

表4－1　　　　　　　　各变量描述性统计

变量	观察值	均值	标准误差	最小值	最大值
FS	33	30.870	3.250	26.400	36.500
CG	33	22.850	10.430	11.000	53.400
EM	33	-2.550	4.030	-7.500	5.300
PG	33	7.330	5.340	-1.300	20.100
RK	33	0.423	1.270	0.381	0.586
JY	33	2.310	2.120	1.920	3.410
ZY	33	10.600	3.200	8.600	13.700

4.3.2 模型设定

为了有效检验上述三个研究假设，揭示流动性与资产价格波动内在的逻辑关系，本章设定两种计量模型：多元线性回归模型和无约束向量自回归模型。其中多元线性回归模型重点对变量发生的历史情况进行静态分析；无约束向量自回归模型重点对变量各种动态关系进行分析。

（1）多元回归线性模型。根据前文论述，基准计量模型设定如下：

$$PG_t = C + \beta_1 FS_t + \beta_2 EM_t + \beta_3 CG_t + \beta_4 X_{i,t} + \varepsilon_t \qquad (4-1)$$

其中，因变量 PG 表示商品房均价，自变量 FS、EM、CG 分别表示流动性结构、情绪和流动性总量，C 代表常数项，X 是控制变量的向量表示，β 代表回归系数，ε 代表随机扰动项。

（2）无约束 VAR 模型。采用 VAR 模型，借用脉冲相应函数、方差分解、格兰杰因果关系检验方法进一步动态分析房地产价格波动与流动性"三失"的相互关系。VAR 模型克服了原始的联立方程组的不足，不需要事先把一些变量设定为内生变量和外生变量，它的本质在于如果一组变量之间有真实的联立性，那么这些变量就应平等地加以对待，而不应该事先区分内生和外生变量。

4.4 实证结果分析

4.4.1 多元回归分析

在回归之前，对所有数据进行了 ADF 单位根检验，ADF 检验结果表明所有原始数据是非平稳的，进行一阶差分后，所有数据变得平稳（检验结果见表 4 – 2），因此对所有数据一阶差分后可以进行回归分析。为了提高计量模型设定精度，本章给出了 3 种计量模型形式，通过模型设定检验，发现模型 3 拟合效果最好，具体模型回归结果见表 4 – 3。

表 4 – 2　　　　　　　　ADF 单位根检验

变量	ADF 检验临界值	1%	5%	10%	平稳性
PG	-1.827	-3.753	-2.998	-2.639	不平稳
DPG	-4.102	-3.753	-2.998	-2.639	平稳
FS	-1.417	-3.701	-2.976	-2.627	不平稳
DFS	-4.849	-3.711	-2.981	-2.630	平稳
EM	-2.403	-3.741	-2.986	-2.619	不平稳
DEM	-4.012	-3.721	-2.897	-2.597	平稳
CG	-1.786	-3.77	-3.004	-2.642	不平稳
DCG	-3.767	-3.642	-2.124	-1.395	平稳
RK	-1.125	-3.424	-2.247	-2.324	不平稳
DRK	-3.254	-3.287	-2.371	-2.524	平稳
JY	-1.571	-3.697	-2.784	-2.374	不平稳
DJY	-4.971	-3.621	-2.547	-2.347	平稳
ZY	-1.674	-3.324	-3.231	-2.514	不平稳
DZY	-3.821	-3.631	-2.031	-1.408	平稳

表 4-3　　　　　　　　　　方程回归结果

变量	模型 1	模型 2	模型 3
DFS	1.103 *** (5.421)	0.124 *** (3.574)	0.637 *** (3.132)
DEM	1.534 ** (2.610)	1.421 * (2.043)	1.240 * (2.052)
DCG	0.487 *** (3.093)	0.221 (1.421)	0.454 ** (2.688)
C	-21.066 *** (-3.724)	—	-16.367 ** (-2.041)
DPG(-1)	—	0.461 *** (3.871)	0.282 ** (2.169)
DRK	0.472 ** (1.752)	0.523 ** (1.893)	0.572 *** (2.074)
DJY	0.521 ** (2.311)	0.542 ** (2.421)	0.564 *** (2.587)
DZY	0.241 ** (2.157)	0.347 ** (2.304)	0.371 *** (2.431)
调整的 R^2	0.750	0.737	0.760
F 统计量	23.045	20.721	21.242
D-W 值	1.245	1.641	1.784

注：括号内数字为 t 统计量，括号上方数字为相关系数，*、**、*** 分别表示在 10%、5%、1%的显著水平。模型在回归之前进行了序列自相关检验，发现部分数据存在自相关，因此在估计过程中，使用了 Newey-west 一致协方差估计。

模型 3 回归结果表明，当流动性结构失衡每增加 1% 时，房地产价格会上涨 0.637%；当银行流动性总量增加 1% 时，房地产价格会上涨 0.454%；当市场情绪指数上升 1 点时，房地产价格会上涨 1.24%。特别是当不存在流动性"三失"问题时，房地产价格会下降 16.367%。回归结果证明了资产价格波动的主要扰动源来于流动性结构失衡、流动性总量失度、市场情绪失控，检验了三个假设的正确性。通过回归结果我们可以得出资产价格波动的实质是流动性"三失"，流动性结构失衡是资产价格波动的根本动力，流动性总量失度是资产价格波动的直接动力，市场情绪失控是资产价格波动的催化动力。

为了使回归结论更加精准，防止出现伪回归，现对模型3的回归结论进行稳健性检验。用货币超额流动性替代银行系统流动性度量超额流动性总量、用房地产行业景气指数替代国房景气指数度量市场情绪。货币超额流动性是指 M2 增长率超出相应名义 GDP 增长的部分，标记为 GAP，数据来源于国家统计局；房地产行业景气指数数据来源于 DRC 行业景气监测数据库、国家统计局，其他数据指标不变。回归结果见表 4-4。从表 4-4 可以看到，结果与上文没有明显区别，尽管回归系数的数值略有变化，但不影响基本结果。稳健性检验的结果表明，本章的实证结果是稳健与可靠的。

表 4-4　　　　　　　　　稳健性检验

变量	DGAP	DFS	DEM	DPG(-1)	C	调整的 R^2	F 统计量	D-W 值
	1.027** (2.338)	1.182** (2.208)	1.180** (2.465)	0.644*** (4.405)	-23.601** (-2.350)	0.687	12.053	1.843

注：括号内数字为 t 统计量，括号上方数字为相关系数，*、**、*** 分别表示在 10%、5%、1% 的显著水平。模型在回归之前进行了序列自相关检验，发现部分数据存在自相关，因此在估计过程中，使用了 Newey-west 一致协方差估计。

4.4.2　VAR 模型结果分析

（1）平稳性检验

本章建立一个包含 4 个变量的无约束 VAR 模型：房地产价格指

标 PG、流动性结构失衡指标 FS、流动性总量指标 CG、市场情绪指标 EM。建立 VAR 模型的前提条件是要求各变量是平稳的或者各变量之间满足协整关系,通过表 3-3 可知,所有数据一阶差分后变得平稳。因此先对所有数据进行一阶差分,发现被估计的 VAR 模型所有根模的倒数均小于 1,即位于单位圆内,表明以上各变量是平稳的(如图 4-3 所示),因此所建立 VAR 模型是稳定的,可以进行脉冲响应与方差分解分析。

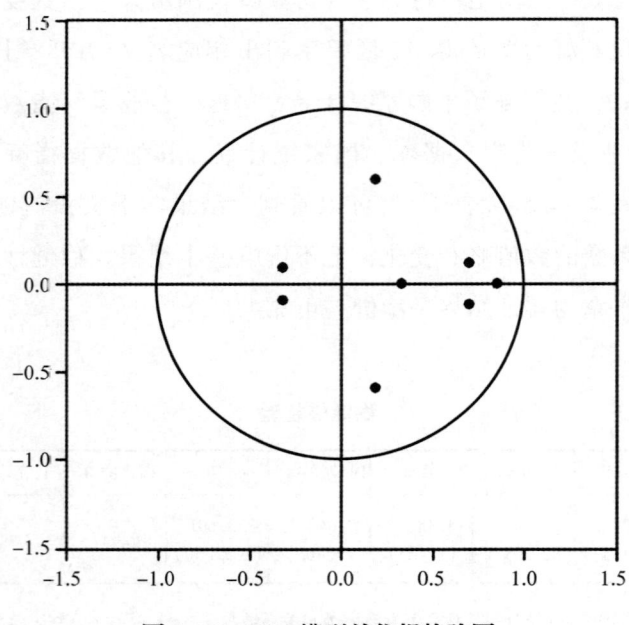

图 4-3 VAR 模型单位根检验图

(2)脉冲响应分析

脉冲响应函数可以提供给随机误差项上施加一个新息冲击后对内生变量短期的动态影响。按照 AIC 准则和 SC 准则,借助计量软件 eviews 6.0,采用 30 期滞后,可以获得各个流动性变量冲击房地产价格的脉冲响应函数。分析结果表明(见图 4-4):流动性变量对房地

第4章 资金循环流动与资产价格波动

产价格的扰动均具有1期的滞后性，流动性结构失衡对房地产价格具有持续的正向冲击，在第3期达到最大值，随后在4—6期急剧减弱，大约在14期影响稳定趋于0。流动性总量和市场情绪对房地产价格的冲击具有一致性，先是负向冲击然后反转出现正向冲击。其中流动性总量对房价的负向冲击在3.5期达到最大值，随后反转出现正向冲击，大约在6期影响稳定趋于0，市场情绪对房价的负向冲击在4期达到最大值，随后反转出现正向冲击，大约在16期影响稳定趋于0。脉冲响应函数分析结果表明，流动性结构失衡对房地产价格的冲击无论在力度上、时效上都显著于流动性总量和市场情绪的冲击，流动性总量对房地产价格的冲击具有短期效应，市场情绪对房地产价格的冲击具有较长时滞效应。脉冲响应函数分析结论，符合流动性螺旋机制传导机理。

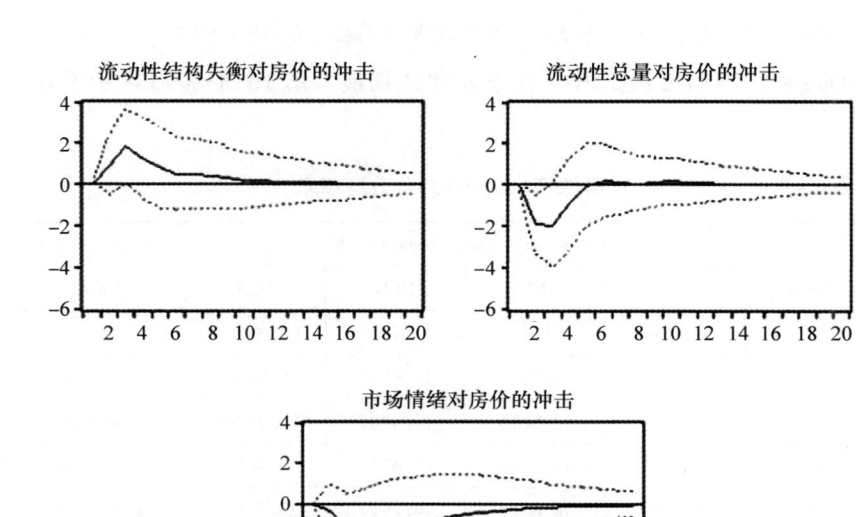

图4-4 脉冲响应函数冲击

(3) 方差分解分析

方差分解是指当系统的内生变量受到一个单位的冲击以后,以变量的预测误差方差百分比的形式反映向量之间的交互作用程度,其基本思想是把系统中每个内生变量的变动按其成因分解为与各方程随机扰动项(新息)相关联的各组成部分,以了解各新息对模型内生变量的相对重要性。本章利用方差分解技术分析流动性变量对房地产价格波动的贡献率,借助计量软件 eviews 6.0,采用 20 期滞后,可以获得各个流动性变量对房地产价格波动预测方差的贡献率(见表 4-5)。方差分解结果表明,除了房地产价格自身的解释,在第二期之后,流动性变动对房地产价格具有很强的解释能力,这种解释能力大约在第 14 期趋于稳定,解释能力合计达到 57.52%。其中流动性结构失衡在第 3 期对房地产价格解释能力最强,达到 26.389%,随后解释能力逐步递减;流动性总量对房地产价格的解释能力在第 3 期有一个极具上升的过程,随后缓慢上升,在第 8 期达到最大值 16.33% 后逐步下降。

表 4-5　　　　　　房地产均价 PG 方差分解结果

Variance Decomposition of PG:					
Period	S. E.	DPG	DCG	DFS	DEM
1	3.0597	100	0	0	0
2	4.3018	74.5595	4.10367	20.80642	0.530357
3	5.4917	54.5666	13.6407	26.38892	5.403626
4	5.9404	49.0186	15.6726	24.90182	10.40689
5	6.1441	46.8206	16.2432	23.28141	13.65469
6	6.2704	45.5236	16.2394	22.42157	15.81529
7	6.3649	44.4949	16.2909	21.77173	17.44239
8	6.4329	43.6924	16.3265	21.31840	18.66267
9	6.4757	43.1682	16.3129	21.06375	19.45503

续表

Period	S. E.	DPG	DCG	DFS	DEM
\multicolumn{6}{c}{Variance Decomposition of PG:}
10	6.5008	42.8600	16.2788	20.94753	19.91357
11	6.5154	42.6831	16.2551	20.88556	20.17610
12	6.5241	42.5794	16.2445	20.84316	20.33285
13	6.5293	42.5175	16.2404	20.81532	20.42669
14	6.5323	42.4816	16.2386	20.79886	20.48083
15	6.5341	42.4616	16.2379	20.78925	20.51121
16	6.5351	42.4504	16.2380	20.78319	20.52840
17	6.5358	42.4438	16.2385	20.77918	20.53842
18	6.5362	42.4398	16.2392	20.77654	20.54437
19	6.5364	42.4374	16.2397	20.77483	20.54795
20	6.5366	42.4359	16.2402	20.77370	20.55013

（4）格兰杰因果检验

在对房地产价格和流动性进行格兰杰因果检验之前，需要确定滞后阶数，本章通过计算滞后8期以内的各种信息标准，根据AIC（赤池信息）准则确定滞后阶数为8。格兰杰检验结果如表4-6所示，流动性结构失衡与房地产价格互为格兰杰因果关系，表明流动性结构失衡会造成资产价格波动，同时资产价格的波动反过来又会造成流动性结构进一步失衡，暗示流动性螺旋机制在房地产市场存在。表4-6还表明流动性总量与市场情绪是房地产价格的单向格兰杰原因。格兰杰因果检验进一步证明了流动性结构失衡是资产价格波动的根本动力，流动性总量失度是资产价格波动的直接动力，市场情绪失控是资产价格波动的催化动力。

表 4 – 6　　　　　　流动性与房地产价格格兰杰因果检验

Sample：2010Q4 2018Q4			
Lags：8			
Null Hypothesis：	Obs	F-Statistic	Prob.
DFS does not Granger Cause DPG	33	31.0558	0.008
DPG does not Granger Cause DFS		8.79986	0.050
DEM does not Granger CauseDPG	33	5.01788	0.099
DPG does not Granger Cause DEM		0.41398	0.858
DCG does not Granger Cause DPG	33	2.57165	0.031
DPG does not Granger Cause DCG		1.44372	0.472

4.5　货币政策扩展

通过上述分析，我们揭示了流动性与资产价格波动内在的逻辑关系，研究表明，资产价格波动在流动性螺旋机制作用下，其波动实质是流动性出现"三失"，流动性结构失衡是造成资产价格波动的根本动力。流动性结构失衡，资金脱实向虚，必然会对实体经济造成挤出效应，从而对产出和通货膨胀等经济变量造成冲击。传统的货币政策框架往往只关注实体经济的稳定，而忽略了资产价格的稳定。因此，新的货币政策框架应当对传统货币政策框架进行拓展，把资产价格波动纳入其分析框架。

传统的货币政策框架为货币数量论和菲利普斯曲线，其中货币数量论代表总需求函数，菲利普斯代表短期的总供给曲线，其关系表达式如下：

$$Mv = PY \qquad (4-2)$$

$$Y - Y^* = \alpha(P - P_0) \qquad (4-3)$$

式（4-2）表示货币数量方程，式（4-3）表示菲利普斯曲线。

第4章 资金循环流动与资产价格波动

M 为货币供应量,一般用 M_2 度量,v 为货币流通速度,P 为一般物价水平,Y 为实际产出,Y^* 和 $Y-Y^*$ 分别为潜在产出与产出缺口,P_0 为产出缺口为 0 时的一般价格水平,α 为菲利普斯曲线斜率的倒数且大于 0 小于 1。由式(4-2)和式(4-3)可以看出,传统的货币政策框架只关注实体经济,货币政策目标是实现价格稳定,通过价格的稳定实现产出的稳定。下面通过前文的论述对传统货币政策框架进行扩展,得到新的货币政策框架,如下所示:

$$Mv = PY + \beta P_A Q_A \quad (4-4)$$

$$Y - Y^* = \alpha(P - P_0) + \gamma(P_A - P_{A0}) \quad (4-5)$$

$$P_A = \lambda(M - M_0) + \varepsilon_{em} \quad (4-6)$$

式(4-4)为扩展的货币数量方程,Mv 可以理解为宏观流动性,在整个经济系统中流动,不仅满足实体经济的需求,也满足虚拟经济的需求。其中 P_A 为虚拟经济资产的一般价格水平,Q_A 为资产交易的数量,β 为参数系数且大于 0 小于 1;式(4-5)为扩展的菲利普斯曲线,由于资产价格的波动会对实体经济造成挤出效应,因此产出缺口不仅取决于当前的一般物价水平,也取决于当前的资产价格水平。其中,P_{A0} 为产出缺口为 0 时资产价格一般水平,α、γ 分别为参数系数且大于 0 小于 1。式(4-6)为资产价格的决定方程,其大小由流动性"三失"程度决定。其中,$(M - M_0)$ 为流动性脱离实体经济进入虚拟经济的资金,体现为流动结构和流动性总量,ε_{em} 为市场情绪,是一个独立的外生变量。利用 matlab 软件,计算出总产出 Y 和一般物价水平 P 的解析解为:

$$\begin{aligned} Y = \frac{1}{2} \{ & Y^* + \gamma[\lambda(M - M_0) + \varepsilon] - (\alpha P_0 + \gamma I_0) \\ & + \sqrt{\{Y^* + \gamma[\lambda(M - M_0) + \varepsilon] - (\alpha P_0 + \gamma I_0)\}^2 +} \\ & \sqrt{4\alpha\{Mv - \beta[\lambda(M - M_0) + \varepsilon]Q_A\}} \} \end{aligned}$$

$$(4-7)$$

$$P = \frac{1}{2\alpha} \{ -[Y^* + \gamma[\lambda(M-M_0) + \varepsilon] - (\alpha P_0 + \gamma I_0)]$$
$$+ \sqrt{\{Y^* + \gamma[\lambda(M-M_0) + \varepsilon] - (\alpha P_0 + \gamma I_0)\}^2 +}$$
$$\sqrt{4\alpha\{Mv - \beta[\lambda(M-M_0) + \varepsilon]Q_A\}}\}$$

(4-8)

由式（4-7）和式（4-8）可知，总产出和产品一般价格水平不仅取决于货币政策，还取决于资产价格水平。在保持其他条件不变的情况下，我们考察市场情绪 ε 对整体经济运行的影响。让式（4-7）和式（4-8）分别对 ε 求偏导可得：

$$\frac{\partial Y}{\partial \varepsilon} = \frac{1}{2}\left[\gamma + \frac{2\gamma - 4\alpha\beta Q_A}{\sqrt{\{Y^* + \gamma[\lambda(M-M_0) + \varepsilon] - (\alpha P_0 + \gamma I_0)\}^2 +}\sqrt{4\alpha\{Mv - \beta[\lambda(M-M_0) + \varepsilon]Q_A\}}}\right]$$

(4-9)

$$\frac{\partial P}{\partial \varepsilon} = \frac{1}{2\alpha}\left[-\gamma + \frac{2\gamma - 4\alpha\beta Q_A}{\sqrt{\{Y^* + \gamma[\lambda(M-M_0) + \varepsilon] - (\alpha P_0 + \gamma I_0)\}^2 +}\sqrt{4\alpha\{Mv - \beta[\lambda(M-M_0) + \varepsilon]Q_A\}}}\right]$$

(4-10)

由于参数 α、β、γ 大于0小于1，Q_A 远远大于1，可知式（4-9）和式（4-10）小于0。因此，市场情绪的高涨，市场投机风气盛行，越来越多的流动性流入虚拟经济，会导致产出的萎缩和物价的紧缩，这与当下我国经济实际相吻合。同时假设 ε 提高，根据式（4-6）可知资产价格 P_A 会提高，根据式（4-4）又知，会有更多的流动性进入虚拟经济，在总的流动性保持不变的前提下，势必会对实体经济造成挤出效应，结果造成产出下降和物价紧缩。在这种情况下，即使央行向市场注入流动性，但在资产价格暴涨、资本逐利的情况下，更多的流动性只会越来越多流入虚拟经济，这时货币政策必须关注资产价格的波动。

4.6 研究结论和政策建议

当下我国呈现出宏观流动性超发、物价水平趋紧、资产价格暴涨共存的"三角组合"现状，央行货币政策操作陷入困境；M1/M2 剪刀差不断扩大，我国有陷入"流动性陷阱"的风险。在这种情况下本章通过构建资金循环流动理论模型，从流动性螺旋机制入手，厘清了流动性与资产价格波动之间的内在逻辑关系，资产价格波动的实质是流动性出现"三失"，流动性结构失衡是资产价格波动的根本动力，流动性总量失度是资产价格波动的直接动力，市场情绪失控是资产价格波动的催化动力。同时基于我国 2010 年第四季度至 2018 年第四季度房地产数据对上述理论进行了实证检验，无论是多元线性回归模型静态分析还是 VAR 模型动态分析都一致支持结论的正确性，其中脉冲响应函数分析结果印证了流动性螺旋的传导机制，差分分解结果表明流动性变动对房地产价格具有很强的持续解释能力，这种解释能力合计达到 57.52%，格兰杰因果检验表明流动性总量与市场情绪是房地产价格的单向格兰杰原因，流动性结构失衡与房地产价格互为格兰杰因果关系，暗示流动性螺旋机制在房地产市场存在，金融体系结构性矛盾不断凸显，流动性异常波动实际上暴露的是实体经济和金融体系中深层次的问题及弊端，而流动性螺旋形成及演化也来自经济周期的波动和金融体系的脆弱性。为此，可以通过改善现有经济结构，从根本上解决流动性螺旋中的"场源"问题；通过加强金融市场信息披露，减少信息不对称，引导市场主体形成稳定预期，改善金融体系脆弱性，减弱流动性螺旋作用力，从而达到抑制流动性螺旋形成及膨胀、维护金融稳定的目的。

根据上述研究结论,本章对传统货币政策框架中的货币数量方程和菲利普斯曲线进行了扩展,建立了货币政策理论新框架,探讨了流动性、资产价格、实体经济之间的关系。新的理论框架表明,资产价格对产出确实有影响,具有明显的挤出效应,货币政策在关注实体经济稳定的同时应该关注资产价格的稳定。货币政策在实际操作过程中,不仅要盯住货币总量的供给,还需要盯住流动性结构和市场情绪,同时还要防范流动性螺旋的形成。因此,可以得到如下的政策建议。

(1) 增强货币政策宏观调控的前瞻性,有效识别并高度重视流动性螺旋机制传导机制。资产价格波动的实质是流动性"三失",流动性螺旋机制是促成流动性"三失"的关键因素。货币政策宏观调控的首要前提就是要有效识别流动性螺旋的存在性,深刻剖析其传导机理,采取选择性政策进行反向操作,抑制流动性螺旋机制的产生,通过改善现有经济结构,从根本上解决流动性螺旋中"场源"问题。通过加强金融市场信息披露,减少信息不对称,引导市场主体形成稳定预期,改善金融体系脆弱性,减弱流动性螺旋作用力,从而达到抑制流动性螺旋形成及膨胀、维护金融稳定的目的,保持产出与资产价格的合理波动。

(2) 应该将市场情绪纳入货币政策操作的参考变量,合理引导市场预期。在现实生活中,由于信息不对称、交易成本等市场摩擦的存在,投资者并非是完全的理性人,市场情绪对投资者具有明显的感染作用,容易引发"羊群效应"。因此货币政策在实际操作过程中,应该加强市场沟通,增强透明度,有效引导市场预期,防范市场情绪"射击过头"或"射击不足"。

(3) 尽早建立流动性预警体系,防范系统性风险的产生。当下由于金融创新、融资渠道的多元化、货币流动速度的不稳定性等诸多原因，央行关于流动性总量的统计越来越艰难。同时这些流动性出于规避监管的利益冲动，例如以理财产品、影子银行、同业拆借等表外业务的形式游离在资产负债表之外，进入风险性极高的领域，很容易引发系统性风险。因此，央行有必要建立流动性预警体系，通过这一体系实时监控每笔流动性的去向，确保流动性处于监管层的监管之下，以便更好发挥货币政策的针对性和有效性。

第 5 章 我国商业银行脆弱性的现实考察*

5.1 引言

经济增长理论认为，投资是拉动经济增长的重要源泉之一，能够促进经济繁荣，创造充分就业。作为投资镜像的融资，其水平与结构却又是经济不稳定的重要来源。历次经济危机充分证明，过度融资、杠杆率高企、债务规模过大是触发"明斯基时刻"[①]的引爆器。数据表明，截至 2017 年末，我国 M2 占 GDP 比重达到 2.1∶1，大大超过美国的 0.9∶1；金融业增加值占 GDP 比重为 7.9%，远超世界主要发达经济体；整体宏观经济杠杆率为 2.5，位居世界前列；全社会新增融资中债务率高达 90%。上述衡量我国宏观杠杆率常用的四个指标皆表明我国宏观杠杆率高企不下，经济部门债务总量不断攀升，债务负担日益加重，导致我国系统性风险不断积聚，金融脆弱性不断增大，严重威胁整个经济体系平稳运行。故而，习近平总书记自 2017 年以来，先后对我国经济去杠杆做出重要指示，明确要求把去杠杆、防风险作为 2018 年中央政府的三大关键性重点任务之首，以结构性去杠

---

* 本章节部分内容发表于《财经理论与实践》（CSSCI 期刊）2019 年第 1 期。
① 明斯基时刻是指资产价值崩溃时刻。

杆的思路，分部门、分债务类型尽快把我国杠杆率降下来。

纵观人类金融史上发生的各种金融危机，诸如2007年美国次贷危机、2010年欧洲主权债务危机以及2014年俄罗斯金融危机，虽然其发生的表象各异，但本质上是金融杠杆率不断提升的危机。Fish（1933）提出的"债务—通缩"理论和Minsky（1992）提出的"债务—金融不稳定理论"已经经典地描绘了经济周期变化中债务的不断积累是如何诱发系统性风险的过程。Reinhart and Rogoff（2010）提出了公共债务杠杆率的阈值"90、60"标准。然而，很多学者对此提出了质疑，Minea and Parent（2012）认为一国公共债务阈值可以上升到115%；Cuerpo et al（2013）进一步指出，各国杠杆率可持续性的警戒线应根据各国的具体经济金融条件而有所差异。Tepper and Borowiecki（2014）通过构建金融市场不稳定指标，分析了杠杆引致的爆发性行为如何影响到金融市场的稳定性。他们的研究结果显示，资金的强制清算会引发金融市场特别是银行资金市场和股票市场的明显波动。Adrian and Boyarchenko（2014）基于动态宏观经济模型的分析发现，金融机构面临的风险约束会引发金融杠杆的顺周期波动，在这一过程中，信贷的波动和风险定价的调整会导致内生性的系统性风险，并可能最终诱发系统性的金融危机。苟文均等（2016）通过对CCA模型的扩展，对债务杠杆与系统性风险传染进行了机理分析。研究结果表明，债务杠杆的提升会显著提高宏观经济各部门风险水平，并使风险积聚于金融部门，然后通过金融部门的信贷发放和股权投资显著影响系统性风险的生成与传递。董小君（2017）认为在经济下行周期下，高杠杆率会诱发系统性风险。方芳、黄汝南（2017）基于2000—2016年中国宏观经济数据，通过构建"金融风险价格指标体系"，分析我国杠杆率对系统性金融风险演化机理，研究结果表明：宏观杠杆率上升后，金融风险集聚阶段资产价格的反应程度强于金融风险释放时期。

除了从杠杆率总量上分析对系统性金融风险的影响之外，少数文献也从杠杆率结构视角来进行分析，如刘向耘等（2009）、钟宁桦等（2016）、中国金融论坛课题组（2017）、张晓晶等（2018），但这些文献分析的重点基本都是围绕不同部门杠杆率的横向比较和与国外部门的纵向比较阐述杠杆率对经济系统的冲击，本质上还是一种总量的研究思路。也有部分学者利用现代计量方法对我国宏观经济部门的杠杆结构进行分析，探讨不同部门杠杆率结构的动态随机变化，借以揭示杠杆率结构变化的内在逻辑（袁利勇、胡日东，2018；刘哲希、李子昂，2018；张成科等，2018）。这些文献为结构性杠杆提供了经济学逻辑解析，但缺乏一个统一的理论分析框架对不同部门杠杆率差异进行解释，以及在宏观杠杆率总量保持不变的情况下，微观部门杠杆率的变化如何对金融脆弱性进行冲击也缺乏令人信服的实践分析。纪敏、严宝玉、李宏瑾（2018）根据微宏观杠杆率的会计恒等式推导出了微观杠杆率与宏观杠杆率二者之间的联系，并利用经典的MM定理和增长方式两个视角，对我国杠杆率的结构以及最优水平给出了经济学机理分析，并进一步分析了杠杆率与金融稳定之间的关系，具有较强的理论借鉴价值。

无论是杠杆率以及由此形成的各类债务，背后都是资金在不同部门循环流动形成，因此要研究杠杆率问题必须从资金流动这个源头切入。本章在借鉴现有文献基础上，从资金循环流动视角构建一个理论分析框架来探析杠杆率的成因，进而科学揭示不同部门杠杆率差异性，同时对我国经济部门现有杠杆率进行实践考察。本章边际贡献在于：（1）从资金循环流动视角，基于杠杆率的定义从理论上推导出了在宏观杠杆率总量保持不变前提下，微观杠杆率的决定因子，构建了一个理论分析框架，有效解释微观经济部门不同杠杆率的差异性；

(2) 在上述理论分析基础上，对我国微宏观杠杆率进行了实践考察，科学揭示了我国现有杠杆率的形成违背了经济理论，是我国现有金融资源的一种错配，如果处理不当，很容易引发金融体系的脆弱性。

5.2 理论基础

现有文献关于"杠杆率"的概念最先出现在微观企业层面，该指标定义为债务资本/权益资本，或者是权益资本/总资产，用来衡量企业的负债经营状况以及债务风险程度。宏观杠杆率的定义目前存在一定的争议，但大多数文献通用做法是将宏观杠杆率定义为债务收入比，根据宏观经济学 GDP 恒等于国内总收入，因而可以将宏观杠杆率的定义转换为宏观经济总债务/GDP。[①] 为了与宏观杠杆率定义相匹配，这里用资产负债率作为微观杠杆率的替代指标，其定义表示为：

$$微观杠杆率 = 总债务/总资产 = （总债务/GDP）\times （GDP/总资产） \quad (5-1)$$

结合宏观杠杆率的定义，式（5-1）可表示为：

$$微观杠杆率 = 总债务/总资产 = 宏观杠杆率 \times （GDP/总资产） \quad (5-2)$$

式（5-2）中的"GDP/总资产"反映的是总资产所创造的产品和劳务价值，相当于增加值表示的资产效益。因此式（5-2）可进一步表示为：

[①] 由于存在数据缺失、时滞较长等客观因素的制约，现实中很难及时获得某个部门完整的资产负债表，以"总债务/总资产"的定义来测算杠杆率的难度较大，故而 IMF、BIS 等国际研究机构更多采用的是"债务总额/GDP"来测算宏观杠杆率。

微观杠杆率 = 总债务/总资产 = 宏观杠杆率 × 资产收益率 （5-3）

或者：

Δ 微观杠杆率 = Δ 宏观杠杆率 + Δ 资产收益率 （5-4）

因此可以看出，资产收益率是连接微观杠杆率和宏观杠杆率的决定因子。通过定义不难发现，无论是微观杠杆率或是宏观杠杆率本质上都是资金的流动造成，资金逐利的本性，会寻求高收益率在不同部门循环流动，进而形成了各种形式的债务，如果资金的收益率能够覆盖资金全部成本，那么这种债务就具有可持续性，加杠杆行为具有合理的理论基础。

结合第3章的资金循环模型的理论推导，容易得出经济体系不同部门的杠杆率不仅取决于该部门资产收益率的绝对值，更取决于不同部门之间资产收益率的相对值，不同部门杠杆率的结构性差异在于不同部门投资收益率的相对比值。整个经济体系只有按照这个逻辑思路加杠杆进行投资才能确保资金在整个经济体系顺利循环流动，进而使得整个经济体系平稳持续发展。

5.3 我国商业银行脆弱性的现实考察

我国是一个典型的以投资要素驱动的发展中国家，投资在推动国民经济持续发展中具有重要的地位，又由于我国是一个典型的以商业银行为主导的间接融资国家，这就使得我国投资资金来源主要靠商业银行信贷，债务融资比重过大。因此，相比发达国家，我国宏观杠杆率总量一直居高不下（表5-1）。从我国实体经济各部门结构上看，2014年之前，虽然我国政府部门杠杆率远远高于居民和非金融企业部门，但是居民部门和非金融企业部门杠杆率一直处于上升态势，尤其是非金融企业部门呈现加速上升态势，这或许与最近几年我国房地产市场火爆以及我国当年的四万亿投资刺激计划有关（如图5-1）。同时，通过比较居民部门和非金融企业各部门的投资收益率发现（见图5-2），自2010年之后，居民部门投资收益率一直高于企业部门的生产收益率，根据上述理论分析，居民部门有加杠杆的动机。鉴于当前我国投资渠道的单一，居民投资主要集中在房地产市场的客观现实，居民部门加杠杆的资金大多数流入了房地产市场，这些资金停留在房地产市场，不仅加剧了房地产市场泡沫，也严重挤占了实体企业部门资金需求。同时还发现，自2011年之后，在非金融企业部门，小型企业的投资收益率一直比较稳健，波动性较小，而大中型企业尤其是中型企业投资收益率下降幅度比较大，投资收益稳定性很差。尽管小型企业的投资收益率一直比较稳健，但小型企业融资难的问题依旧严峻，说明其他部门严重挤占了小型企业的融资需求。

表5-1　　　　　我国宏观杠杆率的国际比较　　　　（单位：%）

	家庭部门杠杆率 （2016/12）	政府部门 杠杆率（2016/6）	非金融企业部门 杠杆率（2015/12）	总杠杆率 （2016/12）
美国	80.20	110.27	73.50	279.47
日本	68.80	231.50	105.40	463.52
英国	88.70	88.90	77.80	316.75
加拿大	100.00	92.40	—	351.60
欧元区	59.80	89.60	—	—
法国	57.60	95.90	85.10	323.00
德国	54.30	72.10	45.70	223.80
希腊	63.40	179.80	65.00	320.80
意大利	77.50	96.90	77.60	307.80
中国	41.14	58.60	131.20	248.07

数据来源：BIS。

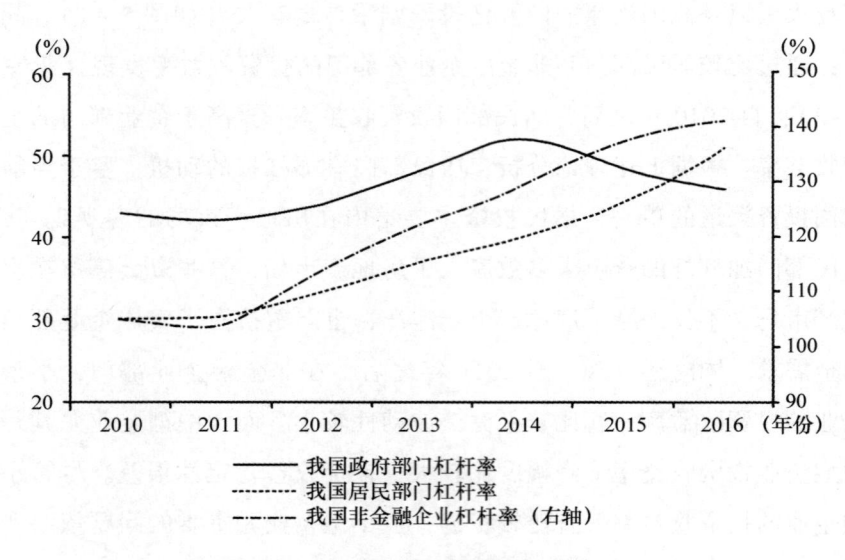

图 5-1　我国实体经济各部门杠杆率

数据来源：海通证券研究所，Wind 数据库。

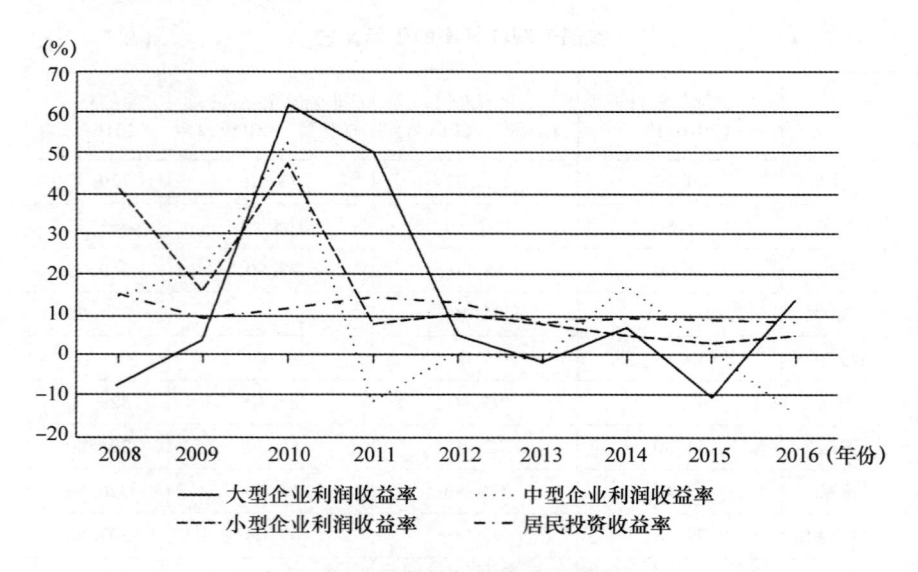

图 5-2　我国各部门投资收益率的比较

数据来源：国家统计局。

5.3.1 家庭部门杠杆率①

家庭部门杠杆率主要来自贷款，从总量上看，2008—2017年，居民杠杆率从17.9%上升到49%，年均增幅约3.5%；尤其是近两年来均增幅更是高达4.9%。从结构上看，消费性杠杆率占比为66%（其中住房贷款占比80%），经营性杠杆率占比为34%左右（其中短期贷款占比62%）。居民部门杠杆率的迅速攀升确实提升了金融风险，一方面，当下房地产价格高企不下，价格泡沫成分加大，居民部门加杠杆又大多集中在房地产领域。一旦房地产调控政策缩紧，整个宏观经济形势下滑，很容易出现房地产价格泡沫破裂，引发系统性金融风险，2007年美国的次贷危机就引爆了全球的金融危机。另一方面，2017年以来各地纷纷出台了有史以来最严厉的房贷政策，各商业银行收紧了房贷额度，延长了批贷周期，使得原来部分房贷转向了短期消费贷。这部分贷款由于缺少实物抵押，造成了银行更大的风险敞口。同时从收入支出比看（见图5-3），根据估算，居民每年债务负担（即年还本付息额）仅占居民可支配收入的8%左右，占居民消费支出的13%。尚处于可控范围，因此居民部门尚具有一定的加杠杆空间。即便假设居民收入出现下降，居民仍有大量的存量金融资产来应对流动性风险。我国居民部门由于长期较高的储蓄率，积累了大量的金融资产。2017年居民现金与存款加总达70.9万亿，远超40.5万亿的债务余额，与国际相比，处在低位（见图5-4）。

---

① 参见李扬《中国国家资产负债表2013——理论、方法与风险评估》，中国社会科学出版社2013年版，定义居民杠杆率为居民部门贷款余额/GDP。

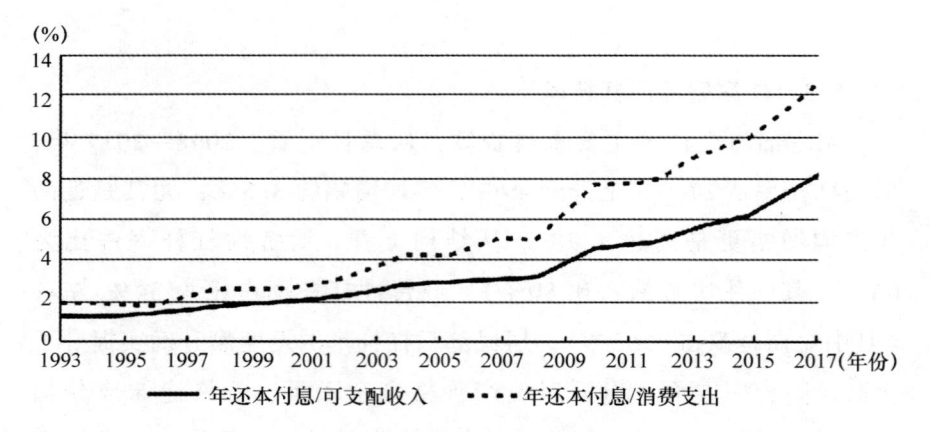

图 5 - 3　我国居民部门还款压力

数据来源：Wind，BIS。

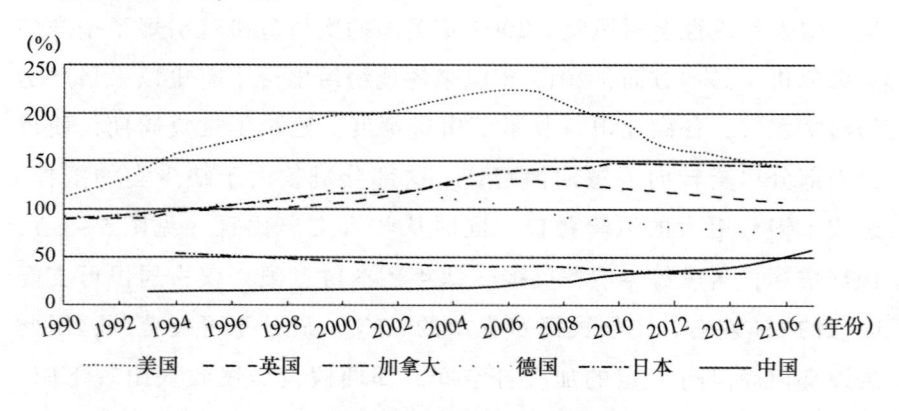

图 5 - 4　各国居民部门贷款/（存款 + 现金）

数据来源：Wind 数据库，BIS。

5.3.2　政府部门杠杆率①

政府部门债务由中央政府债务余额和地方政府债务余额构成。近年来我国政府部门杠杆率呈逐年上升趋势（见图 5 - 5），整体杠杆率

---

① 参见李扬《中国国家资产负债表 2013——理论、方法与风险评估》，中国社会科学出版社 2013 年版，定义政府部门杠杆率 =（国债 + 政府支持机构债 + 政策性银行债 + 地方政府负有偿还责任的债务 + 地方政府或有债务）/GDP。

从 2006 年的 30%上升到 2016 年的 62.26%，之后在"去杠杆"作用下，截至 2017 年第二季度杠杆率降低至 45.7%，低于国际上常用 60%的风险阈值，在国际上处于较低水平；虽然我国政府杠杆率总量上可控，但从结构上看，我国地方政府债务风险不容忽视，在 2016 年之前，很多地方政府变相通过 PPP 项目、设立政府投融资平台、政府投资基金、专项建设基金等方式举债，以及违法违规进行兜底担保，使得地方政府债务余额远远大于中央政府债务余额，占了整个政府债务的三分之二。同时地方政府还存在大量的排查难度较大的隐性债务，在现有的财税和预算管理体制下，极易引发系统性金融风险。相比之下，中央政府的杠杆率一直维持在低位运行，具有较大加杠杆空间，在当前经济形势下可以运用扩张的财政政策加杠杆置换其他部门过高的债务杠杆。

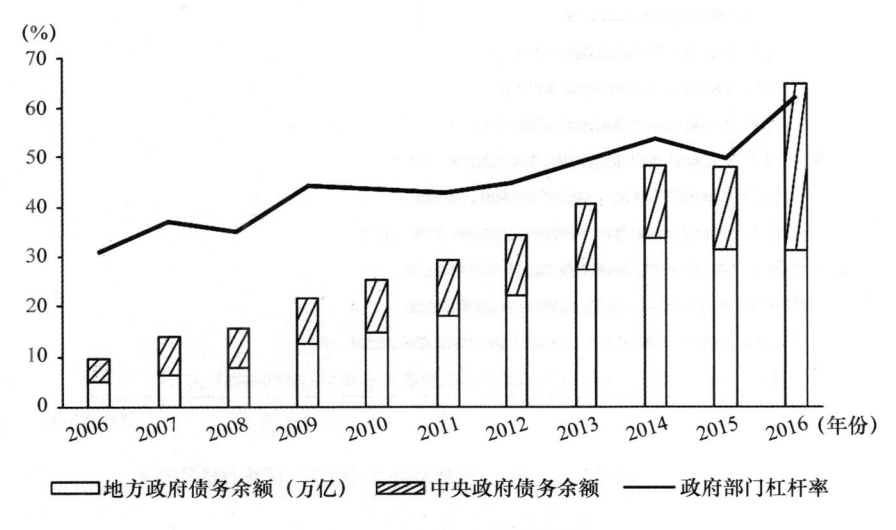

图 5-5 政府部门杠杆率

数据来源：wind 数据库，财政部，中国人民银行。

5.3.3 非金融企业杠杆率[①]

首先从总量上看（见图 5-6），2008 年全球金融危机发生后，为了防止经济的滑落，非金融企业部门尤其是国有企业部门出现了显著的加杠杆趋势，对支撑经济增长做出了贡献。从 2011 年第三季度起，非金融企业部门杠杆率加速上升，截至 2017 年第二季度已经高达 163.4%，但同期 GDP 同比增速却从 9.4% 跌至 7% 以下，表明我国非金融企业资金使用效率边际下降，杠杆率已经超过了最优负债规模。

其次从非金融部门债务余额来源的具体分项来看，如图 5-7 所

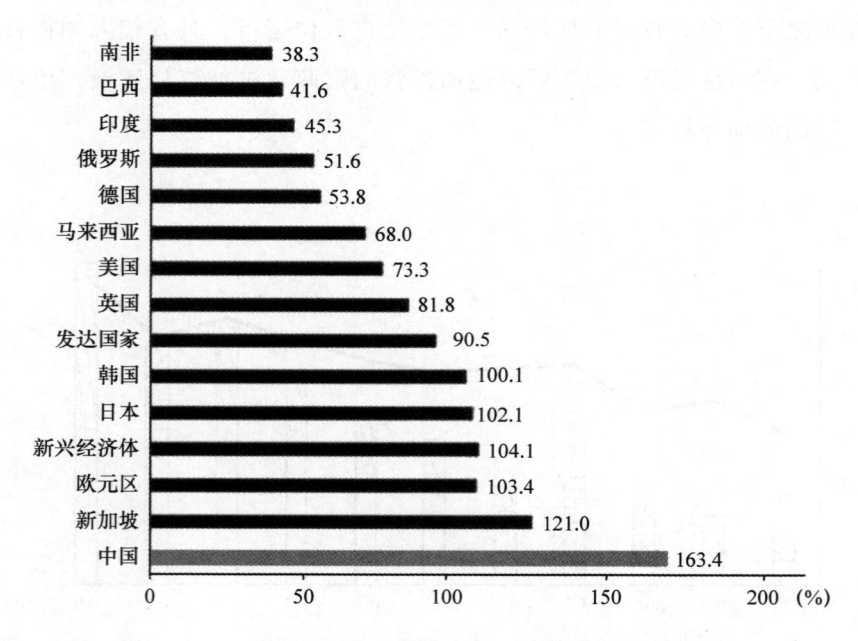

国家/地区	杠杆率(%)
南非	38.3
巴西	41.6
印度	45.3
俄罗斯	51.6
德国	53.8
马来西亚	68.0
美国	73.3
英国	81.8
发达国家	90.5
韩国	100.1
日本	102.1
新兴经济体	104.1
欧元区	103.4
新加坡	121.0
中国	163.4

图 5-6 2017 年第二季度非金融企业部门杠杆率国际比较

数据来源：wind 数据库，财政部，中国人民银行。

---

① 参见李扬《中国国家资产负债表 2013——理论、方法与风险评估》，中国社会科学出版社 2013 年版，定义非金融企业部门杠杆率 =（银行信贷 + 企业债券 + 信托贷款 + 委托贷款 + 未贴现银行承兑汇票 − 城投企业债务余额）/GDP。

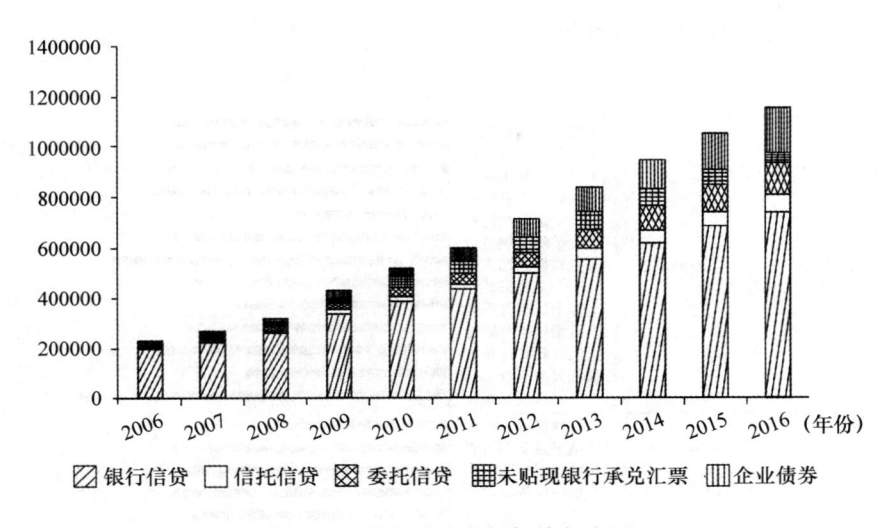

图 5-7 非金融企业部门债务来源

数据来源：wind 数据库，财政部，中国人民银行。

示，银行信贷占比高达 70%，然后是企业债券，两项合计超过非金融企业部门债务余额的 85%，企业偿债压力巨大。在当前整体世界经济形势产出低迷和不稳定情况下，很容易出现企业破产、资不抵债情况，银行信贷难以回收，加剧金融脆弱性。

再次从非金融部门杠杆率的行业分项来看，将图 5-8 中的各行业 2008—2017 年的现金到期债务比做算术平均，发现偿债压力比较大的行业大部分是集中在上游的水利、环境和公共设施管理、建筑业、燃气、热力、电子业及水生产和供应、制造业、采矿业等。这些重资产行业和民生行业相比其他产业链上的企业不仅资产收益率低下（甚至为负），而且往往也是产能过剩的行业。这些行业占用了大量的信贷资源，具有明显的"挤出效应"，造成金融资源错配，不仅使得中下游新兴产业无法得到足够融资支持，制约经济转型升级，也使得下游民营企业和中小企业只能通过民间借贷、影子银行等方式融资，背负了沉重的债务负担。

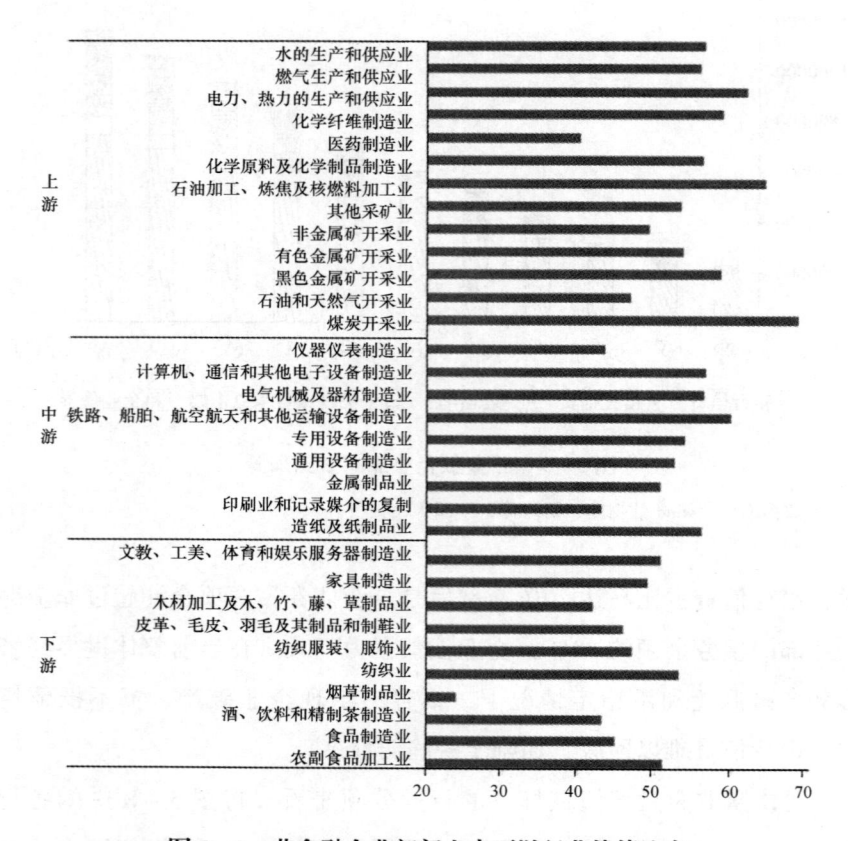

图 5-8　非金融企业部门上中下游行业偿债比率

数据来源：wind 数据库。

5.4　研究结论与政策建议

  本章通过理论推导发现，具有逐利本性的资金基于不同的资产收益率会在整个经济体系的不同部门、不同行业、不同企业之间循环流动，进而实现价值增值。资金的这种良性循环不仅能够保证经济持续增长，也能确保经济系统稳定。不同部门的资产收益率解释了不同部门杠杆率的差异。通过考察我国经济部门杠杆率现实发现，从整体上来看，我国杠杆率已经位居世界前列，提高了系统性金融风险爆发的概率，去杠杆应成为当下一段时间经济工作中的重点任务。但同时从杠杆率结构上来看，居民部门通过收入支出比指标发现，该部门杠杆率处于可控安全边界范围，居民部门尚有一定的加杠杆空间。政府部门杠杆率整体可控，但是地方政府债务余额，占了整个政府债务的三分之二。同时鉴于地方政府还存在大量的排查难度较大的隐性债务，在现有的财税和预算管理体制下，极易引发系统性金融风险。相比之下，中央政府的杠杆率一直维持在低位运行，具有较大加杠杆空间，这为中央政府运用扩张的财政政策加杠杆置换其他部门过高的债务杠杆提供了可能。非金融企业部门近年来出现了资金使用效率边际下降情况，表明当前该部门杠杆率已经超过了最优负债规模。同时该部门一些企业和一些行业的杠杆率与理论推导相悖，杠杆率高企的部门、行业、企业没有相应的未来收益支撑，不仅造成了有限资金的错配，更容易集聚系统性金融风险。

因此当下要务应该是在精准识别不同部门杠杆率成因前提下，按照中央"保增长、防风险、去杠杆"的整体部署，以结构性去杠杆的思维，分部门、分债务类型科学施策，做好"加减乘除"法，努力实现宏观杠杆率稳定和逐步下降，具体来说有以下举措。

（1）居民部门做"加法"。鉴于我国居民高储蓄率、收入支出比的稳定性以及现有杠杆率的低位运行，在整体强调去杠杆的大背景下，居民部门加杠杆还有一定空间。通过规范房地产市场良性运行机制，抑制房价过快上涨、加强信用审批，降低无抵押和无担保贷款未来违约的风险、扩大居民用于房地产之外的其他消费性支出的比例、培育新消费热点等方式来优化居民部门的消费结构，引导居民理性消费，从而达到居民部门加杠杆，以消费拉动经济增长的目标。

（2）政府部门做"加减法"。由于中央政府债务余额远低于地方政府债务余额，因此中央政府应该加大杠杆，增加国债发行规模，增加政府的转移支付、财政支出和投资性支出，加大财政赤字。对于地方政府要审慎推进去杠杆过程。一是要加强预算管控，严防债务增量不合理扩大，坚决堵住地方政府隐性债务平台，规范融资平台和地方政府融资行为，鼓励地方政府合理合规融资，促进债务融资结构多样化和融资渠道的规范化。二是确保债务存量能有效减少，通过建立地方政府债务风险预警机制、厘清地方政府债务责任、稳步推进地方债置换、纠正不规范担保等行为。

（3）非金融部门做好"乘除法"。对于非金融企业来说，去杠杆不能一概而论，而应该采取差异化的方式去对待。针对经济效益好的国有企业做乘法鼓励加杠杆，一方面通过适当引入民间资本、加大财政投入、加强信贷投放力度等方式确保杠杆率和资本充足率均保持在合理水平，使其能够高质量发展；另一方面强化资产管理，提高资产使用效率的同时做大做强主营业务，淘汰低附加值，处于产业链末端的业务，增强竞争力；对于经济效益差、发展前景不好的"僵尸企业"坚决做除法，打破刚性兑付，通过关停、兼并、债务重组、企业转型升级以及积极推进混合所有制改革等方式及时进行清理，释放被侵占的资源，提高要素生产率；对于小微企业和新兴行业，一方面通过降低企业税负、简政放权等方式来降低企业运营成本，减轻企业负担，增强企业活力；另一方面，增加企业融资渠道，规范企业融资行为，提高金融扶持政策的精准性和有效性。

第6章 利率价格波动对商业银行脆弱性的冲击*

6.1 引言

利率是货币的价格，是影响经济发展和金融运行的重要因素，利率市场化程度高低，决定了金融资源在全社会的配置效率；同时，利率市场化已成为衡量一个国家（或地区）金融开放和发达程度的重要标准之一。自20世纪70年代以来，越来越多的发展中国家摒弃了金融管制或者金融压抑（例如设置利率上限、设置银行门槛准入、限制资本流动等）的做法，发达国家也出现了金融自由化的改革浪潮。通过梳理现有文献不难发现，利率市场化是一把双刃剑。利率市场化后，商业银行可以根据市场情况自行确定利率价格，尤其是一些大的商业银行可以通过提高实际利率来增加储蓄率，有利于迅速实现资本积累。同时利率市场化，能够通过利率的价格信号作用促使金融市场、金融中介更好地发挥动员储蓄、分散和转移风险、甄别并监督贷款申请人等作用，还可以通过市场竞争推动金融结构的改变（比如金融自由化取消了金融机构的准入限制、刺激竞争、鼓励金融部门发挥

---

* 本部分章节原文发表于《当代财经》（CSSCI期刊），同时被人大复印报刊资料全文转载。

规模经济），使金融体系更有效地提供金融服务（Shaw，Edward，1969；Levine，Ross，1997；ekaert 等，2001；林毅夫等，2003）。与此同时，利率市场化后会加大商业银行之间的竞争，会对商业银行带来巨大的利率风险冲击，稍微操作不慎极易引发金融脆弱性。其中原因主要有：一是利率市场化后，不可避免地加剧商业银行的竞争，为了揽储，各商业银行竞相提高利率水平，导致存款资金流动更加频繁，使得商业银行经常暴露在风险敞口下，容易引起商业银行的流动性风险；二是利率市场化后，商业银行传统的收益净利差会收窄，为了追求绩效目标，银行会铤而走险，倾向于放贷更高风险和收益的项目，由于信息不对称导致的"逆向选择"和"道德风险"的存在，容易引起商业银行的信用风险；三是利率市场化后，会加速银行业市场结构调整，加剧市场垄断。相较于大型银行，中小银行无论在客户基础、人才储备、金融产品定价和运用、风险分散、技术优势等方面都存在先天不足，利率市场化后，随着抢占市场占有率和客户资源的竞争加速，很有可能引发中小银行的倒闭潮，容易引发金融系统的动荡，促发系统性风险。

我国金融化改革开启于 20 世纪 90 年代，其中以利率市场化改革为首要之义。1996 年 6 月，央行开始放松对利率的管制，银行业同业拆借实现利率市场化，金融机构对贷款利率具有一定的自主定价权，开启了利率市场化的步伐。时至今日，我国利率市场化改革已经取得了巨大的成就，利率市场化改革目标已经完成。我国利率市场化完全开放是否会对我国的银行系统造成冲击，进而引发整个金融体系的脆弱性？这是本章首先考虑到的问题。不仅如此，现有文献还表明，商业银行面对外部冲击时还存在效应，并且银行资本约束越强，这种效应越大。从目前我国商业银行构成看，截至 2018 年 6 月 30 日，已经发展为 5 家国有大型商业银行、12 家股份制商业银行和 134 家城市商业银行以及1311家农村商业银行的多层次结构，商业银行数量的迅速扩张，结构的显著变化，由此引出第二个问题，即不同类型商业银行的宏观效应是否存在显著差异？基于此，本章着眼于利率市场化后商业银行脆弱性，重点探讨利率冲击将引致金融脆弱性的机理和表现特征。

现有文献主要是从银行股权融资的视角研究商业银行脆弱性的表现特征，认为银行外源性股权融资存在外部融资溢价从而导致表现特征的产生。此外，现有文献在分析商业银行金融脆弱性的表现特征时，往往把商业银行作为一个"黑箱"来研究，忽略了商业银行内部不同性质银行的差异。本章的新意在于：（1）基于金融脆弱性视角，首次将银行同业拆借市场纳入分析框架，检测我国商业银行冲击效应；（2）基于我国商业银行不同市场结构，首次对不同类型商业银行的冲击效应是否存在显著差异性进行实证检验。本章试图打开商业银行这一"黑箱"，探究不同类型商业银行面对利率冲击时，呈现的效应有何差异。

6.2 理论模型

Bernanke等（1996、1997）在一个"非莫迪利亚利—米勒世界"中，提出了一个具有固定规模投资计划借款者（或企业）面对"有代价的状态证实"（Costly State Verification，"CSV"）问题的代际交叠模型。在CSV框架中，企业家净财富水平的下降会导致外部融资溢价的上升，因此，一个初始的不利冲击（比如生产率的下降）会减少企业家的净财富，导致内源性融资能力降低、外源性融资溢价的上升，企业由于融资约束收紧而减少投资支出，这进一步降低了下一期的经济活动水平和企业净财富。Bernanke将由信贷市场状况变化导致的初始冲击导致宏观经济被放大的机制称作金融加速器。本章在借鉴该模型的基础上，建立基于脆弱性的商业银行金融加速器理论模型，并以此模型为基础来分析金融脆弱性的宏观效应。

假设 Q 为银行贷款总量，P 为资产价格，在 t 期，银行的资产总价值 Q_tP_t 等于银行资产净值 N_t、银行同业拆借资金 b_t 和银行一般存款资金 d_t。即：

$$Q_tP_t = N_t + b_t + d_t \quad (6-1)$$

t 期银行资产净值等于 $t-1$ 期资产总收益减去总负债。即：

$$N_t = [Z_t + (1-\delta)p_t]Q_{t-1} - R_b b_{t-1} - R_d d_{t-1} \quad (6-2)$$

其中，Z 为银行的分红，δ 为资产折旧率，R_b 为银行同业拆借利率，R_d 为银行一般存款利率。

在期末，银行预期未来资产净值的贴现值为 V：

$$V = E_t \sum_{i=1}^{\infty} (1-s)s^{i-1} L_{t,t+i} N_{t+i} \quad (6-3)$$

其中 s 为每期银行存活率，$1-s$ 即为每期银行破产概率，$1/(1-s)$ 为银行的存活期限，Λ 为随机贴现因子。根据 Brenda Gonzales-Hermosillo（1999）等人的研究，商业银行脆弱度可由以下公式表示：

$$商业银行脆弱度 = \frac{不良贷款 - 资本 - 贷款准备金}{总资产净值} \quad (6-4)$$

由式（6-4）可知，商业银行脆弱度与商业银行资产净值成反比，即

$$Fr = \hbar(f(V)) \quad (6-5)$$

其中 Fr 表示商业银行脆弱度，$\hbar(\cdot)$ 表示反函数。

假设 ω 为银行业市场摩擦程度，ω 越大，市场摩擦程度越小，市场越趋于完全市场，外部状态审计成本越小，从而外部融资溢价越小。假设 θ 为银行资产亏损的比例，为使银行不破产，银行资产净值的贴现值必须大于亏损额，即满足以下条件：

$$V(Q_t, b_t, d_t) \geq \theta(Q_t p_t - \omega b_t) \quad (6-6)$$

并且 $t-1$ 期的资产净值贴现值 V_{t-1} 满足以下贝尔曼方程

$$V_{t-1}(Q_{t-1}, b_{t-1}, d_{t-1}) = E_{t-1} L_{t-1,t} \{(1-s) N_t + s \max_{d_t} [\max_{Q_t, b_t} V_t(Q_t, b_t, d_t)]\} \quad (6-7)$$

采用猜想法并假设值函数为线性对方程（6-5）进行求解，

$$V_t(Q_t, b_t, d_t) = n_{qt} q_t - n_{bt} b_t - n_{dt} d_t \quad (6-8)$$

其中，n_{qt} 为资产 Q 边际收益，n_{bt} 为同业拆借成本，n_{dt} 为一般存款边际成本。设 l 为某一商业银行的约束条件式（6-6）的拉格朗日乘子，$\bar{\lambda}$ 为银行业的拉格朗日乘子，通过求解可得以下一阶条件：

$$(n_{bt} - n_{dt})(1 + \bar{l}) = \theta w \bar{l}_t \quad (6-9)$$

$$\left(\frac{n_{qt}}{p_t} - n_{bt}\right)(1 + l_t) = l_t q(1 - \omega) \quad (6-10)$$

$$\left[q - \left(\frac{n_{qt}}{p_t} - n_{bt}\right)\right] Q_t P_t - [q\omega - (n_{bt} - n_{dt})] b_t \leq n_{dt} N_t \quad (6-11)$$

考虑到中国金融市场的不完全性现状，现在假设 $w=0$。在这种情况下，表明银行同业拆借市场与一般存款市场均存在摩擦，两个市场均存在状态审计成本，银行通过其中任何一个市场融资都会存在外部融资溢价。为简便分析，本章假定两个市场存在相同的市场摩擦。

$w=0$ 时，由式（6-7）可得，银行的同业拆借资金的边际成本与一般存款边际成本相等，即：

$$n_{bt} = n_{dt} \quad (6-12)$$

令 m 表示资产边际收益减去一般存款的边际成本，从而有

$$m_{bt} = m_{dt} = \frac{n_{qt}}{p_t} - n_{dt} \quad (6-13)$$

式（6-9）可以表示为：

$$P_t Q_t - b_t = F_{bt} N_t \quad (6-14)$$

$$P_t Q_t - d_t = F_{dt} N_t \qquad (6-15)$$

并且有

$$F_{bt} = F_{dt} = \frac{n_{bt}}{q - m_t} = \frac{n_{dt}}{q - m_t} \qquad (6-16)$$

设 W_{t+1} 为 $t+1$ 期银行业资产净值边际收益，R_{t+1} 为银行资产的总收益率，结合贝尔曼方程和值函数，求解可得：

$$n_{bt} = E_t L_{t,t+1} W_{t+1} R_{t+1} \qquad (6-17)$$

$$m_{bt} = E_t L_{t,t+1} W_{t+1} (R_{t+1} - R_{b(t+1)}) \qquad (6-18)$$

其中

$$W_{t+1} = 1 - s + s(n_{b(t+1)} + F_{t+1} m_{b(t+1)}) \qquad (6-19)$$

$$R_{t+1} = \frac{z_{t+1} + (1-s) P_{t+1}}{P_t}$$

$L_{t,t+1} W_{t+1}$ 为扩展的随机贴现因子，以银行资产净值边际收益 W_{t+1} 为权重。

当银行面临一个负的利率冲击时，一般存款资金和银行同业拆借资金的边际成本 $n_{d,t+1}$、$n_{b,t+1}$ 降低，$n_{d,t+1}$、$n_{b,t+1}$ 的降低导致银行外源性融资溢价和外源性融资成本下降，银行资产净值贴现值 V_t 增加，由式（6-5）可知，银行脆弱性降低，银行可以从拆借市场和一般存款市场吸收更多的资金发放贷款，进而导致实体经济可以从银行获得更多的可贷资金，根据式（6-2），信贷发放进一步增强银行资产净值，银行资产净值增加反过来降低外部融资的边际成本，以外部冲击所引起的银行资产净值、外源性融资溢价和信贷发放之间的互动导致金融加速器的形成，并在金融加速器的作用下导致宏观经济的波动。

6.3　研究设计

6.3.1　实证模型与变量说明

理论上，银行部门金融加速器机制产生的关键是银行"外部融资溢价"与"银行资产净值"之间的负向关系，即任何外部冲击最终都会通过影响借贷关系中的代理成本进而引发信贷配给在"紧缩"和"放松"状态间的转移，在金融加速器机制下作用于经济波动。而本章主要目的是研究利率市场化下面对利率冲击时，基于脆弱性的不同商业银行的效应是否存在，并进一步从非线性、非对称性角度研究基于脆弱性的不同商业银行的效应是否存在显著性差异。根据式（6-5）可知，商业银行脆弱度与银行资产净值成反向关系。基于此，本章的实证模型设计如下：

（1）基于脆弱性商业银行金融加速器的基准模型

$$BF_{i,t} = \beta_{i0} + \beta_{i1} R_{dt} \times (R_{bt} - R_{dt})_t + \mu_{it} \quad (6-20)$$
$$(i=1, 2, 3, 4)$$

其中 i 代表不同类型的商业银行，本章依据银监会的分类，把我国商业银行划分为国有商业银行、股份制商业银行、城市商业银行、农村商业银行；b_{ij} 代表回归系数，m_{it} 表示随机扰动项。

用 BF 表示商业银行的脆弱性。关于商业银行脆弱性的度量，现有文献主要有以下三种方法：一是 Kaminsky 等（1997）提出的信号分析法；二是 Frankel、Rose（1996）提出的概率单位模型，如 Logit 模型和 Probit 模型；三是 Sachs 等（1996）提出的横截面回归模型，简称 STV 模型。在具体指标的选取上，目前理论界没有一致的看法。借鉴国外通行做法，结合脆弱性概念和数据的可获性，选取不良贷款率（NPLA）、资本充足率（CAR）、存贷款比率（DLA）、资产利润率（ROA）、累计外汇敞口头寸比率（CFEER）等微观量化指标对商业银行脆弱度进行测度。其中不良贷款率反映了银行的信用风险指标、资本充足率反映了银行资本充足指标、存贷款比率反映了银行流动性指标、资产利润率反映了银行资产的盈利指标、累计外汇敞口头寸比率反映了银行资产的市场风险指标，所有数据来源于 Wind 数据库。

根据 Mckinnon、Pill（1997）以及巴塞尔协议Ⅲ关于商业银行脆弱性指标和相应的临界值（见表 6-1），将上述分指标原始数据映射为相应的脆弱程度值。例如：2010Q4 不良贷款率为 1.14%，对照表 6-1，现将其对应到区间 0—5，计算可得：（1.14 - 0）÷（5 - 0）= 22.8%，按相同比例将其映射到脆弱性程度区间 0—20，故其赋值结果为：0 +（20 - 0）× 22.8% = 4.6，脆弱性程度在安全范围内，其他指标赋值过程为同样原理；然后利用因子分析法，获得不良贷款率、资本充足率、存贷款比率、累计外汇敞口头寸比率等权重分别为 0.52、0.27、0.12、0.05、0.04，计算商业银行脆弱性测度的最终指标 BF（见表 6-2）。

表 6-1　　　　商业银行脆弱性指标和对应的临界值

不良贷款率（NPLA）	<5	5—10	10—20	>20
资本充足率（CAR）	>12	8—12	4—8	<4
存贷比率（DLA）	<70	70—75	75—90	>90
资产利润率（ROA）	>0.4	0.2—0.4	0—0.2	<0
累计外汇敞口头寸比率（CFEER）	<20	20—30	30—50	>50
指标映射值区间	0—20	20—50	50—80	80—100
脆弱性程度	安全	正常	关注	危险

资料来源：Mckinnon R. and Pill H. A Decomposition of Credit and Currency Risks. 1997.

表 6-2　　　　商业银行脆弱性映射指标

指标	国有商业银行	股份制商业银行	城市商业银行	农村商业银行
2010Q4	12.21	14.62	7.21	10.35
2011Q1	11.09	14.46	7.08	10.13
2011Q2	10.37	12.67	9.51	7.04
2011Q3	10.37	13.88	9.25	6.98

/ 第6章 利率价格波动对商业银行脆弱性的冲击 /

续表

指标	国有商业银行	股份制商业银行	城市商业银行	农村商业银行
2011Q4	9.63	11.07	6.77	7.73
2012Q1	9.69	13.08	6.84	8.02
2012Q2	9.35	10.81	8.47	8.62
2012Q3	8.66	12.10	8.03	8.36
2012Q4	8.61	10.67	7.13	8.36
2013Q1	8.85	11.88	7.77	9.23
2013Q2	8.68	11.31	8.45	8.56
2013Q3	8.55	12.25	8.94	8.07
2013Q4	8.52	11.53	8.73	9.37
2014Q1	9.87	14.41	10.40	9.77
2014Q2	9.45	12.80	10.46	9.79
2014Q3	8.75	13.49	10.55	9.71
2014Q4	8.10	13.36	10.52	9.86
2015Q1	8.52	16.42	11.14	10.48
2015Q2	9.65	13.96	11.35	11.57
2015Q3	10.78	15.01	11.09	11.51
2015Q4	8.55	14.79	10.68	11.63
2016Q1	8.94	16.45	10.80	12.10
2016Q2	9.42	15.85	11.07	12.60
2016Q3	12.54	17.60	10.94	12.55
2016Q4	8.89	17.32	10.86	11.66
2017Q1	7.86	18.28	11.01	12.02
2017Q2	9.20	17.47	11.22	12.66
2017Q3	9.89	19.38	11.16	12.49
2017Q4	8.19	17.90	10.60	13.32
2018Q1	8.40	18.39	10.56	13.35
2018Q2	7.92	18.82	10.79	16.43
2018Q3	9.36	18.74	11.18	16.03
2018Q4	6.62	18.68	12.10	15.39

R_{dt} 表示利率政策变量，根据央行的利率管理规定办法，央行先制定1年期存款基准利率，以此为基础制定其他期限相应的存款基准利率，通过测算之后，再决定相应期限的贷款基准利率。因此，本章选取1年期存款基准利率为央行利率政策变量，表示利率变量。（R_{bt} - R_{dt}）表示商业银行外部融资溢价，根据文献资料，外部融资溢价界定为借款人通过外源性融资所支付的成本超过内源性融资的机会成本的溢价部分。商业银行的外部融资溢价可以界定为银行同业拆借利率减去银行间债券市场1年期国债收益率的差值。R_{dt} ×（R_{bt} - R_{dt}）表示利率冲击与外部融资溢价共同作用对商业银行脆弱度的影响，实质上是检验商业银行在利率冲击下基于脆弱性的冲击传导机制是否有效，从而进一步推断商业银行在利率冲击下是否存在基于脆弱性的效应。

（2）引入控制变量的基准模型扩展

模型（6-20）主要检验利率冲击对金融脆弱性是否存在效应，把其他一些变量归结为随机扰动项，这样处理容易造成模型诊断误差，即把其他因素对因变量的影响全部归结为利率冲击，接下来，本章对模型（6-20）进行扩展，引入一些控制变量：

①银行规模。根据"大而不会死"的金融原理，对于大规模的银行较之小规模的银行，一般来说，具有透明度高、融资成本低和抗风险分散能力强等优势，同时大规模银行具有在资本市场和货币市场上发行证券的优势。所以银行规模应与银行脆弱性负相关，本章用商业银行总资产占银行业金融机构比例度量银行规模（Size）；

②资产流动性。利率自由化后，商业银行面临利率冲击很容易造成流动性风险，进而引发银行挤兑风险。因此商业银行流动性比率与银行脆弱度负相关，本章用银行流动资产比流动负债度量流动性指标（Liqud）；

③商业周期。一般来说，当宏观经济周期处于上升通道时，企业

盈利能力强，商业银行具有放贷扩张的冲动，银行资产净值会增加，脆弱度降低；当宏观经济周期处于下行通道时，企业盈利能力弱，商业银行具有信贷收缩的谨慎，银行资产净值会降低，脆弱度增大。本章引入虚拟变量（Cycle）度量商业周期，当商业上期出去上升通道时，变量取值为1，反之变量取值为0。

$$BF_{i,t} = b_{i0} + b_{i1}R_{dt} \times (R_{bt} - R_{dt})_t + b_{i2}Size + b_{i3}Liquid + b_{i4}Cycle + m_{it} \quad (i = 1, 2, 3, 4)$$

(6-21)

(3) 考虑非线性的门限回归模型

为了检验利率冲击对商业银行脆弱性的非线性效应，本章设定门限回归模型：

$$BF_{i,t} = b_{i0} + b_{i1}R_{dt} \times (R_{bt} - R_{dt}) I\{(R_{bt} - R_{dt}) \geq \gamma\} + R_{dt} \times (R_{bt} - R_{dt}) I\{(R_{bt} - R_{dt}) < \gamma\} + \varepsilon_{it} \quad (i = 1, 2, 3, 4)$$

(6-22)

$(R_{bt} - R_{dt})$ 表示外部融资溢价，为回归模型的门限变量，g 表示门限值，通过识别 $(R_{bt} - R_{dt})$ 门限值以区分冲击效应在不同溢价状态下的反应，e_{it} 代表随机扰动项。其他变量含义与方程（6-20）相同。

(4) 考虑非对称的 EARCH 模型

大量文献证明，金融资产时间序列经常存在"杠杆效应"，即负的冲击或者坏消息比同等程度正的冲击或者好消息产生的波动更大，为了解决这种非对称性，学界提出了各种非对称的 ARCH 模型，包括 TARCH、EGARCH 和 PARCH 模型。为了检验利率冲击对商业银行脆弱性的非对称效应，本章运用 EARCH 模型进行分析。EGARCH（1, 1）模型设立如下：

均值方程：

$$BF_{i,t} = b_{i0} + b_{i1}R_{dt} \times (R_{bt} - R_{dt})_t + m_{it} \quad (i=1,2,3,4)$$

(6-23)

方差方程：

$$\ln(s_{it}^2) = w + b_{i0}\ln(s_{i,t-1}^2) + \alpha_{0i}\left|\frac{m_{i,t-1}}{s_{i,t-1}}\right| + \alpha_{1i}\frac{m_{i,t-1}}{s_{i,t-1}}$$

$$(i=1,2,3,4) \quad (6-24)$$

其中，$a_{i1}\frac{m_{i,t-1}}{s_{i,t-1}}$ 项描述方差是否存在非对称性，称为非对称效应项，当 $a_{i1} \neq 0$ 表示存在非对称性。$s_{i,t-1}$ 为正数，当 $m_{i,t-1} > 0$，受到一个 $(a_{i0} + a_{i1})$ 倍的冲击，$m_{i,t-1} < 0$，受到一个 $(a_{i0} - a_{i1})$ 倍的冲击。$(R_{bt} - R_{dt})$ 表示外部融资溢价，为回归模型的门限变量。均值方程中其他变量含义与方程（6-20）相同。

6.3.2 样本选取与数据来源

研究样本为在我国境内经营的商业银行，按照银监会的分类，划分为大型商业银行、股份制商业银行、城市商业银行、农村商业银行；其中大型商业银行包括中国工商银行、中国农业银行、中国银行、中国建设银行、交通银行5家银行，股份制商业银行包括中信银行、光大银行、华夏银行、平安银行、深圳发展银行、招商银行、上海浦东发展银行、兴业银行、中国民生银行、恒丰银行、浙商银行、渤海银行12家银行。鉴于数据的可获性，数据区间选取2010年第四季度至2018年第四季度，数据来源于wind数据库，银行间债券市场1年期国债收益率数据直接来源于Wind数据库，鉴于本章的季度数据，银行同业拆借利率选取3月期的同业拆借利率，数据直接来源于中经网；1年期存款基准利率根据央行的利率政策公告分别调整计算得出；大型商业银行资本充足率、规模、流动性和股份制商业银行资本充足率、规模、流动性根据上述5家和12家银行月度数据加权平均算出；城市商业银行和农村商业银行相关指标分别选取典型的28家城市商业银行和35家典型的农村商业银行月度数据加权平均算出，数据来源于《中国金融统计年鉴》、相关行的月报、季报和网站数据。根据我国经济走势，可以把数据区间经济周期划分为两个阶段：2010年第四季度至2015年第二季度为经济的上升通道；2015年第三季度至2018年第四季度为经济下行通道。所有数据在分析之前都进行了Census12季节调整，所有估计使用eviews 6.0软件实现。

6.4 实证结果分析

6.4.1 回归结果分析

（1）基准回归分析。分析结果表明（见表6-3a），商业银行面对利率冲击，b_1的回归系数均通过检验并且与理论模型所预期的正相关关系符合，表明商业银行脆弱性在利率冲击下存在显著微观效应。表6-3a还表明，不同类型的商业银行脆弱性在利率冲击下存在不同的微观效应，面对相同的利率冲击，国有商业银行脆弱性微观效应最大，城市商业银行次之、农村商业银行第三、股份制商业银行最小。

（2）加入控制变量模型扩展分析。分析结果表明（见表6-3b），加入控制变量后，这些控制变量系数值均为负值，与理论模型预期结果相符合。银行规模越大其脆弱性程度越低，印证了"大而不会死"的金融原理；流动性指标表明，股份制商业银行脆弱程度最低，其流动性管理水平比较高，面对利率冲击，流动性风险较小，较之，农村商业银行流动风险就比较高，其脆弱度较高；商业周期与银行产生脆弱度概率高度负相关，吻合金融加速器原理。回归结果表明，这些控制变量系数虽然在经济意义上具有显著的意义，但在统计上没有显著意义；回归结果还表明，相比模型（6-20）回归结果，虽然系数b_1

有所减小，但并不改变原有的分析结果，说明基于脆弱性的商业银行微观效应主要来自利率的冲击。

（3）非线性门限回归分析。Tong（1978）最早提出了门限回归理论，后经 Hansen（1996、1999、2000）完善和发展最终形成了多元面板门限回归模型。其求解思想是将门限变量每个变量值作为门限值代入回归模型进行实证分析，得到残差平方和最小的值为门限值，表 6-3c 报告了以 ($R_{bt} - R_{dt}$) 为门限变量的回归结果。结果表明，不同性质的商业银行面对利率冲击的外部融资溢价门限值相同，均为 1.95%。鉴于样本数据容量的限制，本章只估计和检验回归模型是否存在门限值，没有估计和检验模型是否存在多个门限值。在得到估计值之后，进一步检验模型是否存在着门限效应。借鉴 Hansen（1996、2000）的检验思路，在虚拟假设成立的条件下，该 P 值统计量的大样本分布为均匀分布，并且可以由"自助抽样法"（Bootstrap）来计算。表 6-3d 分析结果表明，在 5% 的显著性水平下，相应的 P 值拒绝原假设（$H_0: J_1 = J_2$，模型不存在门限效应），模型存在门限效应。因此在利率冲击下，商业银行脆弱性存在非线性效应。同时通过表 6-3b 我们可以发现，回归系数 $b_1 < b_2$，说明当外部融资溢价大于 1.95% 时，商业银行脆弱性效应比较小，而当外部融资溢价小于 1.95% 时，商业银行脆弱性微观效应比较大，暗示基于脆弱性的商业银行微观效应具有边际递减的特征。股份制商业银行的这种递减性最明显，农村商业银行的这种递减性最弱。同时回归系数 b 为正值，表明与前面的一般线性回归分析结论一致。

（4）非对称性分析。实证表明（见表 6-3e），商业银行面对利率冲击，非对称项 a_1 通过检验，表明在利率冲击下，商业银行脆弱性微观效应存在非对称性。实证结果还表明，面对利率冲击，商业银行脆弱性微观效应的非对称性存在差异：国有商业银行基于脆弱性的

第6章 利率价格波动对商业银行脆弱性的冲击

微观效应非对称系数为 0.906，当面临下调利率冲击时，$m_{t-1} < 0$，方差受到 0.485 倍的冲击（｜0.421 − 0.906｜），当面临上调利率冲击时，$m_{t-1} > 0$，方差受到 1.327 倍的冲击（｜0.421 + 0.906｜）；股份制商业银行基于脆弱性的微观效应非对称系数为 0.511，当面临下调利率冲击时，$m_{t-1} < 0$，方差受到 0.356 倍的冲击（｜0.155 − 0.511｜），当面临上调利率冲击时，$m_{t-1} > 0$，方差受到 0.666 倍的冲击（｜0.155 + 0.511｜）；城市商业银行基于脆弱性的微观效应非对称系数为 0.595，当面临下调利率冲击时，$m_{t-1} < 0$，方差受到 1.6 倍的冲击（｜−1.005 − 0.595｜），当面临上调利率冲击时，$m_{t-1} > 0$，方差受到 0.41 倍的冲击（｜−1.005 + 0.595｜）；农村商业银行基于脆弱性的微观效应非对称系数为 0.702，当面临下调利率冲击时，$m_{t-1} < 0$，方差受到 0.581 倍的冲击（｜0.121 − 0.702｜），当面临上调利率冲击时，$m_{t-1} > 0$，方差受到 0.823 倍的冲击（｜0.121 + 0.702｜）；研究结果表明，面对下调的利率冲击时，城市商业银行受到的方差冲击最大，农村商业银行其次，国有商业银行第三，股份制商业银行最小；面对上调的利率冲击时，国有商业银行受到的方差冲击最大，农村商业银行其次，股份制商业银行第三，城市商业银行最小。

表 6 – 3   方程回归结果

a：基准回归分析

	b_0	b_1	调整的 R^2	F 统计量	$D\text{-}W$ 值
国有商业银行	7.351 ***	0.787 ***	0.75	12.099	1.25
股份制商业银行	2.635 ***	0.251 ***	0.74	11.64	1.17
城市商业银行	4.978 ***	0.543 ***	0.86	10.17	1.05
农村商业银行	4.936 ***	0.421 ***	0.97	20.07	1.47

b：扩展模型分析

	b_0	b_1	b_2 (size)	b_3 (liqud)	b_4 (cycle)
国有商业银行	7.158 ***	0.694 ***	-0.061	-0.117	-0.251 *
股份制商业银行	2.614 ***	0.245 *	-0.087	-0.081	-0.247 *
城市商业银行	4.497 ***	0.519 ***	-0.101	-0.136	-0.219
农村商业银行	4.852 ***	0.417 ***	-0.147	-0.143	-0.197

c：门限回归分析

	b_0	b_1	b_2	调整的 R^2	F 统计量	D-W 值
国有商业银行	8.066 **	0.025 ***	0.072 **	0.89	39.45	1.94
股份制商业银行	9.084 ***	0.036 ***	0.094 ***	0.91	75.23	2.04
城市商业银行	6.373 ***	0.012 ***	0.018 ***	0.75	20.54	1.63
农村商业银行	5.004 ***	0.005 ***	0.009 **	0.79	17.12	1.28

d：门限变量的检验结果

	门限变量为外部融资溢价			
	门限值	最小残差平方和	F 统计量	P 值
国有商业银行	1.95%	0.2112	4.79	0.043
股份制商业银行	1.95%	0.3612	7.68	0.049
城市商业银行	1.95%	0.4213	9.37	0.037
农村商业银行	1.95%	0.5389	15.34	0.024

e：EGARCH 回归分析

	均值方程			方差方程		
	p_0	p_1	w	b_0	a_0	a_1
国有商业银行	0.211 **	0.451 ***	-3.089 ***	3.273 ***	0.421 *	0.906 ***
股份制商业银行	0.084 ***	0.336 ***	-1.294 ***	-0.233 ***	0.155 **	0.511 *

续表

	均值方程			方差方程		
	p_0	p_1	w	b_0	a_0	a_1
城市商业银行	0.373 ***	0.372 ***	-3.896 ***	1.723	-1.005 **	0.595 *
农村商业银行	0.004	0.837 ***	-1.601 **	1.279	0.121 *	0.702 **

注：*** 为1%显著性水平，** 为5%显著性水平，* 为10%显著性水平，F 统计量的 P 值通过次数为5000的Bootstrap获得。

6.4.2 稳健性检验

为了确保上述结果的可靠性，本章采用"银行不良贷款率"单一指标替代"银行脆弱性"作为回归方程的因变量，用6个月定期基准存款利率替代1年定期基准存款利率作为利率的冲击变量进行稳健性检验（见表6-4a）。另外，考虑到在样本区间内，我国货币政策（利率）具有显著的操作周期，必然会导致银行外源性融资溢价具有一致的周期性（2010年第四季度至2015年第二季度，我国银行外部融资溢价处于上升通道，2015年第三季度至2018年第四季度，我国银行外部融资溢价处于下降通道），因此本章采用CHOW分割点来检验不同的子样本估计方程是否具有显著的差异（见表6-4b）。限于篇幅，本章只报告了(6-20)的回归结果。从表6-5a可以看到，结果与上文没有明显区别，尽管回归系数的数值略有变化，但不影响基本结果。表6-5b的Chow分割点检验表明，方程（6-20）无显著的结构变化。因此，所有稳健性检验的结果都表明，本章的实证结果是稳健与可靠的。

表6-4　　　　　　稳健性检验

a：用"银行不良贷款率"替代脆弱性程度指标时方程（6.20）回归分析

	b_0	b_1	调整的 R^2	F 统计量	D-W值
国有商业银行	7.551 ***	0.625 ***	0.73	11.247	1.16

续表

	b_0	b_1	调整的 R^2	F 统计量	$D\text{-}W$ 值
股份制商业银行	2.442 **	0.248 ***	0.69	10.51	1.07
城市商业银行	4.807 ***	0.519 ***	0.79	11.77	1.32
农村商业银行	5.136 ***	0.483 ***	0.91	19.97	1.45

b：用 Chow 分割点对方程（6.20）检验回归分析

	分割点：2015Q2	
	F 统计量	LR 统计量
国有商业银行	141.038 ***	83.483 ***
股份制商业银行	37.161 ***	43.635 ***
城市商业银行	21.208 ***	30.581 ***
农村商业银行	40.638 ***	45.958 ***

注：*** 为1%显著性水平，** 为5%显著性水平，* 为10%显著性水平，F 统计量的 P 值通过次数为5000的 Bootstrap 获得。

6.5 研究结论和政策建议

在理论构建基础上，本章选取2010年第四季度至2018年第四季度，考察了利率价格波动与商业银行脆弱性冲击的微观效应，在此基础上进一步分析了非线性、非对称性效应。结果表明，在利率市场化下，面对利率的冲击，我国的商业银行存在着基于脆弱性的微观效应，但不同类型的商业银行基于脆弱性的微观效应存在显著差异。国有商业银行鉴于其业务目标的多重性，极易得到政府部门的隐性担保，使得其基于脆弱性的微观效应最大，股份制商业银行鉴于其科学合理的治理结构以及实现股东价值最大化的追求，基于脆弱性的微观效应最小；门限回归模型表明在利率冲击下，我国商业银行基于脆弱

第6章 利率价格波动对商业银行脆弱性的冲击

性的微观效应存在门限效应，说明利率冲击的商业银行基于脆弱性的微观效应存在非线性特征，并且不同类型的商业银行非线性特征存在差异；通过门限分析我们还发现，我国商业银行基于脆弱性的微观效应存在边际效应递减特征；EGARCH 模型实证结果表明，在利率冲击下，我国商业银行基于脆弱性的微观效应存在典型的非对称性，面对下调的利率冲击时，城市商业银行更容易受到冲击，面对上调的利率冲击时，国有商业银行更容易受到冲击。研究结果对央行在制定和实施货币政策尤其是利率政策时具有重要的指导意义。为了避免因利率冲击引发商业银行脆弱性进而造成宏观实体经济的波动，建议央行在制定利率政策时，应充分考虑不同时段对不同性质的金融机构的影响，当商业银行外源性融资溢价处于高位状态时，此时商业银行基于脆弱性的微观效应比较小，央行可以采取比较激进的宽松手段对经济进行宏观调控；而当商业银行外部融资溢价处于低位状态时，此时商业银行基于脆弱性的微观效应比较大，央行这时必须采用微调的方式进行，增强市场主体的预期，避免剧烈操作造成的不必要动荡；与此同时，在利率政策操作过程中，应该采取差异化的策略，对不同性质的金融机构实行不对等操作，提高央行货币政策的精准性、有效性和全面性。

第 7 章　房地产价格波动对商业银行脆弱性的冲击

7.1　引言

中国的房地产行业发展起步比较晚，自 1998 年我国停止了福利分房的制度后，实行货币化住房补贴制度，标志着我国住房制度开始市场化。房屋作为一种高价值的商品正式进入了消费品市场，房地产行业真正开始发展。2000 年以后，中国的房地产行业开始势如破竹般发展。纵观中国的整个经济发展情况来看，自从住房改革后，房地产市场就以非常迅猛的态势发展，城市土地价格不断飙升，房地产开发的资金也越来越广泛，房地产行业资金来源越来越多，房地产行业与金融部门的联系也越来越紧密。

近年来，我国的房地产市场发展十分迅速，住房市场改革不断推进，而房地产价格也在随之而步步攀升（见图 7-1、7-2）。肇始于 2015 年并延续至今的最新一轮房价波动周期中，受系列刺激政策和非理性市场所驱动，一二线城市房价轮番快速上涨，继而三四线城市跟涨。2016 年，房地产市场迎来了本轮周期的高点。面对当下我国房地产市场泡沫明显积累的现状，为了防止房价泡沫破灭，防范由其所造成的系统性金融风险，于 2016 年底召开的中央经济工作会议强调

/ 第7章 房地产价格波动对商业银行脆弱性的冲击 /

了"要把防控金融风险放到更加重要的位置""在支持居民自住购房的同时更加注重抑制投资投机性需求,以防止热点城市的泡沫风险及市场出现大起大落"。在2017年10月,习近平总书记在党的十九大报告中指出坚持"房子是用来住的,不是用来炒的"定位进一步强调了对房地产市场的调控至关重要。2018年底召开的中央经济工作会议则更进一步指出"要构建房地产市场健康发展长效机制,因城施策、分类指导"。房地产市场的发展与调控无疑是我国目前经济发展中至关重要的一环。

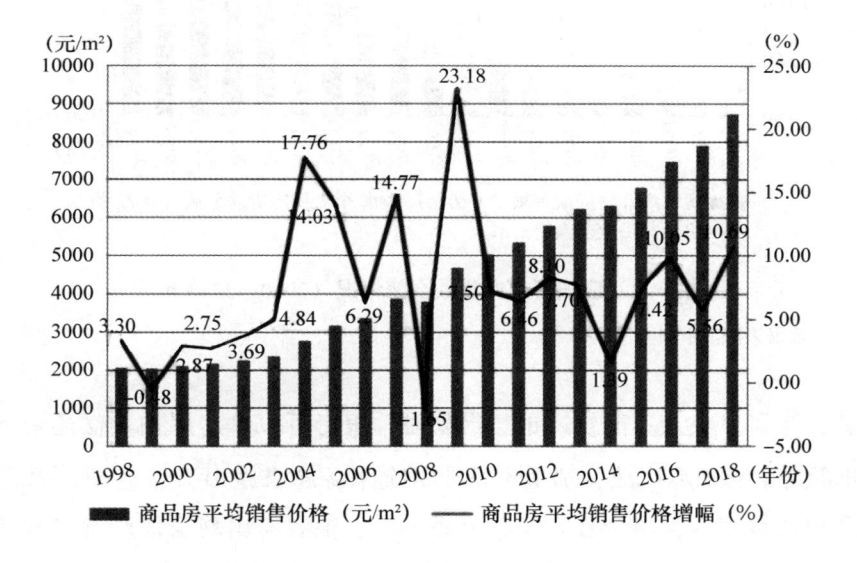

图7-1 全国商品房平均销售价格(1998—2018年)

数据来源:国家统计局。

由于我国是典型的以商业银行为主体的间接融资国家,居民房贷在整个银行体系中的占比高达75%[①],居民以房屋作为抵押品获取贷

---

① 数据来源于中国人民银行网站。

（万亿元） (%)

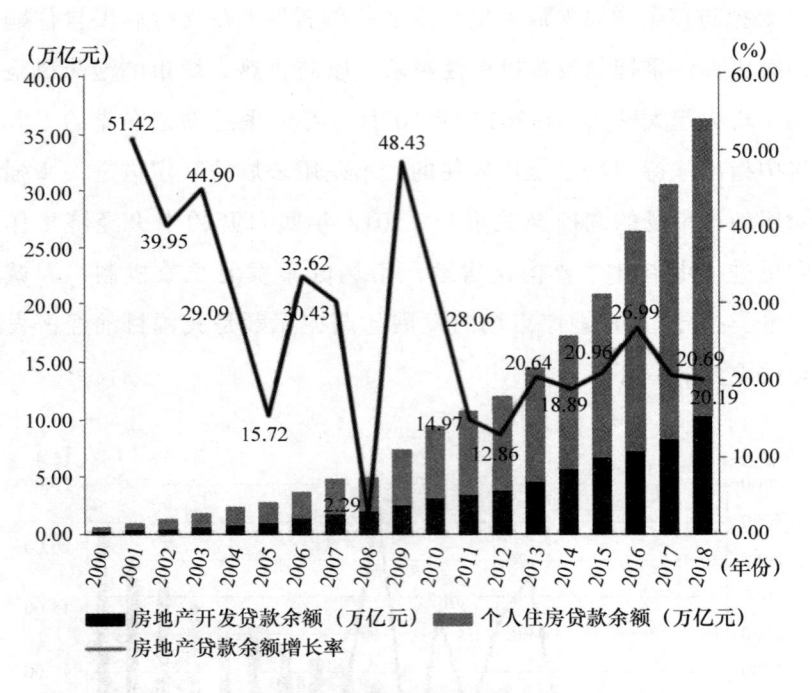

图 7-2 我国房地产贷款余额情况（2000—2018 年）

数据来源：中国人民银行。

款，当居民收入不能偿还银行借款时，银行可以拿房屋拍卖偿还余下的贷款，因此房价对商业银行的稳健经营具有重要作用。一旦房地产调控政策缩紧，整个宏观经济形势下滑，很容易出现房地产价格泡沫破裂，引发系统性金融风险，2007 年美国的次贷危机就引爆了全球的金融危机。近年来，我国的房地产价格是否出现资产泡沫成了业界重点讨论的话题，鉴于日本地产泡沫的先例，学界与业界都关注、担忧并积极讨论我国是否会重演类似悲剧。因此，深入了解、充分研究我国房地产价格波动对商业银行脆弱性的冲击效果，准确衡量其中蕴藏的金融风险，提出全面、有效、可行的应对措施，在当下十分必要。

/ 第7章 房地产价格波动对商业银行脆弱性的冲击 /

7.2 文献回顾

国外关于房地产金融风险的研究较早,形成了许多较为著名的金融风险理论,并在房地产市场中得到充分演绎与论证。Friedman(1963)认为金融风险的产生来源于宽松的货币政策,这造成了经济体系的动荡。以 Minsky(1977)为代表的经济学家从金融风险的"周期性"出发提出了"金融不稳定"假说,认为商业银行和贷款人自身的性质决定了金融体系的不稳定性。Dornbusch(1997)等学者认为房地产业的波动与汇率、基金等金融资产价格的剧烈波动有强关联性,并指出金融资产价格的内在波动性是产生金融风险的根本原因。Allen & Carletti(2008)认为市场收益率的变化所产生的预期会使存款人的行为发生不确定性。若未来资产收益走低,存款人的悲观预期就会使银行面临挤兑风险。若抵押物的资产价格提高,贷款人会产生抵押物价值保持增长的乐观预期,从而产生更高的信贷需求并发生贷款行为,当资产价格骤跌时,抵押物资不抵债会导致银行不良贷款增多。Pavlova & Rigobon(2008)在此基础上提出资产价格变化会促使社会财富再分配,银行贷款结构的改变会产生不确定性的影响,最终导致系统性金融风险。郑庆寰(2009)指出房地产价格的波动并不是经济危机的关键影响因素,实际上房地产行业与金融行业之间敏感的不稳定性关联是引发经济危机的重要因素之一。葛扬、吴亮(2010)认为潜在的房地产金融市场风险是目前房地产市场发展存在问题背后的深层原因。刘知博等(2014)认为房地产金融风险是信用扩张的后果,是一种由银行信贷风险所引发的系统性金融风险。杨晨姊(2018)认为个人住房信贷违约、房企经营风险、房地产金融产品缺乏创新、房地产法律体系不完善等都是房地产金融风险的产生原因。魏伟（2018）等认为房地产价格的下行可能对银行资产负债表、居民部门加杠杆、地方土地财政以及相关产业链造成负面冲击，房地产金融风险会扩散形成更大范围的系统性金融风险。

在房地产金融风险实证研究方面，倪亚飞（2009）利用银行信贷类指标、房屋交易价格指标和居民承受能力指标对我国的房地产和金融进行了实证研究，发现我国的银行信贷存在过度的现象且房地产市场具有一定程度上的价格泡沫。李蕾、魏岗（2013）运用误差修正模型，结合协整方法实证研究了房价对金融体系的作用范围，发现房价的涨跌在所有时刻都会或多或少地影响金融稳定。高文涵（2015）运用SVAR模型和脉冲响应函数实证研究了我国房地产信贷、房价以及银行系统性风险三者的关系，发现房地产信贷规模的波动引致了房价的波动，房价波动又导致银行系统性风险增加。黄燕芬等（2016）从供给侧改革居民加杠杆角度切入研究，发现居民加杠杆会引发泡沫风险、市场风险、政策风险与经济转型风险等。吴义虎（2017）通过构建房地产金融预警指标体系和运用功效系数法测算了海南的综合预警值，结果表明当前海南存在较大的潜在房地产金融风险。

7.3 研究设计

7.3.1 计量模型设定

根据第3章理论模型与资产价格波动对商业银行脆弱性冲击机制，设定基准面板数据模型如下：

$$BF_{i,t} = \alpha + \beta_1 PG_t + \beta_2 X_t + \delta_{i,t} + \varepsilon_{i,t} \quad (7-1)$$

其中，BF代表商业银行脆弱性，PG代表房价波动、X是控制变量的向量表示，δ代表固定效应变量、ε代表随机扰动项。

为了进一步分析，房地产价格波动对不同类型的商业银行脆弱性的非线性冲击,将模型扩展,得到模型（7-2）。

$$BF_{i,t} = \alpha + \beta_1 PG_t + \beta_2 X_t + \beta_3 PG_t^2 + \delta_{i,t} + \varepsilon_{i,t} \quad (7-2)$$

7.3.2 变量选取与数据说明

（1）房地产价格波动变量

通过选取全国商品房销售额和销售面积,计算得到全国商品房月均价,然后转换成季度均价,以 2009 年第四季度商品房季均价为定基,算出全国商品房季均价上年同比增长率,标记为 PG,数据来源于中经网数据库。

（2）商业银行脆弱性代理变量的选取

关于商业银行脆弱性度量指标的选取,采用第 6 章的通行做法,借鉴国外通行做法以及巴塞尔协议Ⅲ关于商业银行监管指标,选取不良贷款率（NPLA）、资本充足率（CAR）、存贷款比率（DLA）、资产利润率（ROA）、累计外汇敞口头寸比率（CFEER）等微观量化指标对商业银行脆弱性进行测度。其中不良贷款率反映了银行的信用风险指标、资本充足率反映了银行资本充足指标、存贷款比率反映了银行流动性指标、资产利润率反映了银行资产的盈利指标、累计外汇敞口头寸比率反映了银行资产的市场风险指标,所有数据来源于 Wind 数据库。根据 Mckinnon、Pill（1997）相应的临界值,将上述分指标原始数据映射为相应的脆弱程度值。然后利用因子分析法,获得不良贷款率、资本充足率、存贷款比率、累计外汇敞口头寸比率等权重分别为 0.52、0.27、0.12、0.05、0.04,计算商业银行脆弱性测度的最终指标 BF。

（3）控制变量选取

根据上述理论模型以及陈守东和王淼（2011）、Akhter and Daly（2009）、Laeven and Levine（2009）、张金清（2011）等人的研究成果,GDP 增长率、货币增长率（ym）等经济指标和政策因素对银行脆弱性有着重要的影响。因此选取上述指标的同比增长率作为控制变量,所有数据来源于央行、国家统计局、国家外汇储备局、银监会等。

上述数据选取2010年第四季度至2018年第四季度数据,所有数据来源于wind数据库、choice金融终端、中国人民银行官网、国家统计局官网。所有数据在分析之前都进行了Census12季节调整,所有估计使用eviews 6.0软件实现。

7.4 实证结果分析

7.4.1 描述性统计

描述性统计结果如表7-1所示,国有商业银行脆弱性均值为16.58,股份制商业银行脆弱性均值为17.31,城市商业银行脆弱性均值为17.3,农村商业银行脆弱性均值为16.55,房地产价格波动均值为8.7。

表7-1 变量描述性统计的结果

	变量	样本量	均值	中位数	最大值	最小值	标准差
BF	国有商业银行	33	9.16	8.89	12.54	6.62	1.18
	股份制商业银行	33	15.12	14.79	19.38	10.67	2.81
	城市商业银行	33	10.24	10.60	16.06	6.77	2.02
	农村商业银行	33	11.40	11.51	19.88	6.98	3.17
PG		33	8.70	15.80	24.72	-1.91	6.52
GDP		33	7.40	7.50	10.20	6.00	0.99
ym		33	16.40	15.60	29.80	8.30	3.72

7.4.2 实证结果分析

(1) 平稳性检验

LLC检验和ADF检验分别适用于相同根和不同根样本的单位根检

验，若两种检验结果均无单位根，则序列必定平稳，因此分别采用这两种方法进行检验。在表7-2中可以看出，所有变量检验结果均为0，可知变量不存在单位根。

表7-2　　　　　　　　变量单位根检验的结果

变量		LLC 检验结果	ADF 检验结果	结论
BF	国有商业银行	0.000	0.000	平稳
	股份制商业银行	0.000	0.000	平稳
	城市商业银行	0.000	0.000	平稳
	农村商业银行	0.000	0.000	平稳
PG		0.000	0.000	0.000
GDP		0.000	0.000	0.000
ym		0.000	0.000	0.000
Roe	国有商业银行	0.000	0.000	平稳
	股份制商业银行	0.000	0.000	平稳
	城市商业银行	0.000	0.000	平稳
	农村商业银行	0.000	0.000	平稳

（2）协整检验

表7-3采用的是Johansen协整检验，结果显示房价波动与不同类型商业银行脆弱性的P值为0，小于0.05，表明变量之间具有长期稳定的均衡关系。

表7-3　　　　　　　　协整检验的结果

变量		P 值	结论
BF	国有商业银行	0.000	具有长期稳定均衡关系
	股份制商业银行	0.000	具有长期稳定均衡关系
	城市商业银行	0.000	具有长期稳定均衡关系
	农村商业银行	0.000	具有长期稳定均衡关系
	PG	0.000	具有长期稳定均衡关系

(3) 固定效应模型回归分析结果

通过 hausman 检验发现，结果拒绝随机效应，因而文中采用固定效应模型进行回归分析，基准模型回归结果如表 7-4 所示：

表 7-4　　资产价格波动与商业银行脆弱性基准估计结果

变量	模型 1 (国有商业银行)	模型 2 (股份制商业银行)	模型 3 (城市商业银行)	模型 4 (农村商业银行)
PG	-0.6012*** (-9.8533)	-0.3284*** (-3.1023)	-0.1157*** (-2.9109)	-0.2611*** (-2.6660)
GDP	-1.8019*** (-14.7712)	-1.6485*** (-6.4086)	-1.6110*** (-13.5471)	-1.7333*** (-6.9659)
ym	0.0705* (1.8965)	0.1107* (1.7268)	0.0647* (1.8003)	0.0984 (1.5787)
常数项	3.541*	2.987*	2.857*	3.214*
固定效应变量	固定	固定	固定	固定
AR(2)统计量	-2.21 (0.22)	-5.54 (0.41)	-1.07 (0.43)	-3.43 (0.31)
Sargan 统计量	2.49 (0.51)	2.57 (0.33)	2.69 (0.24)	2.58 (0.23)
样本量	33	33	33	33

注：(1) *、**和***表示对应系数在10%、5%和1%的置信水平上显著；(2) 二阶序列相关检验和 Sargan 检验的结果分别在变量 AR(2)统计量和 Sargan 下显示，前面列出了各检验的检验统计量值，括号内为对应的异方差值。

表 7-4 研究结果表明，面对房地产价格波动的冲击，商业银行脆弱性具有典型的显著性特征，房地格波动对商业银行脆弱性具有显著的负向冲击，房地产价格上升能够显著减低商业银行的脆弱性，房地产价格下降会显著提升商业银行的脆弱性，加大商业银行体系的

/ 第7章 房地产价格波动对商业银行脆弱性的冲击 /

金融风险。研究结论还显示,面对房地产价格冲击,不同类型商业银行脆弱性具有显著的差异性,其中,国有商业银行脆弱性面临的冲击效应最大,股份制商业银行其次,农村商业银行第三,城市商业银行最小。这主要是因为国有五大银行是老百姓买房信贷的最大供给方,房地产作为信贷抵押品是确保商业银行正常资金运转的前提,一旦房价暴跌,整个社会资金必然紧张,国有商业银行为了维持资金头寸,势必会降价处理这些抵押品,势必又会进一步加速房价下降,在这种加速器效应的作用下,很容易带来系统性金融风险。农村商业银行由于其资本金较小,规模不大,尽管其不是房贷的主要供给者,但一旦面临外界资金紧缩,其资金链容易断裂,抗金融风险的能力远不及城市商业银行。

表7-5报告了房地产价格波动对商业银行脆弱性的非线性特征,结果显示,房地产价格波动对商业银行脆弱性的冲击呈现典型的"U"曲线效应,表明房地产价格上升在短期内会显著降低商业银行的脆弱性,但是随着时间的推移,房地产价格持续上升,其价格泡沫不断增大,隐含的金融风险越来越大,对商业银行的脆弱性又具有提升作用,会加大商业银行的系统性金融风险。结论还表明,不同类型商业银行脆弱性面对房地产价格波动所呈现的非线性特征具有显著性差异。通过计算可知,国有商业银行脆弱性的拐点值是0.57,股份制商业银行脆弱性的拐点值是0.53,城市商业银行脆弱性的拐点值是0.44,农村商业银行脆弱性的拐点值是0.4,这说明,随着房地产价格泡沫的不断增大,一旦泡沫破裂,农村商业银行抵御风险的能力最低,其次是城市商业银行,抵御风险能力最强的是国有商业银行。这与现实相吻合,因为无论是从资金规模、营业网点、资本金充足、政府担保等方面,国有商业银行相比其他商业银行都具有先天优势。这暗示,对于商业银行来说,并不意味着房地产价格越高越好。

表7–5　　资产价格波动与商业银行脆弱性非线性估计结果

变量	模型1 (国有商业银行)	模型2 (股份制商业银行)	模型3 (城市商业银行)	模型4 (农村商业银行)
PG	-0.4051 *** (-8.4231)	-0.2453 *** (-2.8741)	-0.1027 *** (-2.5874)	-0.2143 *** (-2.7431)
PG^2	0.2841 *** (10.7607)	0.2688 *** (8.1260)	0.2211 *** (6.5101)	0.2024 *** (4.7465)
GDP	-1.7051 *** (-13.8214)	-1.5271 *** (-5.8762)	-1.5234 *** (-12.5431)	-1.6217 *** (-6.0754)
ym	0.0541 * (1.8965)	0.0987 * (1.8524)	0.0541 * (1.7413)	0.0874 (1.5241)
常数项	4.257 *	3.5241 *	3.011 *	4.566 *
固定效应变量	固定	固定	固定	固定
AR(2)统计量	-2.19 (0.12)	-5.64 (0.30)	-0.99 (0.4)	-3.61 (0.23)
Sargan统计量	2.52 (0.47)	2.47 (0.29)	2.71 (0.1)	2.66 (0.12)
样本量	33	33	33	33

注：(1) *、** 和 *** 表示对应系数在10%、5%和1%的置信水平上显著；(2) 二阶序列相关检验和Sargan检验的结果分别在变量AR(2)统计量和Sargan下显著，前面列出了各检验的检验统计量值，括号内为对应的异方差值。

7.5　研究结论与建议

鉴于房地产在我国国民经济中的重要性，本章选取2010年第四季度至2018年第四季度相关数据，考察了房地产价格波动与商业银行脆弱性冲击的微观效应，并在此基础上进一步分析了这种微观效应

/ 第7章 房地产价格波动对商业银行脆弱性的冲击 /

的非线性特征。研究结果表明,面对房地产价格波动的冲击,商业银行脆弱性呈现典型的显著性效应,房地产格波动对商业银行脆弱性具有显著的负向冲击,房地产价格上升能够显著减低商业银行的脆弱性,房地产价格下降会显著提升商业银行的脆弱性,加大商业银行体系的金融风险。研究结论还显示,面对房地产价格冲击,不同类型商业银行脆弱性具有显著的差异性,其中,国有商业银行脆弱性面临的冲击效应最大,城市商业银行最小。非线性估计结果表明,房地产价格波动对商业银行脆弱性的冲击呈现典型的"U"曲线效应,表明房地产价格上升在短期内会显著降低商业银行的脆弱性,但是随着时间的推移,房地产价格持续上升,其价格泡沫不断增大,隐含的金融风险越来越大,对商业银行的脆弱性又具有提升作用,会加大商业银行的系统性金融风险。结论还表明,不同类型商业银行脆弱性面对房地产价格波动所呈现的非线性特征具有显著性差异。随着房地产价格泡沫的不断增大,一旦泡沫破裂,农村商业银行抵御风险的能力最低,抵御风险能力最强的是国有商业银行。

相应的政策建议一是各类不同类型的商业银行要根据自己的银行性质、经营定位,聚焦主营业务,在做好风险防控的前提下,实现经营的持续发展,不能盲目跟风涉足房地产产业;二是房地产价格上升虽然在短期内的确会增加商业银行的利润,但是随着价格的不断上升,其价格泡沫越来越大,孕育的风险也越来越大,商业银行要有清醒认识,未雨绸缪,始终把风险防控放在第一位;三是国家对房地产调控政策要持续有度,坚持在"房子是用来住的,不是用来炒的"总基调下,采取差异化的房地产调控政策,既要防止房价大幅上涨,也要防范房价暴跌,预防次生风险的爆发。

第8章 资产价格联合波动对商业银行脆弱性的冲击*

8.1 引言

2008年的美国次贷危机发生至今，学界和实务界一直在反思一个问题：在利率、物价和国内实体经济运行平稳的情况下，为什么会突然出现金融危机，因而引发经济崩溃？通过梳理20世纪80年代日本"泡沫经济"破灭引发的经济萧条、90年代末东南亚爆发的经济危机和21世纪初的南美金融危机，不难发现它们有一个共同的特征：金融危机扰动源不是来自熟悉的宏观经济直接构成要素，而是金融市场，特别是资产价格的大幅波动。近年来国内资产价格的剧烈波动，引发了社会的广泛关注。典型的事例如2014年11月20日到12月8日，短短12个交易日，经历漫漫7年熊市的中国股市暴涨20%多，迎来了一场轰轰烈烈的"疯牛"行情；但好景不长，2015年6月15日到7月8日，短短17个交易日，A股从5178点暴跌到3507点，股指暴跌了1671点，出现连续多日的千股跌停的壮观场面；在汇市，2015年8月11日央行意外让人民币贬值2%，创逾20年来最大跌幅，触及三年新低。第二日人民币续跌，人民币兑美元即期跌至6.44

---

* 本章节部分内容发表于《财经理论与实践》（CSSCI期刊）2017年第1期。

第8章 资产价格联合波动对商业银行脆弱性的冲击

元,创 2011 年 8 月以来最低,引发市场波澜。不难发现,这些资产价格剧烈波动背后都伴随着资金的频繁流动,严重危害整个金融体系的稳定性,极易引发整个金融系统的脆弱性风险。目前,我国的金融体系是以银行为主导的,银行在整个金融体系发挥着举足轻重的作用,由资产价格波动引发的我国金融体系的脆弱性,主要表现为商业银行脆弱性。目前我国商业银行已经发展为大型国有控股商业银行、股份制商业银行、城市商业银行以及农村商业银行等多种类型商业银行并存格局,并且商业银行存款保险制度已于 2015 年 5 月 1 日起正式实施,表明国家不再对商业银行进行信用背书。与此同时,现有实体经济宏观数据表明,曾出现于 20 世纪 80 年代西方国家的"现代市场经济之谜"现象在我国有显露的迹象,即出现了低通胀与资产价格迅速上升并存。在此背景下,从资金循环新视角研究资产价格波动对我国商业银行的脆弱性影响,避免可能由此引发的系统性金融危机具有重大的现实意义。

通过对比历次经济危机或货币危机,不难发现一个共同点:危机期间及其前后资金频繁流出入该国境内形成外部冲击,滞留资金反复炒作,资产交易量明显放大,资产价格大幅波动,经济稳定性遭受重挫,国家经济安全面临空前挑战。这些现象已经引起了学术界的高度重视,现有文献对交易量与资产价格波动之间关系进行了详细阐述。Lamoureux & Lastrapes (1990) 首次把交易量引入 GARCH 模型的条件方差方程中,研究发现交易量的系数变得非常显著,而以前对价格波动产生冲击的影响因素却变得不显著,论证了交易量和股价波动是由某个共同的因素驱动的,同时也证明了交易量对股价波动有很强的解释作用。Brailsford (1996) 通过对澳大利亚股票市场的相关数据进行分析后得出了一致的结论;Marsh & Wagner (2000) 利用 GARCH-M 模型分析了七个发达国家股市交易量与价格波动之间的关系,研究表明在绝大多数的市场上,交易量对收益率条件方差具有一定的解释作用,然而在美国市场上,交易量可以完全解释 GARCH 效应;Lee et al.(2001)研究了中国股票市场上的量价关系,发现在中国市场上交易量对股票价格波动的影响并不显著;此外,还有学者通过将交易量细化成了平均单笔交易的数量和交易频率,分别研究它们与价格波动之间的关系。Back & Baruch(2007)、Ozsoylev & Takayama(2010)等认为股价波动与平均单笔交易的数量之间存在正相关关系,而 Louhichi(2011)认为股价波动与交易频率之间存在正相关关系。国内学者李双成等(2006)利用非对称成分 GARCH-M 模型研究了沪深股市的量价关系,研究表明在深市短期内价格波动持续性的部分可以由交易量来解释,而在沪市短期内的价格波动持续性可以完全由交易量来进行解释;在沪深两市上,短期内的价格波动主要可以由非预期的交易量来解释;相对于相同程度的负交易量,正交易量冲击对短期内价格波动的影响程度更高;王春峰等(2007)基于信息不对称理论对沪市的交易行为与价格波动之间关系进行了分析,研究表明相对于交易的频率,平均单笔交易的数量含有较多价格波动持续性的信息,对价格的波动具备更好的解释作用,并且交易的规模不同,它们对价格波动的冲击作用也就不同,其中最大笔的交易对价格波动的冲击作用最大。

资产价格波动与商业银行脆弱性之间是否存在重要关系?现有文献主要从两方面进行阐述。一是资产价格波动的传递效应与金融脆弱性。Kaminsky & Reinhart(1999)以墨西哥金融危机和亚洲金融危机为例,分析了银行危机与货币危机的关系;Wilson(2002)通过对美国早期历史上四次主要的股票市场崩溃和金融危机分析,发现在资产价格波动与金融危机之间存在高度的相关性;Goetz von Peter(2004)建立了一个世代交替的宏观经济学模型,探讨了资产价格与银行脆弱

第8章 资产价格联合波动对商业银行脆弱性的冲击

新机构之间的双向互动机理，分析结果表明，在资产价格的下降与银行危机之间存在一个非线性的、间接的和相互反馈的关系；Shin（2006）围绕资本金变动的影响，分析了房地产价格波动与金融稳定之间的关系；Danfelessson & Zigrand（2008）建立了引入异质投资者的多资产定价均衡模型，发现过度杠杠化与搭便车行为引致的过度风险承担是系统性风险产生的原因，进而说明资产价格波动是引发金融脆弱的重要原因；桂荷发、邹朋飞、严武（2008）运用我国1996年第一季度至2006年第四季度的数据，采用五变量的VAR模型对我国银行信贷与股票价格之间的动态关系进行实证分析，结果发现股票价格的上涨会导致银行信贷的扩张，但银行信贷的增加并不必然导致股票价格指数的显著上涨。二是资产价格波动的不对称性与金融脆弱性。Bernanke、Gertler和Gilchrist（1996）从金融加速器的角度分析资产价格与银行信贷相互加强的作用机制。他们从抵押物的视角分析了资产价格波动与银行信贷扩张、收缩相互影响机理。研究认为，金融资本的短缺与借款者财务质量的下降共同导致了银行信贷规模的缩减；Koriinek（2009）构建了一个考虑外部性的资产定价模型，分析了强负向冲击的金融加速效应，进而验证了资产价格波动对金融脆弱性的引发和放大作用；胡援成、舒长江（2015）利用2005年第一季度至2014年第一季度数据，基于金融加速器原理检验了利率冲击对我国商业银行脆弱性的影响。研究结果表明，面对利率冲击，基于脆弱性的不同类型商业银行不仅存在差异显著的金融加速器效应，并且还呈现出显著的非线性、非对称性差异特征。

现有文献表明，资产价格波动与商业银行脆弱性之间存在紧密互动关系，但现有研究表现侧重单项影响关系，缺乏针对互动关系的融合多项关键变量的分析框架和相关研究；随着金融体系的日益完善，多种金融资产市场，包括股票市场、房地产市场、外汇市场、货币市场等相互交织、相互影响，具有"共振效应"，这些资产的波动呈现双向性，现有研究往往仅关注资产价格波动的方向单一和资产价格单一影响，对多种资产价格联合波动与商业银行脆弱性相互作用全过程的完整分析较少；同时，现有文献仅仅把资产价格波动当成一种表面现象来看待，缺乏对资产价格波动成因的进一步分析，因此研究还需要深入。

鉴于此，本章依据资金循环理论，对我国资产价格的波动深层次原因进行理论上的系统推导，揭示资产价格波动的扰动源进而传导商业银行脆弱性的内在机理，然后用 FCI 指数（金融条件指数）作为整个金融市场资产价格波动的代理变量；通过量化指标分析方法和因子分析法提取商业银行脆弱性代理变量，建立计量模型，利用我国 2010 年第四季度至 2018 年第四季度数据，对资产价格多向性波动与商业银行脆弱性进行实证检验。本章的新意在于：（1）从资金循环视角剖析资产价格波动的扰动源，进而分析资产价格波动与商业银行脆弱性的关系，使得分析结果更具微观基础；（2）首次采用 FCI 指标作为金融市场资产价格的联合代理变量来分析商业银行脆弱性，优于现有文献对单个市场进行考虑的局限。

8.2 研究设计

根据第 3 章构建的五部门资金循环流动理论基础，遵循"金融窖藏"资金来源，构建资产价格联合波动与商业银行脆弱性的计量模型。鉴于数据的可获性，本章选取 2010 年第四季度至 2018 年第四季度数据，所有数据来源于 wind 数据库、中国人民银行与国家统计局官网。

第8章 资产价格联合波动对商业银行脆弱性的冲击

8.2.1 变量选取与数据说明

(1) 资产价格波动代理变量的选取

根据资产价格波动扰动源的分析,认为FCI指数是资产价格波动比较合适的代理变量,根据Goodhart、Hofmann(2000)的定义,FCI为短期利率、有效汇率、房地产价格和股票价格的加权平均数,用公式表示为:

$$FCI_t = \sum_{i=1}^{n} w_i(q_{it} - \bar{q}_{it}) \qquad (8-1)$$

其中,w_i是FCI中资产i的相对权重,且$\sum_{i=1}^{n} w_i = 1$;q_{it}是资产i在t时期的价格,$\bar{q}_{it}$是资产i的长期趋势或均衡值,$(q_{it} - \bar{q}_{it})$为缺口变量,表示变量实际值与其长期趋势或均衡值的偏离。由于货币供应量对商业银行也具有冲击,现有文献也有把货币供应量考虑进来,但鉴于短期利率、汇率等指标暗含了货币供应量,本章不考虑货币供应量,相关数据技术处理如下。

真实短期利率(Rr):采用银行间7天同业拆借利率的季度加权平均数减去同期的CPI通胀率作为事后真实短期利率的代理指标,标记为q_{RR},数据来源于中宏经济数据库;

真实房地产价格(Rh):采用国房景气指数作为房地产价格的代理变量。由季度环比数据计算得到以2009年为定基的真实国房景气指数的季度数据,标记为q_{RH},数据来源于中宏经济数据库;

人民币真实有效汇率指数(Re):数据来源于国际货币基金组织的《国际金融统计》,汇率采用间接标价法,标记为q_{RE};

真实股权价格指数(Rs):股票价格指数采用上证综合指数,数据来源于上海证券交易所。真实股权价格指数由名义指数除以同期

CPI 指数得到，标记为 q_{RS}；

估计长期趋势：本章采取封北麟、王贵民（2006）的做法，利用样本期内真实短期利率均值作为其长期趋势，其余变量使用 Hodrick—Prescott 滤波计算长期趋势或者均衡值。

w_i 权重估计：根据国际经验，本章将采用 VAR 模型广义脉冲响应函数来估计各资产变量在 FCI 指数中的权重斌，从而得到我国 FCI 的经验表达式。

$$FCI_t = w_{RR}(q_{RRt} - q_{\overline{RR}}) + w_{RH}(q_{RHt} - q_{\overline{RH}}) + w_{RE}(q_{REt} - q_{\overline{RE}}) + w_{RS}(q_{RSt} - q_{\overline{RS}}) \quad (8-2)$$

其中：$q_{\overline{RR}}$，$q_{\overline{RH}}$，$q_{\overline{RE}}$，$q_{\overline{RS}}$，$q_{\overline{RM}}$ 分别代表相关指标的均衡值。

（2）商业银行脆弱性代理变量的选取

借鉴国外通行做法以及巴塞尔协议Ⅲ关于商业银行监管指标，选取不良贷款率（NPLA）、资本充足率（CAR）、存贷款比率（DLA）、资产利润率（ROA）、累计外汇敞口头寸比率（CFEER）等微观量化指标对商业银行脆弱性进行测度。其中不良贷款率反映了银行的信用风险指标、资本充足率反映了银行资本充足指标、存贷款比率反映了银行流动性指标、资产利润率反映了银行资产的盈利指标、累计外汇敞口头寸比率反映了银行资产的市场风险指标，所有数据来源于 Wind 数据库（见表 8-1）。根据 Mckinnon、Pill（1997）相应的临界值，将上述分指标原始数据映射为相应的脆弱程度值。然后利用因子分析法，获得不良贷款率、资本充足率、存贷款比率、累计外汇敞口头寸比率等权重分别为 0.52、0.27、0.12、0.05、0.04，计算商业银行脆弱性测度的最终指标 BF（见表 8-2）。

第8章 资产价格联合波动对商业银行脆弱性的冲击

表 8-1　　　　　　商业银行脆弱性原始指标①

指标	NPLA	CAR	DLA	ROA	CFEER
2010Q4	1.14	12	65	1	7
2011Q1	1.1	12	64	1	6
2011Q2	1	12	64	1	6
2011Q3	0.9	12	65	1	5
2011Q4	1	13	65	1	5
2012Q1	0.94	12.74	64.53	1.43	4.25
2012Q2	0.94	12.91	64.33	1.41	5.18
2012Q3	0.95	13.03	65.28	1.39	4.65
2012Q4	0.95	13.25	65.31	1.28	3.92
2013Q1	0.96	12.28	64.68	1.37	3.77
2013Q2	0.96	12.24	65.17	1.38	4.24
2013Q3	0.97	12.18	65.63	1.36	3.77
2013Q4	1	12.19	66.08	1.27	3.68
2014Q1	1.04	12.13	65.89	1.4	4.04
2014Q2	1.08	12.4	65.4	1.37	3.87
2014Q3	1.16	12.93	64.17	1.35	3.71
2014Q4	1.25	13.18	65.09	1.23	3.5
2015Q1	1.39	13.13	65.67	1.29	2.98
2015Q2	1.5	12.95	65.8	1.23	2.97
2015Q3	1.59	13.15	66.39	1.2	3.55
2015Q4	1.67	13.45	67.24	1.1	3.67
2016Q1	1.64	13.35	67.31	1.15	3.65
2016Q2	1.67	13.31	66.82	1.2	3.51
2016Q3	1.45	12.24	65.17	1.38	4.24

① 限于篇幅，这里给出了商业银行整体脆弱性指标，不同类型商业银行脆弱性指标计算过程相同。

续表

指标	NPLA	CAR	DLA	ROA	CFEER
2016Q4	1.52	12.18	65.63	1.36	3.77
2017Q1	1.54	12.19	66.08	1.27	3.68
2017Q2	1.36	12.13	65.89	1.4	4.04
2017Q3	1.42	12.14	65.4	1.37	3.87
2017Q4	1.41	12.21	64.17	1.35	3.71
2018Q1	1.11	13.08	65.09	1.23	3.5
2018Q2	1.09	13.04	65.28	1.27	3.67
2018Q3	1.14	12.87	65.31	1.4	3.65
2018Q4	1.24	12.74	64.68	1.37	3.51

表 8-2　　商业银行脆弱性映射指标

指标	NPLA	CAR	DLA	ROA	CFEER	BF
2010Q4	4.56	20.00	18.57	17.00	7	11.13
2011Q1	4.40	20.00	18.29	17.00	6	10.97
2011Q2	4.00	20.00	18.29	17.00	6	10.76
2011Q3	3.60	20.00	18.57	17.00	5	10.55
2011Q4	4.00	15.00	18.57	17.00	5	9.41
2012Q1	3.76	16.30	18.44	14.85	4.25	9.48
2012Q2	3.76	15.45	18.38	14.95	5.18	9.29
2012Q3	3.80	14.85	18.65	15.05	4.65	9.16
2012Q4	3.80	13.75	18.66	15.60	3.92	8.86
2013Q1	3.84	18.60	18.47	15.15	3.77	10.14
2013Q2	3.84	18.80	18.62	15.10	4.24	10.23
2013Q3	3.88	19.10	18.75	15.20	3.77	10.34
2013Q4	4.00	19.05	18.88	15.65	3.68	10.42
2014Q1	4.16	19.35	18.83	15.00	4.04	10.56
2014Q2	4.32	18.00	18.69	15.15	3.87	10.26

续表

指标	NPLA	CAR	DLA	ROA	CFEER	BF
2014Q3	4.64	15.35	18.33	15.25	3.71	9.67
2014Q4	5.00	14.10	18.60	15.85	3.5	9.57
2015Q1	5.56	14.35	18.76	15.55	2.98	9.91
2015Q2	6.00	15.25	18.80	15.85	2.97	10.40
2015Q3	6.36	14.25	18.97	16.00	3.55	10.37
2015Q4	6.68	15.15	19.21	16.50	3.67	10.19
2016Q1	3.60	15.00	15.05	3.92	4.65	8.86
2016Q2	4.00	16.30	15.60	3.77	3.92	10.14
2016Q3	3.76	15.45	15.15	4.24	3.77	10.23
2016Q4	3.76	14.85	15.10	3.77	4.24	10.34
2017Q1	3.80	13.75	15.20	3.68	3.77	10.42
2017Q2	3.83	18.60	15.65	4.04	3.68	10.56
2017Q3	3.88	18.80	15.00	3.87	4.04	10.26
2017Q4	3.85	19.10	15.15	3.71	3.87	9.67
2018Q1	3.92	19.05	15.25	3.5	3.71	9.57
2018Q2	4.00	19.35	15.85	3.48	3.54	9.61
2018Q3	3.94	19.42	15.79	3.49	3.58	9.67
2018Q4	3.92	19.41	15.82	3.47	3.62	9.72

8.2.2 模型设立

首先建立商业银行脆弱性与 FCI 指数之间的多元线性回归基准模型，分析多个金融市场对商业银行脆弱性的影响，由于选取的各个市场指标之间的数值相差较大，所有数据采用标准化法对其进行无量纲化处理。基准模型设立如下：

$$BF_t = \beta_1 GRr_t + \beta_2 GRh_t + \beta_3 GRe_t + \beta_4 GRs_t + \mu_t \quad (8-3)$$

其中 BF 代表商业银行脆弱性，GRr 代表真实利率缺口，GRh 代表真实房地产缺口，GRe 代表人民币真实有效汇率指数缺口，GRs 代表真实股权价格指数缺口；μ 代表随机扰动项，β 代表回归系数。

基准模型（8-3）没有考虑其他宏观经济变量与金融环境变量对商业银行脆弱性的影响，容易造成分析结果偏颇，因此，依据现有文献对模型（8-3）进行扩展，引入一些宏观经济与金融环境控制变量，深入研究不同金融市场对商业银行脆弱性的影响。这些控制变量包括宏观控制变量：国内生产总值增长率，全社会固定资产投资增长率；金融环境变量：银行业市场集中度，贷款增长率。扩展模型如下：

$$BF_t = \beta_1 GRr_t + \beta_2 GRh_t + \beta_3 GRe_t + \beta_4 GRs_t + \beta_5 GDPGR + \beta_6 TIFAGR + \beta_7 CR + \beta_8 LGR + \mu_t \quad (8-4)$$

其中，$GDPGR$ 代表国内生产总值增长率，$TIFAGR$ 代表全社会固定资产投资增长率，CR 代表银行业市场集中度，LGR 代表贷款增长率，其他变量与式（8-3）相同。

最后，采用 VAR 模型，借用脉冲相应函数、格兰杰因果关系检验、方差分解等方法进一步分析我国金融市场价格波动与商业银行脆弱性间的相互关系。VAR 模型克服了原始的联立方程组的不足，不需要事先把一些变量设定为内生变量和外生变量，它的本质在于如果一组变量之间有真实的联立性，那么这些变量就应平等地加以对待，而不应该事先区分内生和外生变量。

8.3 实证结果分析

8.3.1 多元回归分析

在回归之前，所有数据进行了单位根检验，检验结果表明所有数据是平稳的，可以进行回归分析。同时为了防止变量内生性问题造成的伪回归，在正式进行回归之前通过 Hausman 检验法对变量进行内生性检验，检验结果表明，变量之前存在内生性问题，所以本章采用

/ 第8章 资产价格联合波动对商业银行脆弱性的冲击 /

TSLT方法进行回归，回归结果表明（见表8-3），在不考虑控制变量的情况下，房地产价格指数波动对商业银行具有显著的负向影响，房地产价格指数上升有助于降低商业银行脆弱性，人民币有效汇率指数和上证指数价格波动对商业银行脆弱性具有显著的正向影响；研究结果还表明，利率价格变动对商业银行脆弱性没有显著影响，这可能与我国利率市场化没有完全放开有很大的关系。在分别加入宏观与金融环境等控制变量后，将方程二、方程三与方程一对比，发现各变量系数都有所增大，尤其是房地产价格指数和人民币有效汇率指数对商业银行的脆弱性影响显著性增强，对比方程二和方程三，发现无论是加入宏观控制变量还是加入金融环境控制变量，房地产价格指数对商业银行脆弱性影响都显著增强。在将宏观和金融环境控制变量同时加入后，通过方程四与方程一、方程二、方程三一一对比，发现所有变量回归系数都在增大，变量更为显著和具有经济意义。

表8-3　　　　　　　　　　方程回归结果

		基准方程	宏观、金融变量分组结果		综合分组结果
	变量	方程一	方程二	方程三	方程四
	GRr	-0.0134 (-1.1451)	-0.0176 (-1.2412)	-0.0214 (-1.4385)	-0.0236 (-1.4987)
	GRh	-0.3331 (-2.7384)	-0.3832** (-5.7873)	-0.3874*** (-6.7139)	-0.4174*** (-8.5741)
	GRe	0.3127* (2.4953)	0.3219** (3.6951)	0.3021* (2.5347)	0.3253** (3.2854)
	GRs	0.1436* (2.1641)	0.1479* (2.5964)	0.2143* (2.2571)	0.2879** (3.1573)
	C	21.3986 (18.691)	19.3986 (14.589)	20.5871 (19.0157)	18.4287 (16.861)

续表

		基准方程	宏观、金融变量分组结果		综合分组结果
宏观控制变量	GDPGR	—	-0.2838 (-1.1837)	—	-0.3215** (-3.3982)
	TIFA GR	—	-0.3844** (-4.3477)	—	-0.2459 (-1.8749)
金融环境控制变量	CR	—	—	0.5247*** (9.4871)	0.6123*** (11.1506)
	LGR	—	—	0.4128*** (7.1819)	0.2941** (2.9105)
调整的 R^2		0.7535	0.8617	0.8717	0.9517
F 统计量		10.4838	14.3876	14.8512	21.8962
D-W 值		1.9856	2.0423	2.1423	2.0953

注：括号内数字为 t 统计量，括号上方数字为相关系数，*、**、***分别表示在10%、5%、1%的显著水平。

为了确保上述结果的可靠性，考虑我国资本管制现实，采用不良贷款率、资本充足率、存贷款比率指标替代原先的银行脆弱性，作为回归方程的因变量，进行稳健性检验（见表8-4a）。另外，考虑到在样本区间内，2013年6月的"钱慌"事件对市场产生了巨大的影响，整个市场资金状况在这个时间点出现了一个大的转折，因此本章采用CHOW分割点来检验不同的子样本估计方程是否具有显著的差异（见表8-4b）。限于篇幅，只报告了基准模型（8-3）的回归结果。从表8-4a可以看到，结果与上文没有明显区别，尽管回归系数的数值略有变化，但不影响基本结果。表8-4b的Chow分割点检验表明，基准模型（8-3）无显著的结构变化。因此，所有稳健性检验的结果都表明，本章的实证结果是稳健与可靠的。

表8-4a   **稳健性检验**

不良贷款率、资本充足率、存贷款比率指标替代原先的银行脆弱性时模型(8.3)回归分析

变量	GRr	GRh	GRe	GRs	C	调整的 R^2	F统计量	D-W 值
	-0.0214 (-1.35)	-0.3578* (-3.16)	0.3487* (2.87)	02147* (3.25)	20.587 (17.45)	0.7347	13.5421	1.9876

表8-4b   **用 Chow 分割点对模型(8.3)检验回归分析**

分割点：2013Q2	
F统计量	LR统计量
37.161***	43.635***

注：*** 表示显著性水平为1%，** 表示显著性水平为5%，* 表示显著性水平为10%。

8.3.2 VAR 模型分析

（1）平稳性检验

本章建立一个包含5个变量的结构化 VAR 模型：商业银行脆弱性测度指标 BF、真实短期利率缺口 GRR、真实房地产价格缺口 GRH、真实股权价格指数缺口 GRS、实际有效汇率缺口 GRE。建立 VAR 模型的前提条件是要求各变量是平稳的或者各变量之间满足协整关系。通过对 VAR 模型进行滞后结构的单位根检验，发现被估计的 VAR 模型所有根模的倒数均小于1，即位于单位圆内，表明以上各变量是平稳的（如图8-1所示）。

（2）脉冲响应分析

脉冲响应函数可以提供给随机误差项上施加一个新息冲击后对内生变量的动态影响。按照 AIC 准则和 SC 准则，借助计量软件 eviews 6.0，采用10期滞后，可以获得各个资产变量冲击于商业银行脆弱度

图 8-1 AR 单位根检验

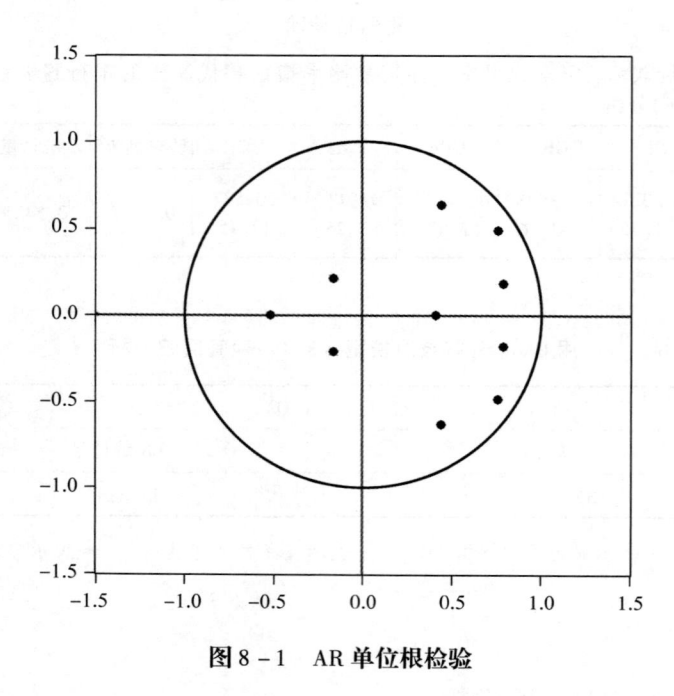

之上的脉冲响应函数。分析结果表明（见图 8-2）：所有变量对商业银行脆弱性的影响具有滞后性，在第三期影响开始。房地产价格指数（GRH）的单位新息扰动对商业银行脆弱度冲击显著为负，直到第八期才开始为正，影响非常大，同时呈现出很强的周期性；人民币实际有效汇率缺口（GRE）的单位新息扰动对商业银行脆弱度的正向冲击效应很大，具有很长的持续性，说明境外资本频繁流动会对商业银行脆弱性具有明显的短期扰动；真实股权价格指数缺口（GRS）的单位新息扰动对商业银行脆弱性具有持续的正向冲击效应；真实短期利率缺口（GRR）的单位新息扰动对商业银行脆弱度影响很微弱。

然后，通过标准的 Cholesky 分解识别结构冲击，可以得到向量自回归模型商业银行脆弱度的脉冲响应函数，进而得到真实短期利率缺口 GRR、真实房地产价格缺口 GRH、真实股权价格指数缺口 GRS、

/ 第 8 章 资产价格联合波动对商业银行脆弱性的冲击 /

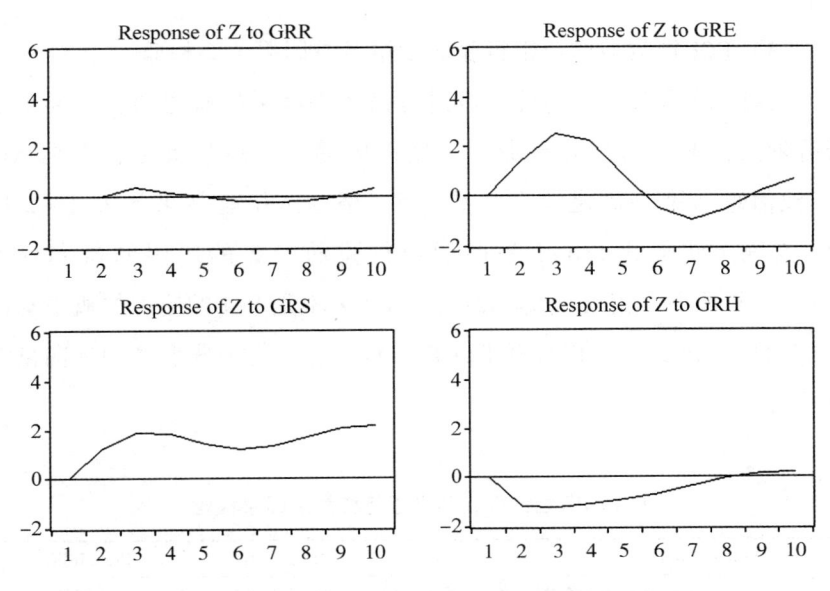

图 8-2 商业银行脆弱性对各变量的脉冲响应分析

实际有效汇率缺口 GRE、真实货币供应量缺口 GRM 等 5 个变量 1—10 期具体反应值的累计，以各变量累计值占总累计值的比重为权数，根据式（8-4），可以得到 FCI 表达式：

$$FCI_t = 7.5\% (q_{RRt} - q_{\overline{RR}}) + 38.5\% (q_{RHt} - q_{\overline{RH}}) + 32.9\% (q_{REt} - q_{\overline{RE}}) + 21.1\% (q_{RSt} - q_{\overline{RS}}) \quad (8-5)$$

通过式（8-5）可知，在 FCI 指数构成中，房地产价格所占比重最大，表明房地产价格波动对商业银行脆弱性影响最大，这符合当前我国实际经济事实；其次是汇率，表明尽管在我国资本和金融账户还没有完全放开情况下，汇率波动对商业银行脆弱性影响不容忽视，股权价格指数所占比重位居第三，表明股指价格波动对商业银行脆弱度的影响没有我们经验想象的那么大，这与当下我国金融行业实行分业经营有关；短期利率所占比重最小，表明其对商业银行脆弱度影响最低。

(3) FCI 指数与商业银行脆弱度格兰杰因果关系检验

在对 FCI 和商业银行脆弱度进行格兰杰因果检验之前,需要确定滞后阶数,本章通过计算滞后 8 期以内的各种信息标准,根据 AIC(赤池信息)准则确定滞后阶数为 8。格兰杰检验结果如表 8-5 所示,金融条件指数 FCI 不是商业银行脆弱度 Z 的原因的概率仅为 1.5%,非常小,相反,商业银行脆弱度 Z 不是 FCI 的原因的概率却高达 38.1%。因此,可以推断 FCI 是引致商业银行脆弱度 Z 的单向格兰杰原因。

表 8-5   FCI 和商业银行脆弱度进行格兰杰因果检验

Null Hypothesis	Obs	F-Statistic	Probability
FCI does not Granger Cause Z	33	1.7.5110	0.01512
Z does not Granger Cause FCI		161039	0.38137

8.4 结论和建议

本章基于资金循环视角,利用相关指标的 2010 年第四季度至 2018 年第四季度数据,构建了包含金融市场多项资产价格波动的 FCI 指数和商业银行脆弱度代理变量,建立了两者之间多元线性回归与 VAR 模型,通过脉冲响应函数和格兰杰因果关系分析,得出 FCI 指数的表达式。研究结果一致表明,无论是线性回归模型还是 VAR 模型,房地产价格、汇率价格波动是造成商业银行脆弱性的主要扰动源,其扰动贡献值高达 71%;同时进一步分析得出 FCI 指数是商业银行脆弱度的单项格兰杰原因。研究结论对当下我国金融市场改革具有重要的借鉴意义,要正确处理好以下三方面之间的关系。

(1) 要处理好房地产去库存与防风险的关系。从当前房地产行业融资渠道来看,其绝大多数资金来源于商业银行的信贷,当下房地产去库存无疑会加剧房企资金链紧张,容易引发更多房企倒闭、跑路以及产生大量的不良贷款问题,这必然会加剧商业银行的脆弱性。要在有效控制风险的前提下,加大对那些经营效率高、库存去化速度快的房企给予资金支持,协助房企之间并购重组,坚决防范由去库存而引起的银行系统性风险。

(2)要处理好人民币国际化改革与银行稳定之间的关系。当下人民币国际化是趋势所然,也是目前我国金融体制改革的重要方向。人民币国际化可以降低汇率风险、缓解外汇储备压力、获取铸币税、推动金融体系建设、提高国际地位。与此同时,人民币国际化后,我国资本和金融账户完全放开,境外资本可以随时流入和流出,人民币会时刻成为国际炒家狙击的对象,加大汇率的波动性,这势必加大银行的脆弱性。因此,在加快人民币国际化的进程中,前提是必须要提升我国银行机构抗击汇率波动的承受力,做好银行机构汇率波动压力测试,健全银行机构监管指标,夯实银行机构微观稳定基础。

(3)要处理好金融分业监管与加强协调沟通之间的关系。近来频繁显露的局部风险特别是近期资本市场的剧烈波动充分说明,现行分业监管框架已不适应我国金融业发展的需求,金融机构"跨界"的综合化经营的现实,需要加强监管部门之间的协调,应建立完善包括货币政策、信贷政策和金融监管政策在内的"三位一体"的宏观审慎政策框架体系,并通过各种政策之间的合理协调和有效搭配,促进金融和实体经济的稳定运行。

第 9 章 信贷错配与商业银行脆弱性特征下的宏观效应*

9.1 引言

经典经济理论认为，在完全竞争市场中，价格是配置市场资源最有效率的机制，利率作为货币的价格，在完美的瓦尔拉斯一般均衡模型中，是商业银行调节资金配置最有效率的工具。然而，信贷市场却有别于一般的标准市场，往往不能单纯依赖价格机制。这是因为，信贷市场所呈现出来的不完美性、信息的不完备性以及资金的稀缺性，要求银行不仅要考虑价格（利率）因素，而且还要考虑贷款偿付的概率。Stiglize，Weiss 研究指出，银行提高利率未必增加贷款的预期收益，高的贷款利率往往造就低质量的信贷申请人（逆向选择效应），并且所有贷款申请人都倾向于选择更高的风险（道德风险效应）。信贷市场固有属性决定了利率机制和配给机制共同起作用，信贷市场的供给关系往往是不均衡的，并且这种不均衡呈现常态化。2007 年美国爆发的次贷危机和 2011 年我国民营企业"钱荒"就是这种常态化极端表现的缩影。这种信贷市场行为偏离均衡状态的典型表现，共同的

---

* 本章节部分内容发表于《系统工程理论与实践》（EI、CSSCI 期刊）2019 年第 10 期。

/ 第9章　信贷错配与商业银行脆弱性特征下的宏观效应 /

根源就在于商业银行常态化的信贷错配。信贷错配是一种在全球普遍存在的经济现象，是典型的金融资源配置不合理的表现，这一现象在发展中国家和新兴经济体中表现得尤为突出。我国也不例外，商业银行常态化信贷错配突出表现就是"二元"信贷错配，即商业银行对国有企业和民营企业的信贷行为上存在信贷供给的巨大差异。

信贷资源错配导致大量低价的金融资源向风险极大的劣质"僵尸"企业倾斜，这不仅挤占了优质企业的金融资源，抑制了好企业的发展，还放大了金融机构的金融风险，容易引发金融脆弱性。鉴于我国国有控制型金融体系现状，国有企业能得到政府强有力的金融支持，其导致的结果是：大量金融资源流向了低效率或无效的国有企业，原本需要从商业银行获得资金支持的民营企业非但没有获得金融支持，反过来却通过商业信贷向国有企业提供资金，这种角色的错位更加加剧了民营企业融资难问题，进一步扭曲了金融资源的配置，影响了银行资源运用效率。[①] 顾海峰（2013）研究发现，信息不对称促使商业银行实施信贷配给，结果是商业银行信贷资金的供给没有遵循市场化机制，大量信贷资金流向了效率低下的企业，导致信贷资金配置效率缺失，容易引发银行风险。[②] 徐璐、钱雪松（2013）研究表明，信贷热潮不仅自身会降低银行体系稳健性，而且倾向于加大金融体系结构特征对银行脆弱性的负面影响。[③] 中国人民银行内江市中心支行课题组（2016）研究发现，银行信贷资源错配成为产能过剩背后"推手"，加剧了产能过剩现状，而产能过剩风险又会导致银行信贷资

---

① 鲁晓东：《金融资源错配阻碍了中国的经济增长吗?》，《金融研究》2008年第4期；张佩、马弘：《借贷约束与资源错配——来自中国的经验证据》，《清华大学学报》（自然科学版）2012年第9期；余婧：《中国金融资源错配的微观机制——基于工业企业商业信贷的经验研究》，《复旦学报》（社会科学版）2012年第1期。

② 顾海峰：《信贷配给、银保协作与银行信贷效率改进》，《经济与管理研究》2013年第4期。

③ 徐璐、钱雪松：《信贷热潮对银行脆弱性的影响》，《国际金融研究》2013年第11期。

产质量日渐恶化,不良贷款率持续攀升,影响区域金融稳定。①

Bernake, Gertler, Gilchrist (1996) 通过对传统 MM 理论假设的放松,强调金融市场在经济波动中的作用,提出了金融加速器概念,即分析最初的微小冲击通过信贷市场导致宏观经济波动被放大的宏观效应。其作用机制关键在于"外部融资溢价"与借贷人的"净值"之间的负向关系,即任何冲击最终都会通过经济主体的资产负债表渠道,在"净资产"的放大效应与"融资杠杆"的加速效应共同作用下,引发信贷配给在"紧缩"和"放松"状态之间转移,在金融加速器机制下作用于宏观经济波动。② 此后,国内外学者掀起了金融加速器效应存在性的研究高潮。③ 但这些研究都假定银行不存在资本约束,由银行贷款出现的任何盈亏均不影响银行信贷规模,也不会引发银行脆弱性。④ 事实上,过去 20 多年里,由于金融自由化和经济全球化步伐的加快,一些国家和地区频频出现了金融市场动荡、商业银行

---

① 中国人民银行内江市中心支行课题组:《银行信贷资源错配与产能过剩问题研究——以钢铁行业的川威集团为例》,《西南金融》2016 年第 3 期。

② Bernanke B., Gertler M., Gilchrist S., *The Financial Accelerator and the Flight to Quality*, The Review of Eeonomics and Statistics, Vol. 78, 1996.

③ 根据 Bernake, Gertler, Gilchrist (1996) 金融加速器概念的界定,可知金融加速器效应是指金融市场由于信息不对称、代理成本等外部摩擦因素的存在,当宏观经济遭受到外部微小冲击时,这种微小冲击会通过信贷市场的作用被放大,即呈现"小冲击,大周期"现象。现有文献关于金融加速器的研究大致分为三类:一是以 RBC 模型为基础,认为宏观经济波动的唯一来源来自技术等供给方面的冲击;二是以 BGG 模型为基础,认为宏观经济波动的来源不仅来自于技术等供给方面的冲击,而且还来自宏观经济政策等方面的冲击;三是运用各种计量理论与方法对金融加速器效应进行实证检验。

④ 根据 Minsky、Hyman P. (1995)、黄老金 (2001) 等文献,可以将金融脆弱性界定为:金融业固有的高负债经营特征使金融业容易受到监管的疏漏、道德风险、经济周期波动、国内外经济环境变化的冲击,进而导致金融危机、债务危机、企业破产、物价飞涨或通货紧缩、失业等的一种状态。现有文献对金融虚弱性的定义有广义和狭义之分。广义的金融脆弱性主要是指一切金融领域中的风险积聚到一定程度,处于危险的一种状态;狭义的金融脆弱性是指高负债经营的金融机构本身具有内在不稳定性所导致更容易破产的可能。在商业银行占主导地位的金融体系中,商业银行脆弱性即金融脆弱性,由于我国的金融体系是典型的以商业银行为主导,因此本书研究的金融脆弱性特指商业银行脆弱性。

第9章 信贷错配与商业银行脆弱性特征下的宏观效应

脆弱性频发的现象，商业银行不再是无资产约束的"完美"个体。与此同时，金融加速器概念的提出是基于美国发达的金融市场背景下提出的，未考虑到企业异质性，这与当下我国信贷市场"二元"结构存在明显不一致性。余雪飞、宋清华考虑到了我国信贷市场"二元"结构特征，首次将"二元"信贷错配特征引入带有金融加速器的 DSGE 模型。不过该模型未考虑银行资本约束，因此研究需要进一步深化。

基于此，本章借鉴 Aspachs，Goodchart，Tsomocos（2006）关于商业银行脆弱性的研究，引入常态化信贷错配，构建了一个同时包含成本效应、杠杆效应、信贷错配特征的 DNK-DSGE 模型，通过对传统的 DNK-DSGE 模型以及考虑信贷错配特征的 DNK-DSGE 模型的比较研究，刻画同时包含信贷错配和商业银行脆弱性特征下的金融加速器效应。根据研究目的，本章通过对传统 DNK-DSGE 理论模型的扩展主要回答以下三个核心问题。

问题一：信贷错配和商业银行脆弱性特征叠加的金融加速器效应显著性是否存在明显差异？

问题二：信贷错配和商业银行脆弱性特征叠加的外部冲击影响程度是否存在显著差异？

问题三：信贷错配和商业银行脆弱性特征叠加的经济冲击具有怎样的传递性和持续性？

本章的新意在于：（1）同时放松了"完美银行"和企业同质的隐含假设，考虑了企业信贷错配和商业银行脆弱性特征的叠加效应，构建了一个同时包含成本效应、杠杆效应、信贷错配特征的 DNK-DSGE 模型，使得 DNK-DSGE 模型更加符合现实经济，增强了理论模型的解释力；（2）首次通过对金融市场不同约束条件的假设，即不存在信贷错配的金融市场、存在信贷错配的金融市场、同时存在信贷错配和金融脆弱性的金融市场三种不同环境下，实证检验了金融加速器效应的显著性差异，使得研究结论更加具有普适性。

本章余下部分结构安排如下：第二部分基于商业银行脆弱性的银行与企业最优行为分析；第三部分将常态化信贷错配、商业银行脆弱性引入带有金融加速器效应的 DNK-DSGE 模型，并对该模型进行动态优化求解及线性近似；第四部分用我国的数据对该模型的参数进行校准、估计、检验；第五部分通过模拟和脉冲响应方法对模型进行动态分析，评估技术冲击、货币需求冲击、货币政策冲击及投资效率冲击对经济变量的影响以及呈现出来的金融加速器效应；第六部分为本章的结论及启示。

9.2　考虑银行脆弱性的银行与企业最优行为分析

商业银行脆弱性，主要指信贷市场中非银企业与银行之间一种高风险的债权债务关系而可能引致的银行破产，其最直接后果是"银行违约"[1]，一般用违约概率 μ^b（$0<\mu^b<1$）来表示。μ^b 越大，表示银行脆弱性越大，反之，银行脆弱性越小。银行违约要面临违约处罚[2]，违约率的大小取决于违约处罚的力度。假定市场上存在着一个受到资本约束风险中性的银行 B，其权益资本为 E。银行 B 通过家庭部门吸收存款 D 后全部贷款给有限生命且风险中性的不同生产企业 j（$j=1$ 表示国有企业；$j=2$ 表示民营企业。为便于加总，假设两类企业具有

---

[1]　现有文献一般把"银行违约"划归为"金融脆弱性"理论范畴，金融脆弱性理论的提出极大地挑战了传统的瓦尔拉斯一般均衡模型关于金融中介部门能够完全履责的隐含假定。一些学者相继把银行违约假设纳入一般均衡模型，如 Shubik & Wilson（1977）、Subsequently et. al（1992）、Dubey et. al（1992）。

[2]　违约处罚是一个广义的概念，不仅包括监管部门经济上的罚款金额，还包括银行违约需要承担的名誉损失以及市场准入限制等隐性的经济损失。

/ 第9章 信贷错配与商业银行脆弱性特征下的宏观效应 /

相同的劳动生产技术，下同）进行投资（为简化分析，假定银行 B 只能从家庭部门吸收存款，不存在银行同业拆借、央行借款等；生产企业 j 只存在向银行借贷融资，不存在其他融资渠道）。在 t 期银行 B 资产负债表恒等式为：

$$资产（B_t） = 负债（D_t） + 所有者权益（E_t） \quad (9-1)$$

生产企业 j 在 t 时期末以抵押物或担保人的财产 C_t^j 筹措资金（包括外源性资金 B_{t+1}^j 和自有资金 N_{t+1}^j），以市场价格 q_t 购买 K_{t+1}^j 单位资本供 $t+1$ 时期使用。企业 j 在 $t+1$ 时期投资回报率为 $w^j r_{t+1}^k$，r_{t+1}^k 表示企业平均投资回报率，w^j 代表企业个体风险的一个随机变量，服从独立同分布，与 r_{t+1}^k 无关，存在连续和一阶可微的分布函数 $F(w)$，满足 $w^j \geq 0$ 且 $E\{w^j\} = 1$。银行通过负债（D_t）和所有者权益（E_t）以 i_{t+1}^j 的价格向企业 j 提供 B_{t+1}^j 的贷款。如果企业经营不善出现资不抵债而被迫破产，银行就无法收回全部贷款本息，只能通过对企业资产清算来获得部分补偿。假如企业破产，企业清算价值表示为 $w^j r_{t+1}^k q_t K_{t+1}^j$，鉴于 STV 问题的存在，银行需要花费一定的审计成本 $u w^j r_{t+1}^k q_t K_{t+1}^j$，其中 u 表示审计成本所占银行毛利的比重，则银行实际获得净收益为 $\max[\sum_{j=1}^{2}(1-u)\omega^j r_{t+1}^k q_t K_{t+1}^j; \sum_{j=1}^{2} C_t^j]$。

假定外生冲击临界值为 $\overline{w^j}$，当 $w^j = \overline{w^j}$ 时，企业投资收益正好用于偿还银行贷款，本期净利润为零，满足无套利条件：

$$\sum_{j=1}^{2} \overline{\omega^j} r_{t+1}^k q_t K_{t+1}^j = \sum_{j=1}^{2} i_{t+1}^j B_{t+1}^j \quad (9-2)$$

当 $w^j > \overline{w^j}$ 时，企业投资收入足以归还贷款，且存在超额收益 $\sum_{j=1}^{2} \overline{\omega^j} r_{t+1}^k q_t K_{t+1}^j - \sum_{j=1}^{2} i_{t+1}^j B_{t+1}^j$；反之，当 $w^j < \overline{w^j}$ 时，企业因收不抵支而宣布破产，因此银行资产负债表质量的好坏决定了银行的不同违约概率。

9.2.1 违约概率与银行最优契约安排

商业银行在进行贷款发放时，除了考虑贷款的收益外，还必须考虑企业违约可能带来的损失。企业的违约概率表示银行风险偏好，当银行风险偏好升水时，银行愿意为实现更高的利润水平而承担更大的违约概率，此时银行脆弱性也越大。Goodhart. et. al 认为，一旦银行冒险激进经营，出现"兑付困境"，不仅会面临监管机构的处罚，还会对银行声誉、品牌产生不可挽回的巨大损失并由此带来破产危机，具体体现在银行收益上可视为因银行违约而导致的损失。在银行存在资本约束时，银行违约损失表示为：违约损失 = 风险暴露 × 违约概率 × 违约处罚 = $B^j \eta \mu^b \lambda^b$，r 代表存款利率，λ^b 代表违约处罚。

参照 Bernake. et. al 金融加速器机制分析思路，合理假设银行能通过资产组合消除非系统性风险，因此只考虑系统性风险下最优契约安排的情况。当存在系统性风险时，企业行业平均收益率 r_{t+1}^k 是不确定的，在既定的贷款数量 B_{t+1}^j 和投资规模 $q_t K_t^j$ 假设条件下，银行如何根据不同的违约概率，确定一个最优的贷款利率 i_{t+1}^j。在考虑违约损失后，银行 B 的预期净收益等于：

$$E\pi_{t+1}^b = \max\Big\{ \sum_{j=1}^{2} \Big\{ [1 - F(\overline{\omega^j})]\overline{\omega} + (1-u)\int_0^{\omega^j} \omega dF(\omega) \Big\}$$

$$E(r_{t+1}^k) q_t K_{t+1}^j - (D+E)r - \lambda_b \mu^b rB^j \Big\}; \sum_{j=1}^{2} C_t^j \Big\}$$

(9 – 3)

其中，$\sum_{j=1}^{2}\Big\{[1-F(\overline{\omega^j})]\overline{\omega} + (1-u)\int_0^{\omega^j}\omega dF(\omega)\Big\} E(r_{t+1}^k) q_t K_{t+1}^j$ 代表银行的预期收益，$(D_{t+1} + E_{t+1})r$ 代表贷款的机会成本，$\sum_{j=1}^{2}\lambda_b \mu^b rB_{t+1}^j$ 代表银行因违约而遭受的违约损失。结合式（9 – 1）和 $B_{t+1}^j = q_t K_{t+1}^j -$

N_{t+1}^j,最优契约安排下的临界冲击值$\overline{\omega^j}$满足如下无套利条件:

$$\sum_{j=1}^{2}\{[1-F(\overline{\omega^j})]\overline{\omega}+(1-u)\int_0^{\overline{\omega^j}}\omega dF(\omega)\}E(r_{t+1}^k)q_tK_{t+1}^j -$$

$$\lambda_b\mu^b r(q_tK_{t+1}^j - N_{t+1}^j) = \sum_{j=1}^{2}r(q_tK_{t+1}^j - N_{t+1}^j)$$

$$(9-4)$$

式(9-4)表明,在存在系统性风险条件下,$\overline{w^j}$大小取决于违约概率m^b和r_{t+1}^k的事后值,根据式(9-2),可得银行确定的最优贷款利率为$i_{t+1}^j = \overline{\omega^j}E(r_{t+1}^k)q_tK_{t+1}^j/B_{t+1}^j$。

9.2.2 违约概率与企业最优投资规模

上节内容探讨了既定的贷款数量B_{t+1}^j、投资规模$q_tK_{t+1}^j$、不确定的企业个体风险ω^j下,最优贷款利率i_{t+1}^j与银行违约概率m^b之间的关系,下面进一步放松"既定贷款数量B_{t+1}^j和投资规模$q_tK_{t+1}^j$"假设前提,建立银行与企业局部均衡模型,进而分析企业在银行不同违约概率下,如何确定最优的贷款数量B_{t+1}^j和投资规模$q_tK_{t+1}^j$。在给定状态的最优借款契约下,根据式(9-2),可得企业贷款的预期收益:

$$E\pi_{t+1}^j = \{\int_{\overline{w^j}}^{\infty}w^j dF(w^j) - [1-F(\overline{w^j})]\overline{w^j}\}E(r_{t+1}^k)q_tK_{t+1}^j$$

$$(9-5)$$

此处的预期收益Ep_{t+1}^j由随机变量$E(r_{t+1}^k)$决定,结合式(9-4),可得企业最优化问题:

$$\max_{\overline{w^j}q_tK_{t+1}^j}E\pi_{t+1}^j = \{\int_{\overline{\omega^j}}^{\infty}w^j dF(w^j) - [1-F(\overline{w^j})]\overline{\omega^j}\}E(r_{t+1}^k)q_tK_{t+1}^j$$

$$(9-6)$$

$$st\{[1-F(\overline{w^j})]\overline{w} + (1-u)\int_0^{\overline{w^j}} wdF(w)\}E(r_{t+1}^k)q_t K_{t+1}^j -$$

$$\lambda_b m^b r(q_t K_{t+1}^j - N_{t+1}^j) = r(q_t K_{t+1}^j - N_{t+1}^j)$$

$$(9-7)$$

上述最优化问题容易求解,① 现在记外部融资风险升水 $s \equiv E(r^K/r)$,表示预期资本回报相对于银行机会成本的溢价;企业融资杠杆系数为 $k = qK/N$,表示企业总投资与净资产比;下面构造 λ 条件下的拉格朗日函数 $L(\cdot)$:

$$L(\overline{w}, \lambda, k) = \{\int_{\overline{w^j}}^{\infty} \omega^j dF(w^j) - [1-F(\overline{w^j})]\overline{w^j}\}sk + \lambda\{\{[1-F(\overline{w^j})]\overline{w} + (1-u)\int_0^{\overline{w^j}} wdF(\omega)\}sk -$$

$$(\lambda_b m^b + 1)(k-1)\}$$

$$(9-8)$$

最优化问题内点解的最优一阶条件为:

$$\overline{\omega}: 1 - F(\overline{\omega}) - \lambda[(1-F(\overline{\omega})) - u\overline{\omega}F(\overline{\omega}) - \mu^b \lambda_b (k-1)] = 0$$

$$k: \{[1 - \int_0^{\overline{\omega}}\omega dF(\omega) - \overline{\omega}\int_{\overline{\omega}}^{\infty}dF(\omega)] + \lambda[\int_0^{\overline{\omega}}\omega dF(\omega) +$$

$$\overline{\omega}\int_{\overline{\omega}}^{\infty} dF(\omega) - u\overline{\omega}F(\overline{\omega})]\}s - \lambda(\mu^b \lambda_b + 1) = 0$$

$$\lambda: [\int_0^{\overline{\omega}}\omega dF(\omega) + \overline{\omega}\int_{\overline{\omega}}^{\infty} dF(\omega) - u\overline{\omega}F(\overline{\omega})]sk -$$

$$(\mu^b \lambda_b + 1)(k-1) = 0 \quad (9-9)$$

式 (9-9) 给出了局部均衡状态下企业与银行的行为关系,揭示了银行违约概率、企业融资杠杆系数、风险临界值、投资规模和资金需求之间的对应关系。

---

① 具体计算过程参见 Bernake. Gertler & Gilchrist (1999)。

/ 第9章 信贷错配与商业银行脆弱性特征下的宏观效应 /

9.3 模型、数据及指标说明

在上述局部均衡模型中,银行的无风险利率水平 r、企业行业平均收益率 r_{t+1}^k 都是外生给定的,下面将局部均衡模型嵌入基于新凯恩斯主义动态随机一般均衡模型框架,将这些要素内生化。

9.3.1 模型描述

借鉴 Bernanke. et. al (1999)、Ireland (2003)、Christensen & Dib (2008) 等相关文献,构建了封闭经济下的动态随机一般均衡模型,将企业部门"二元"借贷错配特征放入模型。模型将金融加速器定义为企业杠杆比率与外部融资溢价率之比,[①] 模型包括六个部门:居民、生产企业(国有企业与民营企业)、零售商、资本品生产部门、商业银行及货币当局。居民在初始财富约束下,在存续期内工作、消费和储蓄;将企业划分为国有企业和民营企业,[②] 企业风险为中性,生产技术无差异,且生产函数服从规模收益不变的柯布 – 道格拉斯生产函数,在生存期内生产商品、融资,由于商业银行对国有企业与民营企业的融资存在歧视,因此在同样的杠杆水平下,商业银行会对这两类企业确定不同的利率水平。假设企业融资规模与企业大小规模正相关,则企业融资总规模为国有企业融资规模与民营企业融资规模的加

[①] 参见 Bernanke (1999),外部融资溢价率 = 融资收益率/融资成本率,企业杠杆比率 = 融资额/企业净值,且有外部融资溢价率大于1,企业杠杆比率大于1。

[②] 按照企业登记注册类型划分,内资企业 = 国有企业 + 集体企业 + 股份合作企业 + 联营企业 + 有限责任公司 + 股份有限公司 + 民营 + 其他,为了分析需要,本书将国有企业、集体企业和联营企业、国有独资股份企业等以公有制为主体的企业统称为国有企业,据《中国统计年鉴2015》数据显示,2014年全国规模以上工业企业中,国有企业资产占比估算为54.21%,民营企业资产占比估算为45.79%,数据显示我国企业主体呈现显著的"二元"结构特征。

权平均；零售商的作用在于价格粘性的假设，其在完全竞争市场上购买商品并在垄断竞争市场上分发零售；[①] 资本品部门从零售商购买部分最终产品后再生产有效投资品。商业银行主要为企业融通资金，鉴于商业银行自身杠杆率和外部金融环境影响，商业银行在考虑贷款项目预期回报的同时，还需考虑由于项目违约所带来的一切损失；货币当局根据泰勒规则调整名义利率；所有的商品销售不仅可以满足消费、投资、政府购买，还可以抵补商业银行的审计成本。整个模型要实现系统均衡，需要得到居民、生产企业、零售商、金融机构和货币供给规则的最优条件。[②] 借助 matlab 软件可得到如下对数线性均衡方程系统[③]：

家庭期望效用最大化转移方程：

$$[(1-\gamma)\lambda c - 1]\hat{c}_t = \gamma \lambda_t + \frac{\lambda m (R-1)}{R}[\hat{b}_t + (\gamma-1)\hat{m}_t] - \gamma \hat{e}_t \quad (9-10)$$

$$\frac{\lambda R_t}{R-1} = \hat{b}_t + \hat{c}_t - \hat{m}_t \quad (9-11)$$

$$h\hat{h}_t = (1-h)(\hat{w}_t + \hat{\lambda}_t) \quad (9-12)$$

$$\hat{\lambda}_{t+1} = \hat{\lambda}_t - \hat{R}_t + \hat{\pi}_{t+1} \quad (9-13)$$

式 (9-10) 代表拉格朗日乘子，式 (9-11) 代表最优货币需求条件，式 (9-12) 代表工作、闲暇与消费之间权重的最优条件，式 (9-13) 代表跨期消费的欧拉方程。

[①] 详细参见 Bernake el at (1999)。
[②] 鉴于篇幅原因，各部门具体函数设定与参数假设，详见文后附录。
[③] 方程 (9-10) — (9-16)、(9-18) — (9-20)、(9-22) — (9-24) 详细参见 Christensen & Dib (2008)，方程 (17) 详细参见 Merola (2008)，方程 (21) 详细参见 Ireland (2003)。

第9章 信贷错配与商业银行脆弱性特征下的宏观效应

资本边际生产率方程：

$$\hat{z}_t = \hat{y}_t + \hat{\xi}_t^h - \hat{k}_t \qquad (9-14)$$

工资方程：

$$\hat{w}_t = \hat{y}_t + \hat{\xi}_t^h - \hat{h}_t \qquad (9-15)$$

外部融资溢价率方程：

$$\hat{f}_{t+1} = (\hat{R}_t - \hat{p}_{t+1}) + y(\hat{q}_t + \hat{k}_{t+1} - \hat{p}_{t+1}) \qquad (9-16)$$

外部融资溢价率转移方程：

$$\frac{\hat{n}_{t+1}}{vf} = \frac{k}{n}\hat{f}_t - \left(\frac{k}{n} - 1\right)(\hat{R}_{t-1} - \hat{p}_t) - y\left(\frac{k}{n} - 1\right)(k_t + \hat{q}_{t-1}) +$$

$$y\left(\frac{k}{n} - 1\right) + 1]\ \hat{n}_t + \left(\frac{k}{n} - 1\right)(\hat{\varepsilon}_{t+1} - \hat{\varepsilon}_t)$$

$$(9-17)$$

新凯恩斯菲利普斯曲线方程：

$$\hat{\pi}_t = \beta E_t \hat{\pi}_{t+1} + \frac{(1-\beta\varphi)(1-\varphi)}{\varphi}\hat{\xi}_t \qquad (9-18)$$

总资本存量方程：

$$\hat{k}_{t+1} = \delta \hat{i}_t + \delta x_t + (1-\delta)\hat{k}_t \qquad (9-19)$$

资本价格方程：

$$\hat{q}_t = \chi(\hat{i}_t - \hat{k}_t) - \hat{x}_t \qquad (9-20)$$

货币政策方程：

$$\hat{R}_t = Q_\pi \hat{\pi}_t + Q_\mu \hat{\mu}_t + Q_y \hat{y}_t + Q_\varepsilon \hat{\varepsilon}_t + \varepsilon_{Rt} \qquad (9-21)$$

货币增长方程：

$$\hat{e}_t = \hat{m}_t - \hat{m}_{t-1} + \hat{\pi}_t \qquad (9-22)$$

总供给方程：

$$\hat{y}_t = \alpha \hat{k}_t + (1-\alpha)\hat{h}_t + (1-\alpha)\hat{A}_t \qquad (9-23)$$

总需求方程：

$$\hat{y}_t = \frac{c}{y}\hat{c}_t + \frac{i}{y}\hat{i}_t + \lambda_b m_b \frac{D^d}{y}d^d + f_t^y \qquad (9-24)$$

信贷市场均衡：
$$B_t = D_t + E_t \quad (9-25)$$

稳态路径：
$$k_{t+1} = (F'I/K) i_t + (1 - F'I/K) k_t$$

$$n_{t+1} = \frac{gK}{N} \left\{ R \left(r_t^k - r_t - \lambda_b m^b \right) + \int_0^{\bar{\omega}^j} wdF(\omega) \left[\frac{R^k}{r - l_b \mu^b} - 1 \right] \times \right.$$

$$\left. \left[r_t^k + k_t + q_{t-1} + \frac{r_t^k + l_b m^b + n_t}{K/N} + \frac{(1-a)(1-W)}{gK/N} y_t \right] \right\} \quad (9-26)$$

同时考虑5种外部冲击，即利率冲击 e_{Rt}、技术冲击 e_{At}、货币需求冲击 e_{mt}、消费偏好冲击 e_{et}、投资效率冲击 e_{xt}。其中利率冲击在式（9-21）已经给出，余下冲击表达式如下：

技术冲击：
$$A_t = \rho_A A_{t-1} + e_{At} \quad (9-27)$$

货币需求冲击：
$$b_t = \rho_B b_{t-1} + e_{bt} \quad (9-28)$$

消费偏好冲击：
$$e_t = \rho_e e_{t-1} + e_{et} \quad (9-29)$$

投资效率冲击：
$$x_t = \rho_A x_{t-1} + \varepsilon_{xt} \quad (9-30)$$

9.3.2 指标解释

上述方程包含20个变量，分别是消费 c_t、投资 i_t、产出 y_t、利率 R、货币供给 m_t、货币需求 b_t、资产边际生产率 z_t、消费预算约束下拉格朗日乘子 λ_t、资本存量 k_t、外部融资溢价率 f_t、资本价格 q_t、技术 A_t、投资效率 x_t、国内生产函数约束下拉格朗日乘子 ξ_t^h、工资 w_t、劳动供给 h_t、净资产 n_t、消费偏好 e_t、货币增长率 μ_t、国内通胀 π_t。

/ 第9章 信贷错配与商业银行脆弱性特征下的宏观效应 /

其中 $\hat{X}_t = \log\left(\dfrac{X_t}{X}\right)$ 表示变量值与稳态值的偏离，X_t 表示上述各变量值，X 表示上述各变量稳态值。包含 28 个参数，分别是贴现率 β、产出中资本所占比例 α、资本折旧率 δ、效用函数闲暇权重 η、中间产品的替代弹性 θ、与货币需求冲击相关常量 b、企业项目风险 $\overline{w}$、商业银行低违约概率下的违约损失 $\lambda\mu^b$、金融摩擦成本 u、企业存活率 v、外部融资风险升水 s、稳态下通货膨胀率 π、企业资本对净资产比率 k/n、消费占产出比率 c/y、投资占产出比率 i/y、企业破产率 $F(\overline{w'})$、企业平均资本回报率 r^k、无风险利率 R^k、风险升水的杠杆率弹性系数 y、资本品调整成本 c、零售商不调整价格的概率 F、消费和货币余额替代弹性 g、货币政策对通胀的反应系数 Q_p、货币政策对货币增长的反应系数 Q_e、货币政策对产出波动的反应系数 Q_y、技术冲击系数 r_A、货币需求冲击系数 r_B、消费偏好冲击系数 r_e、投资效率冲击系数 r_x。

9.3.3 数据说明

根据数据可获性并与前面章节数据保持一致，选取 2006 年第一季度至 2018 年第四季度的国内生产总值（y_t）、固定资产投资（i_t）、基础货币（m_t）、央行一年期基准利率（R_t）、消费者价格指数（p_t）、社会零售品销售总额（c_t）。上述数据来源于中经网数据库、国家统计局和央行网站。为消除价格因素的影响，利用消费价格指数将相关数据的名义值转化为实际值。所有数据经过平滑参数为 1600 的 HP 滤波处理得到变量的波动部分。

9.4 模型检验与参数估计

9.4.1 参数校准

参照现有文献通常做法，将部分非估计参数参照国内外现有文献直接给出（见表 9-1），这里不再一一赘述。

表 9-1　　　　　　　　　　校准参数值

参数变量	参数变量描述	参数数值	模型校准值来源说明
b	贴现因子	0.98	Iacoviello（2005、2010）、鄢莉莉、王一鸣（2012）
a	产出中资本所占份额	0.33	刘斌（2008）、仝冰（2010）
d	资本折旧率	0.025	龚六堂（2004）、崔光灿（2005）、Iacoviello（2005、2010）
h	效用函数闲暇的权重	1.315	Hafstead & Smith（2012）
q	中间产品的替代弹性	6	Bernake（1999）、Gertler et al（2003）
b	与货币需求冲击相关常量	0.92	刘斌（2008）
u	金融摩擦成本	0.12	杜清源，龚六堂（2005）、宋玉华，李泽祥（2007）
v	企业项目平均风险	0.2747	杜清源，龚六堂（2005）、宋玉华，李泽祥（2007）
lm^b	商业银行违约损失	1.1	Aspachs、Goodhart & TSomoeos（2006）
n	企业存活率①	0.9745	尹金文（2014）
s	外部融资风险升水	1.0075	Hafstead & Smith（2012）
$F(\overline{w'})$	企业破产率②	0.03	杜清源，龚六堂（2005）、宋玉华，李泽祥（2007）
r^k	企业平均回报率	1.1	杜清源，龚六堂（2005）、宋玉华，李泽祥（2007）

① 根据国有企业与民营企业的存活率的加权计算，权重以 2014 年国有企业与民营企业规模得到国企权重估算为 0.54，民企权重估算为 0.46，数据来源于《中国统计年鉴 2015》。
② 根据国有企业与民营企业的存活率的加权计算，权重以 2014 年国有企业与民营企业规模得到国企权重估算为 0.54，民企权重估算为 0.46，数据来源于《中国统计年鉴 2015》。

第 9 章　信贷错配与商业银行脆弱性特征下的宏观效应

续表

参数变量	参数变量描述	参数数值	模型校准值来源说明
R^k	无风险利率水平	1.01	杜清源，龚六堂（2005）、宋玉华，李泽祥（2007）
p	稳态下通货膨胀率	1.025	杜清源，龚六堂（2005）、宋玉华，李泽祥（2007）
k/n	企业资本对净资产比率	1.92	杜清源，龚六堂（2005）、宋玉华，李泽祥（2007）
c/y	消费占产出比率	0.53	杜清源，龚六堂（2005）、宋玉华，李泽祥（2007）
i/y	投资占产出比率	0.28	龚六堂（2005）、李泽祥（2007）
D^d/y	信贷占产出比	0.024	朱莉莉（2011）

9.4.2　参数估计

余下的非校准参数由模型估计得到，本章采用贝叶斯估计法对 DSGE 模型进行参数估计。① 这些参数的先验分布遵循已有文献常用的分布假定，参数估计由软件 Dynare 4.3.0 根据 Metropolis-Hastings 算法模拟后验分布得到。

表 9-2 估计结果表明，ψ 估计值为 0.063，其代表金融加速器大小，即当企业融资杠杆率变动 1% 时，外部融资风险升水变动 0.063%。表 9-2 还表明货币政策通胀反应系数、货币增长反应系数、产出波动的反应系数分别为 1.985、0.718、0.541，即通货膨胀、货币增长率、产出等变量在控制其他变量不变的情况变动 1%，名义利率将变动 1.985%、0.718%、0.541%。

---

① 贝叶斯方法原理具体描述和运用参见仝冰《货币、利率与资产价格》，博士学位论文，北京大学，2000 年。

表 9–2　基于信贷错配和商业银行脆弱性条件下部分参数的贝叶斯估计结果

参数	含义	先验分布	先验均值	后验均值	置信区间	后验标准差
y	风险升水的杠杆率弹性系数	Beta (0.04, 0.01)	0.051	0.063	(0.052, 0.064)	0.05
c	资本品调整成本	Beta (0.82, 0.05)	0.82	0.889	(0.842, 0.936)	0.06
F	零售商不调整价格的概率	Beta (0.8, 0.05)	0.75	0.812	(0.748, 0.863)	0.025
f	消费和货币余额替代弹性	Beta (0.06, 0.02)	0.06	0.029	(0.023, 0.034)	0.01
Q_p	货币政策对通胀的反应系数	Normal (1.4, 0.1)	1.4	1.985	(1.413, 2.056)	0.01
Q_e	货币政策对货币增长的反应系数	Normal (0.7, 0.1)	0.7	0.718	(0.641, 0.734)	0.013
Q_y	货币政策对产出波动的反应系数	Beta (0.34, 0.2)	0.34	0.541	(0.465, 0.611)	0.013
r_A	技术冲击系数	Beta (0.85, 0.08)	0.84	0.871	(0.751, 0.881)	0.09
$r5_B$	货币需求冲击系数	Beta (0.85, 0.08)	0.84	0.426	(0.321, 0.561)	0.08
r_e	消费偏好冲击系数	Beta (0.85, 0.08)	0.84	0.884	(0.722, 0.913)	0.016
r_x	投资效率冲击系数	Beta (0.78, 0.13)	0.78	0.452	(0.321, 0.582)	0.13

9.4.3 模型检验

表 9-3 给出了不同金融市场约束条件下的三模型似然比数值，充分证明 $\chi^2(1)$ 在 5% 的临界值下，传统 DNK-DSGE 模型、信贷错配特征 DNK-DSGE 模型与信贷错配和商业银行脆弱性特征叠加的 DNK-DSGE 模型皆显著接受含金融加速器的模型，说明金融加速器效应在我国确实存在，其对我国经济产出波动将产生不可忽视的作用。表 9-3 还表明，从金融加速器的估计值来看，信贷错配和商业银行脆弱性特征叠加的 DNK-DSGE 模型金融加速器效应估值最大，说明金融加速器最为显著，表明微小外界冲击经由企业资产负债表和金融机构资产负债表双重放大或收缩，对经济周期波动产生巨大的作用；其次是传统 DNK-DSGE 模型，但其金融加速器效应要大于 Bernanke 估计的 0.05，说明我国金融市场金融摩擦要高于美国金融市场的金融摩擦；而信贷错配特征 DNK-DSGE 模型金融加速器效应估计值最小，这与余雪飞、宋清华估计结果一致，说明由于国有企业与民营企业"二元"信贷错配的存在，造成了我国整体外部融资风险升水的杠杆率弹性被低估。通过表 9-4 还可以看出，在不同模型下，货币政策相应反应系数具有和金融加速器效应类似的情况。

表 9-3　不同模型下金融加速器、似然值、似然比

参数	含义	传统 DNK-DSGE 模型	信贷错配特征的 DNK-DSGE 模型	信贷错配、商业银行脆弱性特征叠加的 DNK-DSGE 模型
y	风险升水的杠杆率弹性系数	0.057	0.0362	0.063
L	似然值	-710.93	-943.78	-659.85
D	似然比	10.52	7.97	11.62

表9–4 不同模型下参数估计值

参数	含义	传统 DNK-DSGE 模型		信贷错配特征的 DNK-DSGE 模型		信贷错配、商业银行脆弱性特征叠加的 DNK-DSGE 模型	
		后验均值	后验标准差	后验均值	后验标准差	后验均值	后验标准差
y	风险升水的杠杆率弹性系数	0.057	—	0.0362	0.01	0.063	0.04
c	资本品调整成本	0.861	0.05	0.751	0.05	0.887	0.06
F	零售商不调整价格的概率	0.806	0.012	0.742	0.012	0.812	0.02
g	消费和货币余额替代弹性	0.026	0.01	0.024	0.01	0.028	0.01
Q_p	货币政策对通胀的反应系数	1.6629	0.01	1.5458	0.01	1.985	0.01
Q_m	货币政策对货币增长的反应系数	0.707	0.013	0.701	0.013	0.718	0.013
Q_y	货币政策对产出波动的反应系数	0.394	0.013	0.391	0.013	0.541	0.013
r_A	技术冲击系数	0.859	0.08	0.821	0.08	0.871	0.09
r_B	货币需求冲击系数	0.408	0.08	0.376	0.08	0.425	0.08
r_e	消费偏好冲击系数	0.873	0.015	0.854	0.015	0.883	0.016
r_x	投资效率冲击系数	0.438	0.13	0.324	0.13	0.451	0.13

9.5 模拟结果及分析

通过对传统 DNK-DSGE 模型的扩展，以金融加速器效应估计值、外部冲击（技术冲击、货币政策冲击、货币需求冲击、投资效率冲击等）对经济变量（总产出、通货膨胀率）的脉冲响应变化路径来

/ 第9章 信贷错配与商业银行脆弱性特征下的宏观效应 /

回答上文提出的三个问题。

问题一：信贷错配和商业银行脆弱性特征叠加的金融加速器效应显著性是否存在明显差异？

从表9-3可以看到，由于我国金融市场的不完美，金融摩擦的存在，金融加速器效应在我国确实存在。同时随着金融市场约束条件的不同，金融加速器效应的显著性存在明显差异性。信贷错配和商业银行脆弱性特征叠加的DNK-DSGE模型金融加速器效应估计值最大，而信贷错配DNK-DSGE模型金融加速器效应估计值最小，传统DNK-DSGE模型金融加速器效应估计值介于二者之间。由于放松了"完美银行"假设，银行不再是无资产约束的"完美"个体，外界微小冲击通过企业资产负债表和银行资产负债表双重扩大（收缩）机制，使得金融加速器效应更加显著，但是又由于我国典型的国有企业与民营企业"二元"信贷错配的存在，造成了我国整体外部融资风险升水的杠杆率弹性被低估，对金融加速器效应又具有一定的冲抵效应。

问题二：信贷错配和商业银行脆弱性特征叠加的外部冲击影响程度是否存在显著差异？

从技术冲击和货币需求冲击看（见图9-1），信贷错配特征DNK-DSGE模型下的技术冲击和货币需求冲击对经济变量（总产出和通货膨胀）的影响均小于传统DNK-DSGE模型，说明信贷错配特征下金融加速器被低估，主要原因可能在于信贷错配降低了金融资源配置效率，扭曲了价格信号，一定程度上抑制了产出和通货膨胀变动弹性。但是信贷错配和商业银行脆弱性特征叠加的DNK-DSGE模型下的技术冲击和货币需求冲击对经济变量（总产出和通货膨胀）的影响均大于传统DNK-DSGE模型，说明考虑金融机构资本约束条件后，外部冲击经由企业和金融机构双重资产负债表的放大机制，金融加速器明显扩大；在投资效率冲击方面，三模型下冲击效果没有明显差异，但是信贷错配和商业银行脆弱性特征叠加 DNK-DSGE 模型下的金融加速器效应持续时间更长；在货币政策方面，三种模型下货币政策调控效果存在显著差异。具体而言，信贷错配和商业银行脆弱性特征叠加 DNK-DSGE 模型下货币政策对调控通货膨胀效果最好，对调控总产出效果欠佳；信贷错配特征 DNK-DSGE 模型下的货币政策对调控通货膨胀效果次之，对调控总产出效果最差；而传统 DNK-DSGE 模型下的货币政策对调控通货膨胀效果最差，对调控总产出效果最好，这与我国现实情况相符。这表明当下我国货币政策调控有利于稳定通货膨胀，对于促进经济的平稳增长效果不明显。

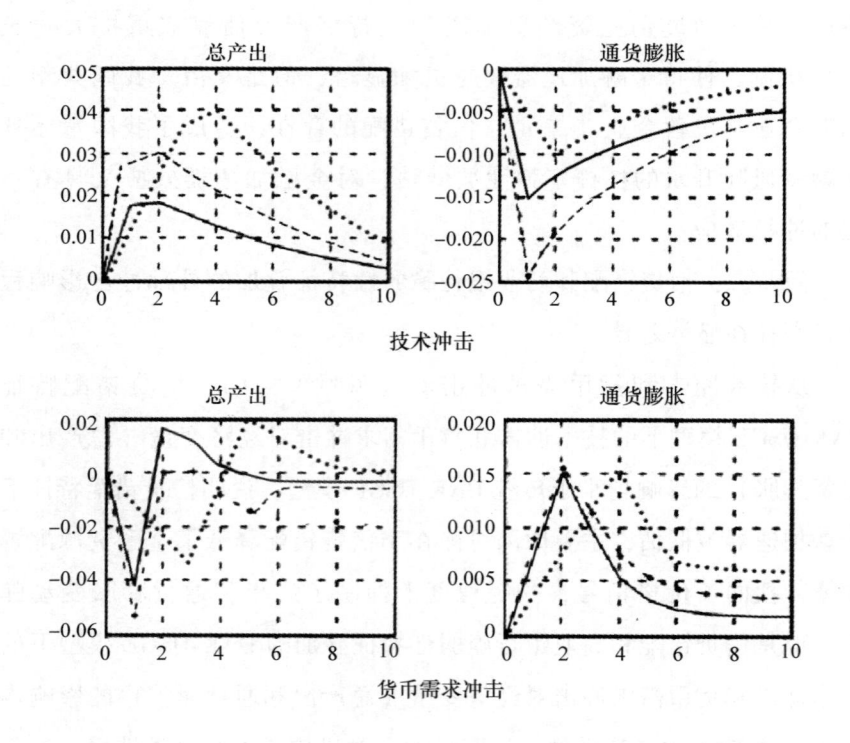

技术冲击

货币需求冲击

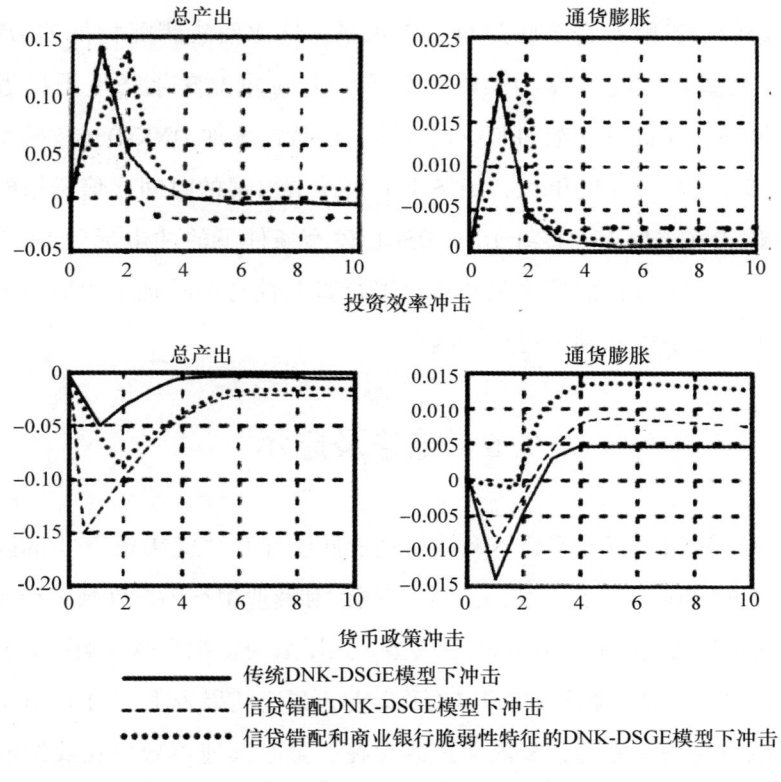

第9章 信贷错配与商业银行脆弱性特征下的宏观效应

图9-1 产出与通货膨胀对各种冲击的脉冲响应

问题三：信贷错配和商业银行脆弱性特征叠加的经济冲击具有怎样的传递性和持续性？

从脉冲响应冲击路径来看①（见图9-1）：在信贷错配和商业银行脆弱性特征叠加 DNK-DSGE 模型下的经济冲击的传递性和持续性最强，信贷错配特征 DNK-DSGE 模型下的经济冲击的传递性和持续性最弱。通过比较发现，在信贷错配和商业银行脆弱性特征叠加的 DNK-

---

① 本书的脉冲响应时间设定期限是 30 期，这里只截取了前 10 期，由于是季度数据，10 期的时间相当于 2.5 年，一般来说，10 期之后的新信息会影响结论的可靠性。

DSGE 模型下，经济在受到冲击达到峰值后会出现反转，逐渐消化冲击对经济的影响，直至回归至正常水平，这比信贷错配特征的 DNK-DSGE 模型和传统 DNK-DSGE 模型条件下的冲击变化路径更接近现实。另外，在信贷错配和商业银行脆弱性特征叠加 DNK-DSGE 模型下的经济冲击响应时间更长，经济中最大冲击出现的时间比信贷错配特征 DNK-DSGE 模型和传统 DNK-DSGE 模型条件下的冲击延后 1—2 个季度，这意味着在信贷错配和商业银行脆弱性特征叠加的 DNK-DSGE 模型下，经济中的冲击更具持续性。

9.6 结论及启示

基于我国经济现实，本章放松企业同质性和"完美银行"的隐含假设，将国有、民营的"二元"信贷错配和商业银行脆弱性特征引入带有金融加速器效应的 DNK-DSGE 模型，运用数值模拟及脉冲响应分析来考察我国的金融加速器效应及其变化趋势。研究结果表明：（1）由于我国金融市场的不完美，金融摩擦的存在，金融加速器效应在我国确实存在。同时随着金融市场约束条件的不同，金融加速器效应的显著性存在明显差异性。由于放松了"完美银行"假设，银行不再是无资产约束的"完美"个体，外界微小冲击通过企业资产负债表和银行资产负债表双重扩大（收缩）机制，使得金融加速器效应更加显著，但是又由于我国典型的国有企业与民营企业"二元"信贷错配的存在，造成了我国整体外部融资风险升水的杠杆率弹性被低估，对金融加速器效应又具有一定的冲抵效应。（2）信贷错配和商业银行脆弱性特征叠加 DNK-DSGE 模型下的外部冲击影响程度存在差异，尤其是货币政策调控效果存在显著差异，信贷错配和商业银行脆弱性特征叠加 DNK-DSGE 模型下货币政策对调控通货膨胀效果最好，对调控总产出效果欠佳。(3) 信贷错配和商业银行脆弱性特征叠加的 DNK-DSGE 模型下，经济冲击具有传递性和持续性，并且这种持续性会延长 1—2 个季度。

研究的相应启示包括：(1) 理论启示：金融市场约束条件对金融加速器效应特征有显著影响，不同约束条件下，金融加速器效应及对不同冲击的影响路径和程度呈现显著差异，今后进行金融加速器效应及经济周期波动研究时，应充分考虑金融市场结构和约束条件假设的可能影响，以提高研究结论的严谨性和稳健性。(2) 政策启示：由于信贷错配降低了金融资源配置效率，扭曲了价格信号，导致金融加速器效应被低估，一定程度上抑制了产出和通货膨胀变动弹性，使得宏观调控效果大打折扣，因此亟须改革当前国企和民企融资地位不平等现象，创造公平竞争融资环境，提高金融资源配置效率，确保国有和民营企业同等的融资地位刻不容缓。一方面应要大力扶持民间金融的发展，加大金融业的竞争；另一方面要不断打破国有企业垄断地位；同时由于商业银行脆弱性会增大金融加速器效应，使得微小外界冲击导致更大经济波动，因此政府要加大对商业银行监管，提高商业银行抵御风险的能力，确保商业银行稳健持续健康经营。

本章的研究也存在一定的不足：由于分析是在封闭条件下进行的，没有考察冲击经济变量的国际因素，如国外汇率、国外通货膨胀等，这与当前我国开放的经济大环境不相符，需要未来进一步研究。

附录　DNK-DSGE 模型各部门具体描述

(1) 家庭部门

经济中存在着大量的世代交叠家庭，每个家庭通过选择消费 c_t、实际货币余额 M_t/p_t、闲暇 $1-h_t$ 来满足自身的效用，其效用函数表示为：

$$U_0 = E_0 \sum \beta^t u(c_t, M_t/p_t, h_t) \quad (1)$$

$$u(\cdot) = \frac{ge_t}{g-1}\log\left[c_t^{\frac{g-1}{g}} + b_t^{1/g}\left(\frac{M_t}{p_t}\right)^{\frac{g-1}{g}}\right] + \eta\log(1-h_t) \quad (2)$$

其中，$b \in (0, 1)$ 表示跨期贴现因子，g 为消费和实际货币余额之间的替代弹性，h 为闲暇的权重，e_t 为消费偏好冲击，b_t 为货币需求冲击，所有冲击服从 $AR(1)$ 过程。

假设家庭在 t 期拥有现金 M_{t-1}、拥有名义利率为 R_{t-1} 的银行存款 D_{t-1}，通过出售劳动获得名义工资 $W_t h_t$，并从政府获得转移支付 T_t，分享企业红利 W_t，在此收入约束下进行消费 $p_t c_t$、向银行存款 D_t 以及对货币余额 M_t 进行分配，其约束条件满足：

$$(M_{t-1} + D_{t-1}R_{t-1} + W_t h_t + T_t + W_t) \geq (p_t c_t + D_t + M_t) \quad (3)$$

由此可以得到家庭期望效用最大化转移方程，见正文（9-10）、（9-11）、（9-12）、（9-13）

（2）生产企业部门

假设经济中包含两类生产技术无差异、具有风险中性的企业（家）j（$j=1$ 表示国有企业，$j=2$ 表示民营企业，下同）. 其生产函数满足规模收益不变的 $C-D$ 函数。各企业在 t 期投入资本 k_t 和劳动力 h_t，则产出分别表示为：

$$y_t^1 = (k_t^1)^\alpha (A_t^1 h_t^1)^{1-\alpha} \quad \alpha \in (0, 1) \quad (4)$$

$$y_t^2 = (k_t^2)^\alpha (A_t^2 h_t^2)^{1-\alpha} \quad \alpha \in (0, 1) \quad (5)$$

由于假设企业生产函数满足规模收益不变，则加总的产出表示为：

$$y_t = (k_t^1)^\alpha (A_t^1 h_t^1)^{1-\alpha} + y_t^2 (k_t^2)^\alpha (A_t^2 h_t^2)^{1-\alpha} \quad (6)$$

其中 α 与 $1-\alpha$ 分别表示资本与劳动力的权重，A_t^j 为技术冲击，服从 $AR(1)$ 过程。企业在完全竞争市场上根据边际成本定价 ξ_t 并出

售产品 y_t^j 通过选择资本 k_t^j 和劳动力 h_t^j 来最大化其利润的一阶最优对数化形式为：

$$\hat{z}_t = \hat{y}_t + \hat{\xi}_t^h - \hat{k}_t \tag{7}$$

$$\hat{w}_t = \hat{y}_t + \hat{\xi}_t^h - \hat{h}_t \tag{8}$$

式（7）、（8）即为正文的（9-14）、（9-15）

其中，z_t 表示资本边际产出、w_t 表示劳动边际产出。企业 j 在 t 时期末通过向银行借入资金 B_{t+1}^j 和自有资金 N_{t+1}^j，以市场价格 q_t 购买 K_{t+1}^j 单位资本供 $t+1$ 时期使用。企业对资金的需求取决于企业平均投资期望回报率 Er_{t+1}^k 与期望边际外部融资成本 Ef_{t+1}^j 的比较。当达到无套利均衡时，两者应该等于借款的实际利率。企业平均投资期望回报率 Er_{t+1}^k 为：

$$Er_{t+1}^k = E\left[\frac{z_{t+1} + (1-\delta) q_{t+1}}{q_t}\right]$$

其中 δ 为资本折旧，$(1-\delta) q_{t+1}$ 为企业投资资本利得。

根据 BGG 模型可知，企业外源性融资风险升水应该正相关于企业外部融资额与其净资产的比例。在信息不对称条件下，企业边际外部融资成本等于外部融资风险升水加市场无风险实际利率。在我国，鉴于国有企业与民营企业不同身份"待遇"的差别，商业银行对国有企业与民营企业的融资存在歧视，因此在同样的杠杆水平下，商业银行会对这两类企业确定不同的利率水平，则企业的期望边际外部融资成本 Ef_{t+1}^j 为：

$$Ef_{t+1}^j = E_t\left[\left(\frac{q_t k_{t+1}^j}{n_{t+1}^j}\right)^{\psi^j}\left(\frac{r_t}{\pi_{t+1}}\right)\right] \tag{9}$$

假设企业融资需求正相关于企业规模，则企业融资总需求为国有企业融资需求与民营企业融资需求的加权平均，则企业总的期望边际外部融资成本 Ef_{t+1} 为：

$$Ef_{t+1} = \frac{f_{t+1}^1}{f_{t+1}} E_t \left[\left(\frac{q_t k_{t+1}^1}{n_{t+1}^1} \right)^{\psi^1} \frac{r_t}{\pi_{t+1}} \right] + \frac{f_{t+1}^2}{f_{t+1}} E_t \left[\left(\frac{q_t k_{t+1}^2}{n_{t+1}^2} \right)^{\psi^2} \frac{r_t}{\pi_{t+1}} \right] \quad (10)$$

令：$S(\ ) = \left(\frac{q_t k_{t+1}^j}{n_{t+1}^j} \right)^{\psi^j}$，$\psi^j = \frac{S'(\ )}{S(\ )} \frac{q_t k_{t+1}^j}{n_{t+1}^j}$

对上述式子进行一阶对数线性优化，得到：

$$\hat{f}_{t+1} = (\hat{R}_t - \hat{\pi}_{t+1}) + \frac{f^1 \psi^1 + f^2 \psi^2}{f} (\hat{q}_t + \hat{k}_{t+1} - \hat{\pi}_{t+1}) \quad (11)$$

令：$\psi = \frac{f^1 \psi^1 + f^2 \psi^2}{f}$

式（11）可得：

$$\hat{f}_{t+1} = (\hat{R}_t - \hat{\pi}_{t+1}) + \psi(\hat{q}_t + \hat{k}_{t+1} - \hat{\pi}_{t+1}) \quad (12)$$

式（12）即为正文的（9-16）

其中，$E\left(\frac{r_t}{\pi_{t+1}}\right)$ 代表期望实际利率，$S(\ )$ 表示外部融资风险升水，$\frac{f_{t+1}^1}{f_{t+1}}$ 为国有企业资产占比，$\frac{f_{t+1}^2}{f_{t+1}}$ 为民营企业资产占比，ψ^1 为国有企业外部融资风险升水杠杆率弹性，ψ^2 为民营企业外部融资风险升水杠杆率弹性。

同时考虑企业在完全竞争市场上存在优胜劣汰，企业存活概率为 ν，市场上有允许新老企业交替退出与进入，则企业的期望净值为：

$$E_t n_{t+1}^j = w_t^j + (1-\nu) g_t^j \quad (13)$$

$$v_t^j = f_t^j q_{t-1} k_t - E_{t-1} f_t^j (q_{t-1} k_t - n_t) \quad (14)$$

将式（14）代入式（13）加总，可得对数线性化表达式：

$$\frac{\hat{n}_{t+1}}{vf} = \frac{k}{n} \hat{f}_t - \left(\frac{k}{n} - 1\right)(\hat{R}_{t-1} - \hat{\pi}_t) - \psi\left(\frac{k}{n} - 1\right)(k_t + \hat{q}_{t-1}) +$$

$$\psi\left(\frac{k}{n} - 1\right) + 1\right] \hat{n}_t + \left(\frac{k}{n} - 1\right)(\hat{\varepsilon}_{t+1} - \hat{\varepsilon}_t)$$

$$(15)$$

式（15）即为正文（9-17）

其中，v_t^i 为存活企业的价值，等于 t 期收益减去借款成本，g_t^j 表示破产企业的残值.

（3）零售企业

零售商先到完全竞争市场上从生产企业处购买产品，然后把产品拿到垄断竞争市场上进行销售。假设购买成本等于生产企业的边际成本，销售价格会根据市场调价信号及时更新。借鉴 Calvo（1983）、Yun（1996）对价格粘性的设定，设零售商 j 收到调价信号的概率为 $1-\Phi$，在 t 期零售商收到调价信号，将根据通货膨胀的稳态值 π 来调整其价格，并在 $t+1$ 期内保持价格不变，假定零售商将价格调整至 $\hat{p}(j)$ 以最大化其期望收益率，参见 Gali & Gertler（1999），由零售商最优问题推导出价格调整方程为：

$$\hat{\pi}_t = \beta E_t \hat{\pi}_{t+1} + \frac{(1-\beta\varphi)(1-\varphi)}{\varphi}\hat{\xi}_t \tag{16}$$

式（16）即为正文（9-18）

（4）资本品部门

资本品部门从零售商购买部分最终产品 i_t 以生产有效投资品 $x_t i_t$，x_t 为边际投资效率冲击，服从 AR（1）过程. 有效投资品 $x_t i_t$ 加上现有资本存量 $(1-\delta)k_t$ 形成新的资本存量 k_{t+1}，其对数线性化形式为：

$$\hat{k}_{t+1} = \delta\hat{i}_t + \delta\hat{x}_t + (1-\delta)\hat{k}_t \tag{17}$$

式（17）即为正文的（9-19）

假设资本品部门面临资本调整成本为 $\chi(i_t/k_t-\delta)^2 k_t/2$，其通过选择 i_t 以最大化其利润：

$$\max E_t [q_t x_t i_t - \chi(i_t/k_t-\delta)^2 k_t/2] \tag{18}$$

其中，q_t 为资本品价格，在不存在资本成本调整时，$q=1$，其一阶最优条件的对数线性为：

$$\hat{q}_t = \chi(\hat{i}_t - \hat{k}_t) - \hat{x}_t \tag{19}$$

式（19）即为正文（9-20）。

（5）中央银行

在货币政策方面，国内很多文献以泰勒规则作为我国货币政策规则的一个近似，如崔光灿（2006），许伟和陈斌开（2009）、王立勇（2012）等，本章参考 Ireland（2003）假设货币当局根据通货膨胀率 π_t、产出 y_t、货币增长率 $\hat{e}_t$ 对其稳态值的偏离程度来调整名义利率 R_t，货币政策规则的对数线性化形式为：

$$\hat{R}_t = Q_\pi \hat{\pi}_t + Q_e \hat{e}_t + Q_y \hat{y}_t + Q_\varepsilon \hat{\varepsilon}_t + \varepsilon_{Rt} \tag{20}$$

其中，ε_{Rt} 为货币政策冲击，服从均值为 0，标准差为 δ_R 的正态分布。

（6）商业银行（见本章第 2 节内容）

第10章　商业银行脆弱性与货币政策新框架选择*

10.1　引言

金融水平彰显着一个国家的竞争力，完善金融监管体系，增强金融监管能力，防范系统性金融风险发生，是习近平总书记对全国金融工作的根本要求。回顾历次金融危机的发生，不难发现，金融危机总是与资产价格大幅波动如影随形。作为银行抵押物资产价格的暴跌，会加速抵押物资产的减价出售，随着抛售资产数量增加，减价出售的风险传染力度不断增大，极易引发金融脆弱性。① 资产价格下跌，会导致银行资本金的收缩，由此引发的信用紧缩、债务结构破坏等连锁效应会大大增加金融体系脆弱性概率，银行系统性风险主要来源于资产价格暴跌引发的资产减价出售风险。金融脆弱性的重要诱因来自资产价格波动，资本市场过度的融资融券等杠杠率加大与搭便车行为容

---

* 本章节部分内容发表于《金融理论与实践》2019年第1期。

① 关于金融脆弱性的界定，理论上至今还没有给出一个明确的界定。已有的理论大多从金融脆弱性产生的原因来分析，对其具体概念阐述较少。根据 Minsky、Hyman P. (1995)、黄老金 (2001) 等文献，可以将金融脆弱性界定为：金融业固有的高负债经营特征使金融业容易受到监管的疏漏、道德风险、经济周期波动、国内外经济环境变化的冲击，进而导致金融危机、债务危机、企业破产、物价飞涨或通货紧缩、失业等的一种状态。

易积累系统性金融风险，虽然高杠杆率会使银行获得超额的信贷收益，但同时也催发了资产价格泡沫的不断膨胀，一旦泡沫破灭，必然导致投资者违约率的上升。现有研究表明，房地产价格波动与商业银行脆弱性之间存在明显的正反馈机制，房地产风险以银行信贷方式从金融机构负债端进行风险传导，这种风险传导具有明显的结构性突变影响，使得银行系统性风险也具有非线性加速恶化的特征。跨境资本流动也容易引发金融脆弱性，境外热钱流动通过影响我国外汇占款，对冲了我国货币政策逆周期调节效果，加剧了金融市场的顺周期性。在资本自由流动与汇率制度之间进行宏观政策搭配选择，能显著增强货币政策维持金融市场整体稳定的效果。因此必须从宏观政策视角来审视金融稳定，在宏观审慎框架下，我国商业银行系统性风险呈现共振性、累积性特征，我国商业银行系统性风险具有外生性和顺周期性特点，由于金融脆弱性的内生性，现行的货币政策应该义不容辞地将金融稳定纳入其目标函数，以便更好地发挥货币政策维护整个金融体系稳定的关键作用。无论是数量型政策工具或是价格型政策工具，货币政策具有明显的非中性，不同商业周期下的货币政策对系统性金融风险的作用效果具有非对称性，从紧的货币政策对系统性金融风险的防范作用明显强于宽松的货币政策的促进作用。

　　当前由于中美贸易战的持续影响以及国际金融后危机还未完全消退，使得我国正处于"三期叠加"关键时期经济变得更加不稳定，金融领域更是由于资金的脱实向虚和监管套利等原因，使得我国金融体系积累了过多的系统性风险，中央领导同志在多个场合以及中央政治局会议多次以"底线"思维来强调金融稳定的重要性，关注金融周期应该成为构建货币政策新框架的应有之意。同时现有的微观审慎监管体系已经不能有效防范和降低系统性金融风险，建立和完善有效的宏观审慎监管体系势在必行。当前，国际社会和主要经济体已经在宏观

/ 第10章 商业银行脆弱性与货币政策新框架选择 /

审慎监管体系理论创新与监管实践中基本达成共识，并采取了切实的举措。2010年国际清算银行（BIS）的银行业条例和监督委员会的常设机构巴塞尔委员会修订了巴塞尔协议Ⅲ，巴塞尔协议Ⅲ根据金融危机所暴露出来的问题增加了强化了资本充足率监管标准、建立了一套针对银行流动性的监管框架、加强对具有系统性影响的大型银行的监管等三方面的内容。这次修订标志着以维护金融稳定为目标、自上而下、逆周期的宏观审慎政策的提出，并成为与货币政策、财政政策平行的三大宏观调控政策之一。

以"逆周期调控"为根本遵循的货币政策与宏观审慎政策的有效搭配近年来相继获得了学界的肯定，大量文献表明货币政策与宏观审慎政策之间具有很强的互补性，单一运用宏观审慎政策并不能维护金融稳定，只有货币政策与宏观审慎政策协调搭配、统筹推进才能实现这一目标。货币政策虽然是逆周期调控，但在实施过程中也给金融体系带来顺周期性的困扰，容易产生资产价格泡沫进而积累系统性金融风险，宏观审慎政策监管可以有效避免金融市场的顺周期性，能够确保货币政策有效实施的前提下实现金融稳定，顺利实现物价稳定和金融稳定和谐统一。并且当宏观经济波动的扰动源来自于金融因素冲击时，实行宏观审慎政策调控效果明显，此时货币政策与宏观审慎政策的深度融合，可以显著改善宏观经济运行的稳定性。不容否认，宏观审慎政策与货币政策在实施过程中也会存在一定的目标重叠，因此如何协调两大政策之间的操作以及采取何种合作模式将是宏观决策部门未来需要重点关注的议题。近年来我国政府高度关注全球宏观审慎政策的动态，将"构建逆周期的宏观审慎制度框架"纳入"十二五"规划，早在2011年中央人民银行就引入了差别准备金动态调整机制，2015年中央人民银行将其升级为金融宏观审慎评估体系（MPA）。中国人民银行在2016年第四季度的货币政策执行报告中明确表示将构建宏观审慎政策框架（MPA）来防范系统性金融风险。党的十九大更是提出了要健全货币政策和宏观审慎政策"双支柱"调控框架来确保我国经济体系平稳高质量运行。

通过文献回顾系统地梳理了货币政策与系统性金融风险之间的关系，现有文献已经充分注意到了资产价格波动引发的债务风险容易触发金融脆弱性的内在逻辑关系，现有的货币政策框架顺周期的调控方式已经不能确保金融体系的稳定。但是对于货币政策应该如何关注金融稳定以及如何检验货币政策关注金融稳定后的调控效果，现有文献还没有从理论与实证给予充分的解释。鉴于此，本章从金融脆弱性的视角，重新审视当前我国货币政策框架体系，从理论与实证层面不断丰富和完善当前货币政策框架，增强我国金融领域宏观调控水平与能力，更好防范"明斯基时刻"具有重要的理论与现实意义。本章的创新点在于：（1）在借鉴现有文献基础上，从理论上推导构建了一个包含金融稳定目标的货币政策新框架体系，科学分析了货币政策框架包含金融稳定目标的合理性与必要性。（2）运用宏观经济学主流分析工具动态随机一般均衡模型对理论推导进行了数值模拟检验，从静态和动态两方面验证了理论分析的科学性，使得理论逻辑具有自洽性。

10.2 理论模型构建

国际金融危机的爆发凸显了货币政策逆周期调节的不足，货币政策的有效性遇到了前所未有的质疑。在国际金融危机爆发之前，货币政策主流理论在"杰克逊．霍尔共识"（Jackson Hole Consensus）影响下，认为货币政策价格稳定与金融稳定应该分离，使得货币政策"最后贷款人"的角色没有得到很好体现。同时由于货币政策目标主要聚焦在经济增长与通货膨胀，受制于"丁伯根法则"的限制，也使

第10章 商业银行脆弱性与货币政策新框架选择

得中央银行没有更多精力与使用更多政策工具去关注金融稳定,国际金融危机之后,货币理论界出现了一国央行应该承担更多的金融稳定职责的新潮流,但是理论界仍旧没有否定"杰克逊.霍尔共识"。在当前货币政策工具依旧有限的前提下,如何让金融稳定与价格稳定一致实现,依然是当前理论界与货币当局所关切的重要议题。同时,相对于微观审慎工具的细微,货币政策工具就显得相对粗犷,因而导致其实施效果会不尽如人意。传统的货币政策目标函数表达式如下:

$$y_t = \bar{y}_t - k_y (r_t^f - r_t^*) \quad (10-1)$$

$$\pi_t = \bar{\pi}_t - k_\pi (r_t^f - r_t^*) \quad (10-2)$$

其中,$\bar{y}_t$、$\bar{\pi}_t$ 分别表示经济系统处于稳态下的产出与通胀水平;r_t^f 表示中央银行设定的基准利率水平,r^* 表示市场预期均衡利率。由于传统假设金融市场是覆盖在实体经济上的一层面纱,金融市场是"完美"的,因此 r^* 代表"完美"金融市场下的预期均衡利率。k_y,k_π 分别表示产出和通胀缺口弹性系数,且 k_y,$k_\pi > 0$。

通过对现有理论模型的扩展,构建一个包含金融稳定目标的货币政策框架体系。假定金融市场中存在一个典型的商业银行,通过构建资产组合来分散风险和实现收益最大化,其最优决策行为用效用函数来表示。假设 t 时刻典型商业银行投资风险项目的比例为 a_t,给定预期回报率为 r_t^A,可知典型商业银行投资于无风险资产的比率为 $(1-a_t)$,设定预期收益率为 r_t^f,且 $r_t^A > r_t^f$。如果典型商业银行投资失误使其损失为 γ^b,社会福利损失为 γ^s,破产概率为 a_t^2。给定贴现率水平 β,可得商业银行的最优效用函数为:

$$\max_{a_t, \forall t} U = \max_{a_t, \forall t} \left\{ \sum_{t=0}^{T} \beta^t \left[(1-a_t) r_t^f \right] + a_t r_t^A - \gamma^b a_t^2 \right\} \quad (10-3)$$

计算发现式(10-3)二阶条件小于0,表明式(10-3)存在一阶最大值,成立条件为:

$$a_t = \frac{r_t^A - r_t^f}{2\gamma^b} \qquad (10-4)$$

由式（10-4）可知，银行最优风险承担水平 a_t 与 r_t^A 呈线性正相关，与 r_t^f、γ^b 呈线性负相关。

由于金融稳定目标的纳入，中央银行需要额外将金融市场发生的系统性金融风险而造成的外部性成本计算到其目标损失函数：

$$\max_{r_t^f \geq 0, \forall t} L = \max_{r_t^f \geq 0, \forall t} \{\sum_{t=0}^{T} \beta^t [(1-\lambda^f)(y_t - \bar{y}_t)^2 + (\pi_t - \bar{\pi}_t)^2] + \lambda^f \gamma^s a_t^2\} \qquad (10-5)$$

其中，β 表示贴现率；λ^f 表示金融稳定目标在货币政策框架中的权重，$0 < \lambda^f < 1$，λ^f 值越大，表示中央银行越偏好金融稳定；$\gamma^s a_t^2$ 表示系统性金融风险发生时社会福利损失。

将式（10-1）、（10-2）、（10-4）代入式（10-5），可得：

$$\max_{r_t^f \geq 0, \forall t} L = \max_{r_t^f \geq 0, \forall t} \{\sum_{t=0}^{T} \beta^t [(1-\lambda^f) k_y^2 (r_t^f - r_t^*)^2 + k_\pi^2 (r_t^f - r_t^*)^2] + \lambda^f \gamma^s \left(\frac{r_t^A - r_t^f}{2\gamma^b}\right)^2\} \qquad (10-6)$$

根据最优算法，可得：

$$r_t^f = \frac{A r_t^* + B r_t^A}{A + B} = r_t^* + \frac{+B(r_t^A - r_t^*)}{A+B} \qquad (10-7)$$

其中：$A = 2(1-\lambda)(k_y^2 + k_\pi^2)$，$B = \frac{\lambda \gamma^s}{2(\gamma^b)^2}$

由式（10-7）可知：(1) 未考虑金融稳定目标时，$\lambda^f = 0$，$r_t^f = r_t^*$，央行设定的最优利率保持在 r_t^*；(2) 增加金融稳定目标时，由于 $r_t^A > r_t^*$，$A > 0$，$B > 0$，央行设定的最优利率水平为 $r_t^f > r_t^*$。通过对比可知，央行设定的最优利率水平在增加金融稳定目标后明显高于未考虑金融稳定目标下的水平。于是得出引理1。

引理1：货币政策新框架体系应包含金融稳定目标。

如果央行不按照金融稳定目标规则来（$r_t^f = r_t^*$）行事，此时的商业银行风险承担水平为 $a_t^0 = \dfrac{r_t^A - r_t^*}{2\gamma^b}$，反之，那么商业银行风险承担水平为 $a_t^* = \dfrac{r_t^A - r_t^f}{2\gamma^b}$。由于 $r_t^A > r_t^*$，故 $a_t^* < a_t^0$，于是得到引理2。

引理2：货币政策新框架体系包含金融稳定目标后有助于降低金融脆弱性。

接下来进行比较静态分析：

① $\dfrac{\partial r_t^f}{\partial k_y} < 0$，$\dfrac{\partial r_t^f}{\partial k_\pi} < 0$，表明央行最优利率水平与产出和通胀缺口弹性负向变动。

② $\dfrac{\partial r_t^f}{\partial \gamma^s} > 0$，$\dfrac{\partial r_t^f}{\partial \gamma^b} < 0$ 表明央行最优利率水平与社会福利损失正向变动，与银行损失成本负向变动。

③ $\dfrac{\partial r_t^f}{\partial (r_t^A - r^*)} > 0$，表明央行最优利率水平与市场风险溢价水平（$r_t^A - r^*$）正向变动。

④ $\dfrac{\partial r_t^f}{\partial \lambda^f} > 0$，表明央行最优利率水平与央行对金融稳定目标的偏好成都正向变动。

根据上述静态分析，得出引理3。

引理3：货币政策新框架体系包含金融稳定目标后可以避免最优利率水平被系统性低估。

通过理论模型构建得知，如果货币政策新框架体系未纳入金融稳定目标，将导致央行设定的最优利率被系统性地低估，从而造成金融市场基准价格体系呈现整体低估的局面假象，扭曲了金融市场的真实价格。考虑金融脆弱性天生的内生性，货币政策具有义不容辞的将金融稳定纳入目标体系的义务。

10.3 基于动态随机一般均衡模型的数值模拟

10.3.1 模型描述[①]

参照现有文献的通常做法，并考虑我国跨境资本市场管制的现实情况，本章构建了封闭经济条件下的 DSGE 模型。模型简化为六个部门：居民部门、生产性企业部门、中间商、资本品部门、金融机构、货币当局。

（1）居民部门

经济中存在着大量的世代交叠居民，每个居民通过消费 c_t、拥有实际货币余额 M_t/p_t、选择闲暇 $1-h_t$ 来满足自身的效用，其效用函数表示为：

$$U_0 = E_0 \sum \beta^t u(c_t, M_t/p_t, h_t) \quad (10-8)$$

$$u(\cdot) = \frac{ge_t}{g-1}\log\left[c_t^{\frac{g-1}{g}} + b_t^{1/\gamma}\left(\frac{M_t}{p_t}\right)^{\frac{g-1}{g}}\right] + h\log(1-h_t)$$

$$(10-9)$$

其中，$b \in (0,1)$ 表示跨期贴现率，g 为消费和实际货币余额之间的替代弹性，h 为闲暇的权重，e_t 为消费偏好冲击，b_t 为货币需求冲击，所有冲击服从 AR(1) 过程。

假设居民在 t 期拥有现金 M_{t-1}、拥有名义利率为 R_{t-1} 的银行存款 D_{t-1}，通过出售劳动获得名义工资 $W_t h_t$，并从政府获得转移支付 T_t，

---

① 限于篇幅，本章只描述了各部门的目标函数与约束条件，省略了相关最优一阶条件的推导，如有需要可向作者索取。

分享企业红利 W_t，在此收入约束下进行消费 $p_t c_t$、向银行存款 D_t 以及对货币余额 M_t 进行分配，其约束条件满足：

$$(M_{t-1} + D_{t-1} R_{t-1} + W_t h_t + T_t + W_t) \geq (p_t c_t + D_t + M_t)$$

(10–10)

（2）生产性企业部门

假设经济中具有风险中性的企业（家），其生产函数满足规模收益不变的 C–D 函数。生产企业部门在 t 期通过资本 k_t 和劳动力 h_t 等生产要素的组合投入进行生产，则产出表示为：

$$y_t = (k_t)^\alpha (A_t h_t)^{1-\alpha} \quad \alpha \in (0, 1)$$

(10–11)

其中 α 与 $1-\alpha$ 分别表示资本与劳动力的权重，A_t 为技术冲击，服从 AR（1）过程。企业根据边际成本定价 ξ_t 并出售产品 y_t 来最大化其利润。

（3）中间商

中间商先到完全竞争市场上购买生产产品，后到垄断竞争市场上进行销售。假设购买成本等于生产企业的边际成本，销售价格会根据市场调价信号及时更新。通过对价格粘性的设定，中间商 j 收到调价信号的概率为 $1-\Phi$，在 t 期，中间商收到调价信号，会根据一般物价水平的稳态值 π 来调整其价格，并在 $t+1$ 期内保持价格不变，假定中间商将价格调整至 $\hat{p}(j)$ 以最大化期望收益率，参见 Gali & Gertler（1999），由中间商最优问题推导出价格调整方程为：

$$\hat{\pi}_t = \beta E_t \hat{\pi}_{t+1} + \frac{(1-\beta\varphi)(1-\varphi)}{\varphi} \hat{\xi}_t$$

(10–12)

（4）资本品部门

资本品部门从零售商购买部分最终产品 i_t 以生产有效投资品 $x_t i_t$，x_t 为边际投资效率冲击，服从 AR（1）过程。新的资本存量 k_{t+1} 由现有资本存量 $(1-\delta) k_t$ 加上有效投资品 $x_t i_t$ 形成，其对数线性化形式为：

$$\hat{k}_{t+1} = \delta \hat{i}_t + \delta \hat{x}_t + (1-\delta)\hat{k}_t \quad (10-13)$$

假设资本调整成本为 $\chi(i_t/k_t - \delta)^2 k_t/2$，资本品部门通过选择 i_t 以最大化其利润：

$$\max E_t [q_t x_t i_t - \chi(i_t/k_t - \delta)^2 k_t/2] \quad (10-14)$$

其中，q_t 为资本品价格。

（5）金融机构

由于商业银行主要业务是存贷款业务，银行部门利润表示为：

$$B_t^B = [1 + R_{t-1}^B - \tau_{npl}^B l_{t-1}^B] l_{t-1}^B - l_t^B + (1 - \tau_d^B D_t) D_t - $$
$$(1 + R_{t-1}) D_{t-1} + \Delta N_t - rrr\Delta D_t + $$
$$\vartheta n_{t-1} \left(\frac{\vartheta_{t-1}}{R_{t-1} + rrrD_{t-1}} \right)$$

$$(10-15)$$

其中，l_t^B 为商业银行发放贷款额度，D_t 为商业银行吸收存款额度，rrr 为央行设定法定存款准备金率，N_t 为商业银行自有资本金，R_t^B 为商业银行设定贷款利率，R_t 为商业银行在央行基准利率基础上设定的存款利率，τ_{npl}^B 为放贷管理成本系数，$\tau_D^B > 0$ 为存款管理成本系数，car 为资本充足率水平，ϑ 为银行实际资本充足率 $\frac{n_{t-1}}{R_{t-1} + rrrD_t}$ 低于 car 时所受处罚程度的系数。银行面临着资产负债表约束：

$$l_t^B + rrrD_t = D_t + N_t \quad (10-16)$$

（6）货币当局

央行考虑了金融稳定的货币政策，其目标损失函数由上式（10-5）直接给出。

（7）随机冲击与均衡条件

本章模拟两种外部冲击，供给端的技术冲击 e_{At} 和需求端的投资效率冲击 e_{xt}。表达式如下：

技术冲击： $A_t = r_A A_{t-1} + e_{At}$ （10 – 17）

投资效率冲击： $x_t = \rho_x x_{t-1} + \varepsilon_{xt}$ （10 – 18）

模型的均衡条件有：

产品市场： $f(K_t, h_t) = c_t + i_t$ （10 – 19）

信贷市场： $l_t^c = l_t^B = l_t$ （10 – 20）

资产市场： $D_t^h = D_t^B = D_t$ （10 – 21）

劳动力市场： $\dfrac{\mu c_t}{1-h_t} = \dfrac{(1-\alpha) Y_t}{h_t}$ （10 – 22）

10.3.2 参数估计

部分非估计参数参照国内外现有文献直接给出或自行计算估计（见表 10 – 1）。

表 10 – 1　　　　　　　　校准参数值

参数变量	参数变量描述	参数数值	模型校准值来源说明
b	贴现因子	0.98	Iacoviello（2005、2010）、
a	产出中资本所占份额	0.0.35	仝冰（2010）
d	资本折旧率	0.025	Iacoviello（2005、2010）
h	效用函数闲暇的权重	1.315	Hafstead & Smith（2012）
q	中间产品的替代弹性	6	Bernake（1999）、Gertler et al（2003）
b	货币需求冲击常量	0.92	刘斌（2008）
rrr	存款准备金率	0.195	银监会网站
ccr	资本充足率要求	0.11	银监会网站
τ_{npl}^B	银行放贷成本	0.03	自行计算估计
τ_d^B	银行存款管理成本	0.0001	自行计算估计
ϑ	偏离资本充足率要求的成本系数	0.5	胡志鹏（2014）
k/n	企业资本对净资产比率	1.92	宋玉华，李泽祥（2007）

续表

参数变量	参数变量描述	参数数值	模型校准值来源说明
c/y	消费占产出比率	0.53	宋玉华、李泽祥（2007）
i/y	投资占产出比率	0.28	龚六堂（2005）、李泽祥（2007）

余下的非校准参数本文遵循现有文献的做法，采用贝叶斯估计法估计得到[①]。这些参数的先验分布依据现有文献直接给出，参数估计根据蒙特卡罗—豪斯特算法并借助 Dynare 4.3.0 软件实现得到（见表10-2）。

表10-2　　　　　　　　部分参数的贝叶斯估计结果

参数	含义	先验分布	先验均值	后验均值	置信区间	后验标准差
c	资本品调整成本系数	Beta (0.81, 0.06)	0.83	0.878	(0.841, 0.935)	0.059
F	零售商保持价格的概率	Beta (0.79, 0.05)	0.76	0.814	(0.751, 0.865)	0.024
g	消费对货币余额的替代弹性	Beta (0.05, 0.02)	0.05	0.029	(0.024, 0.033)	0.012
k_p	货币政策对通胀的反馈系数	Normal (1.3, 0.1)	1.3	1.987	(1.412, 2.055)	0.012
k_y	货币政策对产出波动的反馈系数	Beta (0.33, 0.2)	0.33	0.543	(0.465, 0.612)	0.012
r_A	外生技术冲击系数	Beta (0.85, 0.075)	0.84	0.871	(0.752, 0.882)	0.099
r_x	固定投资效率冲击系数	Beta (0.79, 0.14)	0.79	0.451	(0.322, 0.583)	0.131

---

① 贝叶斯方法原理具体描述和运用参见仝冰《货币、利率与资产价格》，博士学位论文，北京大学，2000年。

10.3.3 模拟分析

(1) 模型稳态分析

在保持其他参数不变的情况下,随着货币政策框架体系中金融稳定目标权重 λ^f 的逐渐变大,产出、投资、消费稳态水平呈下降趋势,与之对应的社会资本在稳态状态下存量水平也逐渐下降,在边际收益递减作用下会显著提高投资收益率。投资收益率的提高激励企业追加投资额,刺激信贷需求。产出下降与信贷需求的叠加,会导致稳态下央行最优利率 r_t^i 不断趋于上升。因此,模拟结果表明中央银行设定的最优利率水平 r_t^i 会随中央银行对金融稳定目标权重 λ^f 偏好程度的提高(下降)而上升(下降)。(见图10-1a)进一步分析发现,在保持其他参数不变的情况下,随着商业银行坏账拨备 τ_{npl}^B 的增加,一方面商业银行信贷存量在稳态状态下逐渐趋于下降,表明坏账拨备提高后会限制商业银行资产负债表的扩张,造成商业银行信贷供给量的缩小,提升银行贷款利率水平,倒逼中央银行设定的最优利率水平的提高。另一方面银行贷款利率的提升,使得投资与产出稳水平也逐步趋于下降,产出与投资的下降降低了社会福利水平。同时由于货币信贷下降幅度大于产出下滑幅度,结果在整体上有利于降低商业银行的系统性风险。因此,模拟结果表明中央银行设定的最优利率水平 r_t^i 随着社会福利损失 γ^s 的上升(下降)而上升(下降),随着银行损失成本 γ^b 的上升(下降)而下降(上升)(见图10-1b)。

(2) 模型动态分析

参数设定除了对模型静态稳态有影响外,还会对模型的动态产生影响,即考察外部冲击时各内生变量的脉冲响应函数。下面模拟央行设定不同金融稳定目标权重下,一单位技术冲击(供给面冲击)与投资效率冲击(需求面冲击)下模型的动态调整过程。在设定央行金融

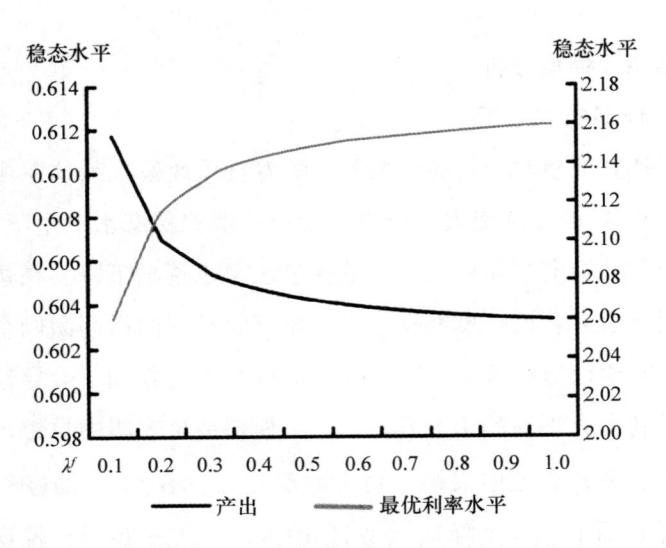

图 10-1a 金融稳定目标权重不同取值下产出与最优利率的稳态水平

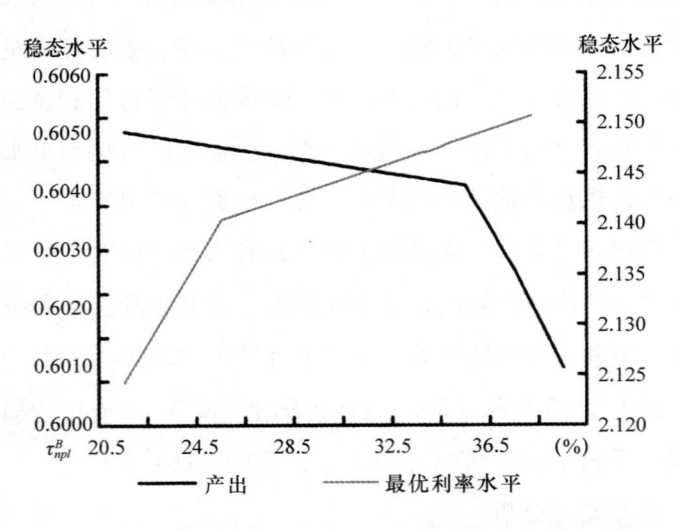

图 10-1b 商业银行坏账拨备不同取值下产出与最优利率的稳态水平

稳定权重分别为高权重与低权重两种情形下（见图 10-2），模拟发现：在技术冲击下，高权重金融稳定目标相对低权重金融稳定目标下

第10章 商业银行脆弱性与货币政策新框架选择

无论是广义货币增速还是产出增速，在初始时期二者下降速度非常迅速，随后广义货币加速反超，大约在第 4 期之后再度下滑落后；产出增速大约在第 10 期后反超并持续，说明技术冲击对产出具有长期的滞后影响。在投资效率冲击下，将金融稳定目标高权重情形与低权重情形做比较，可以发现高权重金融稳定目标相对低权重金融稳定目标下广义货币和产出增速在期初时期均加快提升，广义货币增速大约

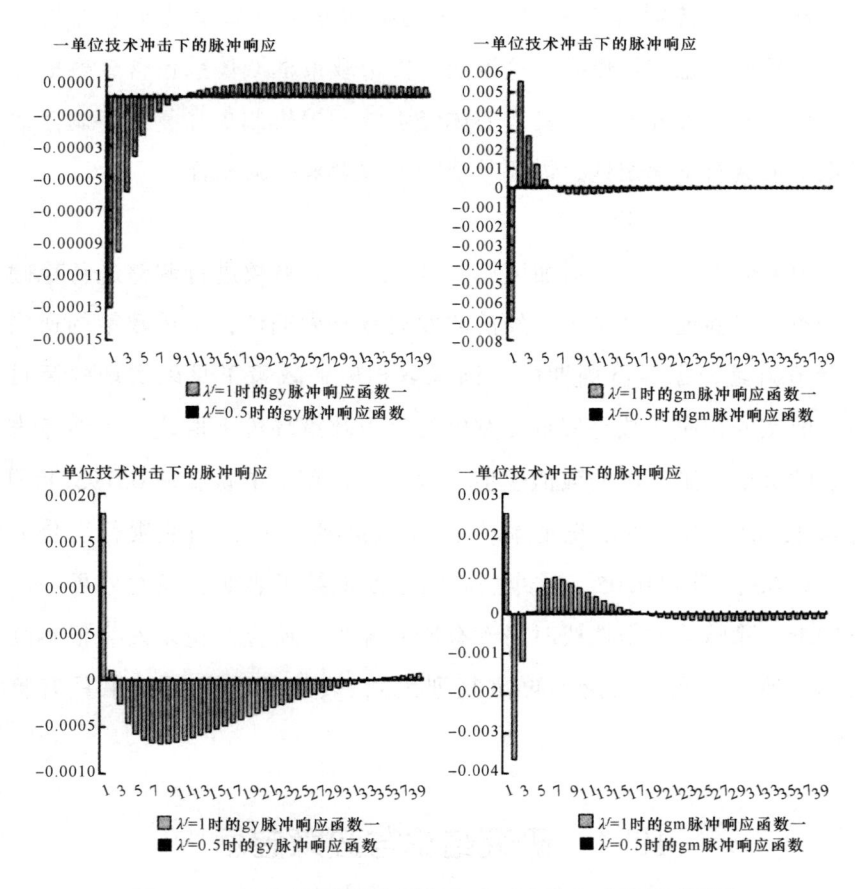

图 10 - 2　不同金融稳定目标权重下产出和广义货币增速脉冲响应函数的变化

在第 7 期之后动能显著下降，但低权重下的产出增速则在后续期限内一直高于高权重下的产出增速，表明央行为了维护金融稳定目标会牺牲部分经济发展目标，印证了货币政策之间确实存在"米德冲突"。综合分析表明，随着央行金融稳定目标权重的不断调整，产出和广义货币的脉冲冲击呈现复杂的动态变化趋势，面对同一外界冲击，初期影响与后期影响具有显著差异，同一时期面对不同类型的外界冲击结果差异明显，特别是广义货币增速的脉冲冲击结果呈现出阶段性反复，相较产出稳定性更差。这说明，货币政策框架体系包含金融稳定目标后，面对外界冲击，其对实体经济的调控机制更加复杂，调控效果也更加具有不确定性，需要其他宏观政策来协调配合。

(3) 稳健性检验

为了使得研究结论更加可靠，本章对相应参数进行调整进行稳健性分析，以验证实证结果。经济的发展具有周期性，货币政策的逆周期调节就是根据经济周期的不同采取相应的政策工具以实现政策目标。前文的相应参数是假定在宽松的货币政策环境下取值，下面考虑紧缩的货币政策环境的数值模型。假定央行存款准备金从 0.195 上调为 0.2，商业银行资本充足率从 0.11 提高到 0.13，商业银行房贷成本从 0.03 上升到 0.05。脉冲响应函数模拟结果表明，面对外界一单位冲击，除脉冲冲击造成时滞性有所差异外，研究结论未发生根本性变化（鉴于篇幅，结论不再重复列出），表明前文分析结果具有鲁棒性。

10.4 研究结论与政策启示

残酷的经济泡沫与频发的金融危机现实不断提醒货币当局，传统的以稳定实体经济为唯一目标的货币政策框架已经不合时宜。理论模

第 10 章 商业银行脆弱性与货币政策新框架选择

型推导表明当下货币当局最优的策略是应该将金融稳定目标纳入货币政策视野来考量，这样能有效避免最优利率被系统性地低估，从而发挥央行最优利率在整个市场体系中的基准价格的引导作用。同时利用动态随机一般均衡模型实证模拟表明，中央银行设定的最优利率水平 r_t^f 与中央银行对金融稳定目标权重 λ^f 偏好程度、社会福利损失 γ^s 具有正向关系、与银行损失成本 γ^b 具有反向关系，会随中央银行对金融稳定目标权重 λ^f 偏好程度的提高（下降）而上升（下降）、随社会福利损失 γ^s 的上升（下降）而上升（下降）、随银行损失成本 γ^b 的上升（下降）而下降（上升）。同时央行设定不同金融稳定目标权重后，在技术冲击下，高权重金融稳定目标相对低权重金融稳定目标下无论是广义货币增速还是产出增速，在初始时期二者下降速度非常迅速，随后广义货币加速反超，大约在第 4 期之后再度下滑落后；产出增速大约在第 10 期后反超并持续，说明技术冲击对产出具有长期的滞后影响。在投资效率冲击下，将金融稳定目标高权重情形与低权重情形做比较，可以发现高权重金融稳定目标相对低权重金融稳定目标下广义货币和产出增速在期初时期均加快提升，广义货币增速大约在第 7 期之后动能显著下降，但低权重下的产出增速则在后续期限内一直高于高权重下的产出增速，表明央行为了维护金融稳定目标会牺牲部分经济发展目标，印证了货币政策目标确实存在"米德冲突"。综合分析表明，随着央行金融稳定目标权重的不断调整，产出和广义货币的脉冲冲击呈现复杂的动态变化趋势。面对同一外界冲击，初期影响与后期影响具有显著差异；同一时期面对不同类型的外界冲击结果差异也很明显，特别是广义货币增速的脉冲冲击结果呈现出阶段性反复，相较产出稳定性更差。这说明，货币政策框架体系包含金融稳定目标后，面对外界冲击，其对实体经济的调控机制更加复杂，调控效果也更加具有不确定性，相应的政策启示如下。

(1) 建立"双稳定目标"货币政策新框架。将金融摩擦列入传统货币理论假设，拓展传统"灵活通胀目标"货币政策框架，建立包含实体经济稳定与金融稳定的"双稳定目标"政策新框架。首先强化央行执行金融稳定目标的信誉和能力，重视货币政策风险承担渠道传导机制的实施效果，降低系统性金融风险发生的概率；其次创新前瞻性指引政策工具，通过前瞻性指引等政策工具影响市场主体对未来短期利率变化路径的预期来实现长期利率调控目的，让央行最优利率保持在可控范围之内；再次充分发挥央行沟通政策工具，加强央行与市场主体的有效沟通，降低信息不对称所引发的"道德风险"与"逆向选择"，及时引导市场主体与货币政策目标形成一致的预期，同时更好引导金融机构发挥金融中介的桥梁作用，达到实现宏观调控最终目标；最后实现货币政策调控工具由数量型向价格型转变。2007年美国次债危机之后，全世界央行都实施了宽松的货币政策，出现了货币超发、流动性过剩等现象，使得货币数量的边际效应在逐步递减，数量型货币政策工具的调控效果越来越差，在这种情况下，建议灵活运用价格型货币政策工具，加快数量型政策工具向价格型政策工具转变，充分发挥央行基准利率在市场价格体系中的锚地位，完善利率走廊机制，让价格机制在资源配置过程中发挥决定性作用，进而调配流动性的投向和结构，引导流动性合理进入实体经济领域，防范资金在虚拟经济领域空转以及过度加杠杆累积系统性金融风险，切实增强货币政策调控的有效性。

(2) 构建"双支柱"宏观政策协同调控新格局。实践充分证明，只关注经济周期、以物价稳定为锚的货币政策不能完全解决金融顺周期的问题，传统的货币政策单一调控框架在纷繁的现代经济体系中显得力不从心，这就使得以金融周期为锚的宏观审慎政策有了运用的现实需求，尤其是宏观审慎监管能够显著降低系统性金融风险的功能越来越引人关注。因此要学习借鉴国外金融调控成熟经验和成功做法，金融监管部门要积极探索完善金融调控体系、增强金融调控能力与水平、健全"货币政策与宏观审慎政策"双支柱宏观政策协调调控新格局。货币政策与宏观审慎政策应充分发挥比较优势，科学定位，精准施策，让货币政策在抑制资产价格泡沫、维护金融体系整体稳定等方面发挥关键作用，增强货币政策调控的"有效性"，让具有"定向调节"功能的宏观审慎政策在局部金融失衡方面发挥特有功能，增强宏观审慎政策调控的"靶向性"。同时，在宏观政策调控过程中，由于实现目标的多样性，容易出现"米德冲突"，这就更要注意货币政策与宏观审慎监管的有效协调。监管部门注重将货币政策宏观调控的有效性与宏观审慎政策宏观调控的靶向性统一纳入同一监管框架统筹考虑，优化两大政策工具的协同性，尽量避免两大政策之间的相互打架等"政策叠加""政策超调"等问题，切实防范化解重大金融风险。

第 11 章　货币政策立场、宏观审慎管理与商业银行脆弱性*

11.1　引言

2008 年全球金融危机以后，中央银行因实施了过度宽松的货币政策而备受诟病，即长期的超低利率和宽松的流动性鼓励金融机构承担了更多风险，货币政策实际上对此轮金融危机起到了重要推动作用。近年来国内外政策当局和专家学者越来越重视货币政策立场对银行信贷快速扩张及其风险承担的影响，特别是风险承担渠道已成为实务界与学术界的关注焦点。全球金融危机在引发各界重新审视传统货币政策框架的同时，也加速了宏观审慎政策这一新兴政策领域的引入。宏观审慎政策被广泛定义为监管政策，其目标是降低系统性风险，确保金融体系在国内外各种冲击下能够继续维持稳定并有效运转。但是，宏观审慎政策的有效性依赖于跟其他政策的协调配合，特别是当货币政策与宏观审慎政策相互补充时效果会更好，其中货币政策通过风险承担渠道影响金融稳定，而宏观审慎政策则可以控制货币政策的负作用并减轻货币政策的负担。因此，新的政策范式是同时使用货币政策

---

* 本章节部分内容发表于《金融论坛》（CSSCI 期刊）2019 年第 2 期。

/ 第11章 货币政策立场、宏观审慎管理与商业银行脆弱性 /

和宏观审慎政策进行逆周期管理,即货币政策主要关注价格稳定,宏观审慎政策主要关注金融稳定(IMF,2013)。国内学者虽然对货币政策的风险承担渠道进行了检验(张雪兰和何德旭,2012;刘晓欣和王飞,2013;张强等,2013),但主要集中于货币政策操作与银行风险承担行为的一般关系,大多缺乏对货币政策立场的综合评价,且在实证研究中并没有充分认识到货币政策立场与宏观审慎管理对银行风险承担的协同作用。因此,本章的主要问题是,在对货币政策立场进行综合识别的基础上,风险承担渠道是否依然存在?宏观审慎管理的加强,是否有助于缓解货币政策立场对风险承担渠道的影响?

从风险承担渠道的经验证据看,现有研究按照数据来源特征大致可以划分为三类。一是基于宏观数据检验货币政策与整体银行风险的关系。例如:低利率会增加银行风险承担,但是在银行资本比例较低和经济处于衰退时期的情况下,这种负向效应并不明显(De Nicolo et al.,2010);宽松的货币政策虽然没有增加整个银行体系的风险承担,但是对不同银行的影响有所差异,小型国内银行承担了更多的新增风险,外资银行的新增风险得到了降低,大型国内银行的新增风险并没有发生显著改变(Buch et al.,2011);货币政策立场对银行风险承担的影响大小、特征和显著性依赖于不同的风险指标,其中利率下降会显著增加资金风险和资产风险,但是对公司部门风险的影响并不显著(Angeloni et al.,2015)。二是基于微观数据检验货币政策与单家银行风险的关系。例如:扩张性货币政策会导致银行的预期违约概率上升,规模较大的银行、流动性较差的银行和资本比例较低的银行承担了更多的风险(Altunbas et al.,2010);低利率增加了银行风险承担,且该影响对资本较充足的银行更小,对表外项目占比较高的银行更大(Delis & Kouretas,2011);宽松的货币政策增加了银行风险承担,且规模较大的银行、资本充足率较高的银行承担了更高的风险

(张强等，2013)。三是基于调查数据检验货币政策与银行信贷行为的关系。例如：低的短期利率会放松信贷标准，且该影响在经营证券化业务、银行资本监管薄弱和持续处于低利率状态时会得到强化，但是该结果在采用长期利率作为替代测度时并不稳健（Maddaloni & Pedyro, 2011）。总体上看，这些文献大部分都支持宽松的货币政策会增加银行风险承担的观点。

从货币政策与宏观审慎政策的作用效果来看，利率对房价或信贷做出反应有助于稳定一些经济变量，但也会加剧其他变量特别是通货膨胀的波动，而贷款收入比率则是抑制经济过度波动的最有效工具（Gelain et al., 2012）；在经济周期由供给冲击驱动的正常时期，宏观审慎政策对金融稳定的影响不明显，而在经济周期由金融冲击驱动的非正常时期，其对金融稳定的影响较显著（Angelin et al., 2012）；货币政策对金融状况具有显著且持久的影响，可以缓解长期的金融不稳定性，而宏观审慎政策的影响更迅速、显著，持续时间更短（Zdzienicka et al., 2015）。最近有很多文献借助 DSGE 模型来分析货币政策与宏观审慎政策之间的协调性。例如：货币政策通常可以对经济进行很好的管理，但在受到金融冲击的情况下，最优政策组合是货币政策盯住价格稳定，宏观审慎政策盯住信贷稳定（Beau et al., 2012）；宏观审慎政策有助于维护金融稳定，而且能够对货币政策起到辅助作用，特别是在市场受到金融冲击的时候，辅助效果最明显（王爱俭和王璟怡，2014）。也有少数文献在研究风险承担渠道时涉及了货币政策与宏观审慎政策的协调性。例如：资本充足率在风险承担渠道中发挥了重要作用，货币政策与宏观审慎政策的协调关系是呈现互补性还是替代性，既取决于经济系统所处的状态，也依赖于银行的资本充足率状况（方意等，2012）；货币政策调控对银行风险承担的影响呈现明显的异质性，宽松的货币政策会使系统重要性银行和表外业务占比

/ 第11章　货币政策立场、宏观审慎管理与商业银行脆弱性 /

较高的银行承担更高的风险，而自有资本占比较高和规模较大的银行对宽松货币政策的反应则较为审慎（刘生福和李成，2014）。

综上所述，现有文献对于货币政策向银行风险进行传导的理论机制给出了清晰的描述，且经验证据在总体上也得到了比较一致的结论，但是对风险承担渠道的量化分析仍然有待深入。从风险承担渠道的研究来看，文献资料主要基于宏观审慎管理的视角进行探讨。但遗憾的是，至今很少有文献将宏观审慎管理引入实证分析，即使涉及宏观审慎管理的分析也局限于个别的宏观审慎政策工具。这可能是因为宏观审慎政策工具的目标具有指向性以及存续期具有不确定性等因素，导致在设计相对综合的宏观审慎管理指标方面存在困难，并进而制约了对风险承担渠道与宏观审慎管理之间作用关系的深入探讨。从货币政策与宏观审慎政策的协调配合来看，现有研究大多基于DSGE模型的宏观分析框架来分析整体的金融稳定与价格稳定之间的关系，即使是从微观层面探讨货币政策与宏观审慎政策对银行风险承担的协同作用的文献也基本上局限于理论分析，实证分析尚不多见，而这对于全面理解货币政策与金融稳定之间的联系以及完善风险承担渠道的宏观审慎管理机制具有重要意义。

基于此，本章尝试在现有文献基础上做一有益补充，借助2010—2018年中国73家商业银行数据，实证检验货币政策立场对银行风险承担的影响及其与宏观审慎管理的协同作用。本章的新意主要体现为：明确将宏观审慎管理引入到风险承担渠道的实证分析中，并重点探讨货币政策立场与宏观审慎管理对银行风险承担的协同作用。其中，采用Cerutti et al.（2015）设计的宏观审慎指数作为宏观审慎管理的代理变量，原始数据来自国际货币基金组织开展的全球宏观审慎政策工具调查，并结合12种主要宏观审慎政策工具的使用情况对宏观审慎管理进行综合评估。本章其余部分的结构安排为：第二部分为理论分析与研究假设；第三部分为研究设计；第四部分为实证结果与分析；第五部分为主要结论。

11.2 理论分析与研究假设

货币政策立场与银行风险承担之间的关联，即货币政策的风险承担渠道由 Borio & Zhu（2008）正式提出，用以描述低利率与银行风险承担持续增加之间的潜在联系。他们认为，利率变化通过作用于银行的风险感知或风险容忍度，进而对其资产组合风险、资产定价以及融资计划的价格和非价格条款产生影响。根据 Altunbas et al.（2010），风险承担渠道的传导机制归纳起来主要包括四种：一是估值、收入与现金流机制，即利率下降通过增加金融机构的资产价格、抵押价值以及收入，导致其风险感知降低或风险容忍上升，表现为违约概率、违约损失和波动性的下降，进而释放风险预算，鼓励金融机构在市场走好的情况下承担更多的风险。二是收益追逐机制，即低利率通过提高金融机构的粘性目标收益率与市场收益率之间的缺口，使资产管理者参与更多风险性项目的动机增加。三是中央银行沟通及反应函数机制，即通过货币政策决策透明度和可预测性地提高产生"透明效应"，以及通过中央银行的反应函数产生"保险效应"，从而释放金融机构的风险预算，增加其风险承担。四是习惯形成机制，即货币政策通过作用于市场参与者的习惯形成来影响风险承担，如在经济扩张时期的消费高于正常时期，风险规避会减少，故而利率下降通过增加实体经济活动，使投资者的风险规避程度降低。综合来看，这四种机制都是风险承担渠道的驱动因素，尽管有所不同，但是却可能同时发挥作用。结合中国银行市场特征和货币政策操作实践，本章认为中国的货币政策立场通过这四种机制影响银行风险承担的条件已经或者逐渐具

第11章 货币政策立场、宏观审慎管理与商业银行脆弱性

备。基于此,本章提出如下研究假设。

假设1:宽松的货币政策立场会增加银行脆弱性,在中国银行市场存在货币政策的风险承担渠道。

理论上看,银行风险承担受到个体特征的影响。资产规模、资本水平、流动性和盈利能力等个体特征可以捕捉货币政策传导的银行信贷渠道。例如:资产规模较小的银行不易分散风险,在紧缩性货币政策造成存款下降时获取存款以外融资的成本随之提高,对货币政策的反应更大;资本不充足的银行通常被认为管理纪律较差,信息不对称问题较严重,货币政策冲击对其造成的影响更大;流动性不好的银行能够清算资产的可能性降低,利用流动资产抵消存款减少影响的难度较大,更易受到紧缩性货币政策的影响;盈利能力较差的银行从存款以外渠道获取资金的难度更大,在紧缩性货币政策造成银行保留资金减少时的应对能力更差。所以,通常情况下,银行规模、资本充足率和流动性水平等个体特征与银行风险承担之间呈现负相关关系。基于此,本章提出如下研究假设。

假设2:资产规模越小、资本比例越低、流动性越差、盈利能力越低的银行,脆弱性越高,对货币政策立场的变化越敏感。

宏观审慎政策可以解决金融体系的系统性风险。所谓系统性风险,主要包括两种:一是时间维度的风险;二是截面维度的风险(Borio,2011)。其中,前者与总风险随时间变化的方式有关,特别是存在顺周期的偏差,金融机构倾向于在经济上升周期承担过度的风险,而在经济下行周期变得风险厌恶,也即通常表现为信贷、资产及抵押品的顺周期繁荣和萧条;后者是受金融体系共同风险及互联的影响而呈现出的交叉风险,强调金融机构之间对冲击的放大和迅速传递效应,如一家机构尤其是规模或市场份额较大机构的倒闭会威胁整个金融体系,也即通常表现为交易对手的信用风险和银行间冻结。相应

地,宏观审慎政策也可以分为两类:一是旨在解决金融体系的顺周期性;二是专注于解决金融体系的交叉性(IMF,2013)。进而言之,宏观审慎政策的主要作用就是对市场参与者过度承担风险的动机进行约束,迫使各经济主体对系统性风险的影响内部化,从而发挥降低系统性风险的作用。理论上看,宏观审慎管理不仅可以有效降低银行风险承担,而且还会缓解货币政策立场对银行风险承担的影响。例如,从货币政策对金融决策的影响来看,货币政策通常既可以在事前通过影响杠杆、短期借款或外币借款等途径,作用于个体的风险承担动机,也可以在事后通过影响借款约束的松紧程度,加剧资产价格和汇率的外部性及杠杆周期,进而影响经济主体对杠杆和资产负债构成的决策(Wang & Sun,2013)。而宏观审慎政策则有助于约束银行信贷和资产价格的不可持续性增长,减轻金融变量与经济变量的周期性反馈,控制经济主体事前的风险承担。基于此,本章提出如下研究假设。

假设3:宏观审慎管理的加强会降低银行脆弱性,削弱货币政策立场对银行风险承担的影响。

理论上看,恰当的宏观审慎政策既可以减轻货币政策对金融稳定造成的不利影响,缓解单独使用货币政策的困境,创造额外的货币政策回旋空间,也可以提供对非预期冲击的缓冲,减少货币政策陷入低利率区间的风险,特别是在金融紧缩时期释放这些缓冲,可以控制货币政策冲击对信贷供给和实体经济的影响。而且,最新研究也提供了一些经验证据。例如:对32个国家600家银行的研究表明,不良贷款增加会降低银行特别是初始资本较低银行的信贷供给,对信贷减少的影响在货币政策紧缩时期更大,资本缓冲和宽松货币政策对于抵消不良贷款影响的作用可以相互替代,初始资本在危机时期对于控制不良贷款影响的作用更大(Nier & Zicchino,2008);对房地产繁荣相关

第 11 章　货币政策立场、宏观审慎管理与商业银行脆弱性

风险的不同政策选择的研究表明，宏观审慎政策由于能够直接指向经济问题的根源，在不同地点、不同时间可以适应具体的情况，并且可以提升银行体系的稳健性，故而最适合用来实现控制房地产价格和杠杆的目标（Crowe et al.，2011）；对 48 个国家 2800 家银行的研究表明，债务收入比率和贷款价值比率上限等针对借款者的措施以及信贷增速和外币贷款限制等针对金融机构的措施可以有效降低资产价格增速，而逆周期缓冲措施在整个经济周期内都是无效的，而且一些审慎措施在经济衰退时期收到的效果甚至适得其反，这与宏观审慎政策的事前特性一致（Claessens et al.，2014）。综合来看，由于宏观审慎政策往往针对特定的风险来源，作用对象具有明显的指向性，故而对那些风险较大的银行的风险承担渠道的影响更明显。基于此，本章提出如下研究假设：

假设 4：随着宏观审慎管理的加强，银行的资产规模越小、资本比例越低、流动性越差、盈利能力越低，风险承担对货币政策立场变化的敏感度降低得越明显。

11.3　研究设计

11.3.1　模型构建与估计

结合研究目的和数据可得性，本章开展了三个层次的实证检验。

第一，检验货币政策立场与银行风险承担的关系。本章遵循 Altunbas et al.（2012）和 Ramayandi et al.（2014）的思路，基于银行风险决定因素和货币政策传导机制的相关文献来构建实证模型。本章除了关注货币政策立场，还引入了个体特征变量以及我国特定的宏观经济变量，从而可以更好地将风险承担渠道与其他货币政策传导渠道区分开来。基准模型为：

$$BR_{i,t} = c + \alpha BR_{i,t-1} + \beta_1 MPS_t + \sum_{m=1}^{5}\chi_m MV_t + \sum_{n=1}^{4}\delta_n CV_{i,t(t-1)} + \varepsilon_t$$

(11-1)

其中，BR 是银行风险测度。引入了四种形式的银行风险，分别是：BR1，即风险资产与总资产比例；BR2，即不良贷款与总贷款比例；BR3，即 Z-score（Z 值）；BR4，即资产收益率的标准差。MPS 是货币政策立场。如果风险承担渠道是起作用的，则 MPS 的系数为正，意味着宽松的货币政策立场会增加银行风险承担。

MV 表示宏观变量，包括：实际 GDP 增长率（GR）、收益率曲线的斜率（YC）、银行信贷与 GDP 比率（CG）、汇率指数波动（ER）、股指增长率（SM）。其中，经济增长率和收益率曲线可以捕捉货币政策传导的预期渠道，汇率指数波动、股指增长率分别可以解释货币政策传导的汇率渠道和财富渠道，金融市场化则可以控制金融结构对银行风险承担的影响。例如：较好的经济状况更容易增加项目的预期净现值，提高银行盈利能力，降低信贷风险；收益率曲线的斜率越陡峭，银行盈利越高，风险也就越低；金融深化既是经济成熟的标志，通过增加风险管理工具和优化风险配置来降低银行风险，也会增加银行部门的脆弱性，特别是全球金融危机的经验表明发达经济体的过度金融化危害了实体经济；经济环境越不稳定，汇率也越不稳定，银行风险也就越高；股票等资产价格的上升会增加银行抵押价值，进而发挥降低银行风险的作用。因此，GR、YC、SM 的估计系数预期为负，ER 的估计系数预期为正，CG 的估计系数不确定，意味着经济状况越差、收益率曲线越平坦、汇率波动越大、资产价格越低，银行承担的风险就越大，而金融市场化对银行风险承担的影响不确定。

CV 表示特征变量，包括：资产规模（SZ）、盈利能力（PR）、流动性（LQ）、资本比例（CP）。本文借鉴 Delis & Kouretas（2011）的

第11章 货币政策立场、宏观审慎管理与商业银行脆弱性

做法,将资产规模以外的特征变量作为预定变量,并出于内生性的考虑取其滞后项。这是因为,银行市场处于激烈竞争态势,关系型银行得到广泛应用,银行风险与经济周期动态关联等因素,使得银行风险呈现延续性特征,采用静态模型设定可能会出现偏差,故而采用动态模型更为合适。

第二,检验货币政策立场对银行风险承担行为影响的异质性特征。本章鉴于已有的货币政策信贷传导机制以及风险承担渠道相关研究结果,认为有必要检验货币政策立场对不同特征银行风险承担行为的影响是否存在差异。因此,本章在基准模型中引入了货币政策立场与银行特征变量的交叉项。拓展模型为:

$$BR_{i,t} = c + \alpha BR_{i,t-1} + \beta_1 MPS_t + \sum_{m=1}^{5}\chi_m MV_t + \sum_{n=1}^{4}\delta_n CV_{i,t\langle t-1\rangle} + \sum_{j=1}^{4}\varphi_j CV_{i,t\langle t-1\rangle} MPS_t + \varepsilon_t$$

(11 - 2)

本书感兴趣的是银行特征变量与货币政策立场交叉项的估计系数。如果这些交叉项的估计系数显著不为零,则表明银行对货币政策立场反应的敏感性因银行特征不同而存在差异。进而言之,如果这些交叉项的估计系数显著为负,则表明银行资产规模越小、资本比例越低、流动性越差、盈利能力越低,货币政策立场对银行风险承担的影响就越强。

第三,检验货币政策与宏观审慎管理对银行风险承担影响的协同作用。MPP 为宏观审慎管理。本章鉴于货币政策与宏观审慎政策的主要目标及在维护金融稳定方面的作用效果差异,认为有必要检验宏观审慎管理对银行风险承担的影响、货币政策立场与宏观审慎管理对银行风险承担影响的协同作用以及这种协同作用在不同特征银行间的表现差异。拓展模型为:

$$BR_{i,t} = c + \alpha BR_{i,t-1} + \beta MPS_t + \sum_{m=1}^{5}\chi_m MV_t + \sum_{n=1}^{4}\delta_n CV_{i,t(t-1)} +$$

$$\sum_{j=1}^{4}\varphi_j CV_{i,t(t-1)}MPS_t + \varphi MPP_t + \kappa MPS_t MPP_t +$$

$$\sum_{p=1}^{4}\gamma_j CV_{i,t(t-1)}MPS_t MPP_t + \varepsilon_t$$

(11 - 3)

本书感兴趣的是宏观审慎管理项、货币政策立场与宏观审慎管理交叉项以及银行特征变量、货币政策立场与宏观审慎管理交叉项估计系数的符号及其显著性。其中，宏观审慎管理项的估计系数显著为负，说明宏观审慎管理可以降低银行风险承担；货币政策立场与宏观审慎管理交叉项的估计系数显著为负，说明宏观审慎管理会削弱货币政策立场对银行风险承担的影响；银行特征变量、货币政策立场与宏观审慎管理交叉项的估计系数显著为正，说明宏观审慎管理会降低资产规模、资本比例、流动性、盈利能力较低的银行的风险承担对货币政策立场的反应。

在估计模型时，本章借鉴 Altunbas et al.（2010）和 Delis & Kouretas（2011）的做法，采用广义矩方法（GMM）来检验货币政策的银行风险承担渠道。在估计过程中，需要考虑货币政策立场与银行风险承担之间可能存在的双向影响。一方面，我国货币政策主要关注价格稳定和经济增长，故而不存在货币政策内生于银行风险的问题。另一方面，不可观测因素和动态内生性问题，使得 OLS 估计和固定效应估计得到的结果都可能出现偏差，故而需要采用动态 GMM 面板估计。GMM 将动态内生性作为固定解释变量，即将内生变量的滞后项作为工具变量，如在差分 GMM 估计中，内生变量的滞后项被作为差分方程的工具变量。

第11章 货币政策立场、宏观审慎管理与商业银行脆弱性

11.3.2 变量定义与描述

表 11-1 给出了变量定义与说明。需要指出的是，关于银行风险承担，本章综合采用 Delis & Kouretas（2011）和 Ramayandi et al.（2014）的做法，选取四种指标：一是风险资产率。该指标测度了银行资产组合在各个时点的风险水平。考虑到数据可得性，本文采用贷款净值与总资产比例作为近似的替代变量。二是不良贷款率。该指标测度了银行资产组合的信贷风险。由于一定比例的不良贷款会导致银行损失，故而不良贷款率的上升会增加银行风险。三是 Z 值的倒数。Z 值测度了银行破产风险形式的稳健性。本质上，Z 值测度了银行预期收益为耗尽权益资本而下降的下限。所以，Z 值越高，意味着银行距离权益资本枯竭越远，银行稳定性也就越高。考虑到 Z 值的标准差大幅高于其他变量，为避免异方差问题对估计结果的影响，采用 Z 值的倒数作为代理变量，即 Z 值的倒数越大，对应银行的破产风险就越高。四是资产收益率波动。该指标测度了银行资产收益的波动性。

关于货币政策立场，本章遵循叙事描述法的思路（Romer & Romer，1989），根据中国人民银行发布的《中国货币政策执行报告》中有关货币政策松紧的表述以及有关货币政策操作的变动来对其进行识别。其中，特别关注有关流动性管理和货币政策调整的取向，公开市场操作、存款准备金率、存贷款基准利率、再贷款、再贴现等传统政策工具的操作方向，以及常备借贷便利、中期借贷便利操作、抵押补充贷款工具等新型政策工具的实施情况。本章归纳得到 2010—2018 年货币政策立场，即：2012—2015 年为货币政策宽松年份，取值为 1，否则取值为 0。

关于宏观审慎管理，本章采用 Cerutti et al.（2015）设计的宏观审慎指数（MPI）作为代理变量。原始数据来自 IMF 开展的全球宏观

审慎政策工具调查，由 IMF 职员开展并直接从各国官方机构获取信息。该项调查覆盖了 18 种工具，而在 MPI 的设计中重点关注了 12 种工具，分别是：一般的逆周期资本缓冲（CTC）；贷款价值比率（LTV）；债务收入比率（DTI）；本币贷款限制（CG）；外币贷款限制（FC）；准备金率（RR）；金融机构税收（TAX）；系统重要性机构的附加资本（SIFI）；银行风险敞口限制（INTER）；集中度限制（CONC）。此外，还定义了两种工具：一是 LTV_CAP，作为 LTV 的子集，表示对新贷款实行严格的上限管理；二是 RR_REV，作为 RR 的子集，表示对外币存款施加特定约束或者逆周期调节。结合这 12 种工具的使用情况分别设置虚拟变量并进行简单加总得到总体 MPI[①]。即：2006—2007 年是 4，2008—2010 年是 5，2011—2012 年是 7，2013—2014 年是 8，2015 年是 9。

表 11-1 　　　　　　　　变量定义与说明

变量名称	代理变量	符号	计算方法
银行风险承担	风险资产率	$BR1_{i,t}$	风险资产与总资产比例。考虑到数据可得性，以贷款净值与总资产比例作为近似测度
	不良贷款率	$BR2_{i,t}$	不良贷款与总贷款比例
	Z 值的倒数	$BR3_{i,t}$	通过计算 Z 值并取其倒数得到。$z_{i,t} = (ra_{i,t} + ek_{i,t})/\sigma(ra_{i,t})$。其中，$ra_{i,t}$ 为平均资产收益率，$ek_{i,t}$ 为股东权益与总资产比率，$\sigma(ra_{i,t})$ 是基于 t、$t-1$、$t-2$ 期 $ra_{i,t}$ 的三年期滚动标准差
	资产收益波动	$BR4_{i,t}$	通过计算 t、$t-1$、$t-2$ 期平均资产收益率的滚动窗口标准差得到

---

① 由于对政策强度的赋值涉及主观判断，政策工具的水平或阈值在不断变化，政策工具使用的松紧信息也不易掌握，导致对政策强度的反映极为困难，故而 MPI 仅考察了政策工具实际出现的时期。

第11章 货币政策立场、宏观审慎管理与商业银行脆弱性

续表

变量名称	代理变量	符号	计算方法
银行特征变量	资产规模	$SZ_{i,t}$	总资产的自然对数值
	盈利能力	$PR_{i,t}$	平均净资产收益率（ROAE），即净利润与平均股东权益比例
	流动性	$LQ_{i,t}$	流动资产与储蓄和短期资产比例
	资本比例	$CP_{i,t}$	股东权益与总资产比例
宏观经济变量	经济增长率	GR_t	根据GDP指数（1978年=100）计算年度同比增速
	收益率曲线	YC_t	十年期国债到期收益率与三个月期中央银行票据到期收益率之差
	金融市场化	CG_t	金融机构各项贷款年末余额与当年GDP之比
	汇率指数波动	ER_t	通过人民币有效汇率指数的月度数据，在计算自然对数值并取一阶差分后，再计算标准差得到年度数值
	股指增长率	SM_t	通过上证综合指数的日收盘数据计算得到年度均值，再计算其自然对数值并取一阶差分得到对数增长率
货币政策立场	虚拟变量	MPS_t	根据叙事描述法归纳得到
宏观审慎管理	宏观审慎指数	MPP_t	采用Cerutti et al.（2015）设计的宏观审慎指数（MPI）

表11-2给出了变量的描述性统计。银行风险承担方面，风险资产率和Z值倒数的平均值和中位数都基本相当，其中风险资产率的标准差大幅低于平均值，Z值倒数的标准差与平均值基本相当，总体上波动较为平稳；不良贷款率和资产收益率波动的平均值都显著大于中位数，且平均值都显著小于标准差，说明多数银行的不良贷款率和资产收益率波动都位于中位数之上，波动较为明显。银行特征方面，资产规模、流动性、资本比例的平均值大于中位数，且都显著大于标准

差,说明大多数银行的资产规模、流动性和资本比例位于中位数之上,波动比较平稳;盈利能力的平均值小于中位数,但是均高于标准差,说明大多数银行的盈利能力位于中位数之下,波动亦比较平稳。宏观经济变量方面,经济增长率、收益率曲线、金融市场化、汇率指数波动的平均值和中位数基本相当,且都显著大于标准差,表现出比较平稳的波动特征;股指增长率的平均值大于中位数,且平均值都大幅小于标准差,说明大多数年份的股指增长率位于中位数之上,波动比较明显。货币政策立场方面,平均值明显小于中位数,但都高于标准差,说明大多数年份的货币政策立场都位于中位数之下,波动比较平稳。宏观审慎管理方面,观测期内宏观审慎指数的平均值和中位数基本相当,但均大幅高于标准差,波动比较平稳。

表 11-2　　　　　　　　　变量的描述性统计

变量名称	代理变量	符号	平均值	中位数	最大值	最小值	标准差	观测数
银行风险承担	风险资产率	$BR1_{i,t}$	47.9180	48.7600	71.1840	21.2679	10.5863	657
	不良贷款率	$BR2_{i,t}$	1.3153	0.9940	7.2504	0.0097	1.6619	657
	Z值的倒数	$BR3_{i,t}$	0.0236	0.0182	0.1072	0.0014	0.0220	657
	资产收益波动	$BR4_{i,t}$	0.2021	0.1554	1.1223	0.0085	0.2705	657
银行特征变量	资产规模	$SZ_{i,t}$	3.3699	2.8135	7.9183	0.1256	1.7495	657
	盈利能力	$PR_{i,t}$	14.5978	15.8730	31.7976	-2.2794	7.8104	657
	流动性	$LQ_{i,t}$	27.3099	25.7135	64.1034	7.3929	12.0997	657
	资本比例	$CP_{i,t}$	7.8808	7.0265	22.6033	3.2892	3.7504	657
宏观经济变量	经济增长率	GR_t	9.5460	9.3590	14.1950	6.9000	2.3955	9
	收益率曲线	YC_t	0.8994	0.6920	2.1476	0.3220	0.5570	9
	金融市场化	CG_t	1.1504	1.1642	1.3884	0.9578	0.1342	9
	汇率指数波动	ER_t	1.3514	1.2501	2.0991	0.7402	0.4284	9
	股指增长率	SM_t	0.1171	0.0043	0.9555	-0.3349	0.3819	9

续表

变量名称	代理变量	符号	平均值	中位数	最大值	最小值	标准差	观测数
货币政策立场	虚拟变量	MPS_t	0.71	1.00	1.00	0.00	0.46	9
宏观审慎管理	宏观审慎指数	MPP_t	6.20	6.00	9.00	4.00	1.81	9

11.3.3 样本与数据来源

本章的研究样本为2010—2018年中国73家商业银行的年度非平衡面板数据。样本包含了5家国有商业银行、8家股份制商业银行、31家城市商业银行、10家农村商业银行、19家外资银行。样本筛选过程中，本章剔除了数据不齐全和变量窗口小于3年的商业银行。本文的公司数据来自Bankscope全球银行与金融机构分析库，宏观数据来自Wind资讯中国宏观数据库。

11.4 实证结果与分析

11.4.1 货币政策立场对银行风险承担影响的估计结果

表11-3给出了货币政策立场对银行风险承担影响的估计结果。从中可以得出一些重要结论。其一，被解释变量滞后项对所有风险测度的影响均在99%的置信区间内显著为正，且估计系数均小于1，说明银行风险承担呈现持续性特征，会随着风险持续而最终回归均衡。这为采用动态模型设定提供了强有力的证据。其二，货币政策立场对所有风险测度的影响至少在95%的置信区间内显著为正，说明宽松的货币政策立场会提高银行的风险资产权重、增加银行贷款转向不良的

概率以及增加破产风险及资产收益波动。这为货币政策传导的风险承担渠道提供了经验证据。其三，资产规模、资本比例对所有风险测度的影响都至少在90%的置信区间内显著为负，但是盈利能力对风险资产率的影响以及流动性对不良贷款率的影响并不显著。这说明资产规模和资本比例是影响银行风险承担更重要的特征变量，意味着银行资产规模越小、资本比例越低，承担的风险越高。其四，收益率曲线和汇率指数波动对所有风险测度的影响分别至少在95%和90%的置信区间内显著为负和正，但是经济增长率、金融市场化和股指增长率只对部分风险测度的影响显著，而且金融市场化对银行风险承担的影响还呈现明显的混合效应。这说明收益率曲线和汇率指数波动是影响银行风险承担更重要的宏观经济变量，意味着收益率曲线越平坦、汇率指数波动越大，银行承担的风险越高。因此，假设1得到验证。此外，AR（2）和Sargan检验表明，估计结果通过了二阶自相关检验和工具变量外生性检验。

表11-3　　货币政策立场对银行风险承担影响的估计结果

	（一） 风险资产率	（二） 不良贷款率	（三） Z值的倒数	（四） 资产收益波动
$BR_{i,t-1}$	0.3092 *** (2.8416)	0.4693 *** (4.5228)	0.2520 *** (2.6155)	0.2246 *** (2.9464)
MPS_t	3.1664 *** (2.7088)	0.5670 *** (24.2718)	0.0057 ** (2.4933)	0.0374 *** (3.3497)
GR_t	-2.6609 *** (-2.5907)	-0.1990 *** (-5.4550)	-0.0019 (-0.6114)	-0.0149 (-1.3794)
YC_t	-4.4743 *** (-3.4264)	-0.5697 *** (-5.9405)	-0.0064 *** (-3.1582)	-0.0401 ** (-1.9776)

续表

	（一）风险资产率	（二）不良贷款率	（三）Z 值的倒数	（四）资产收益波动
CG_t	67.5544*** (3.4658)	4.6138*** (4.4224)	-0.0127 (-0.3932)	-0.2287 (-0.9605)
ER_t	0.0581*** (0.1182)	0.3668*** (9.6474)	0.0027* (2.0965)	0.0202*** (2.8087)
SM_t	-11.6109*** (-3.5593)	-0.0136 (-0.0655)	-0.0084 (-1.4830)	-0.0754** (-1.9459)
$SZ_{i,t}$	-13.6939*** (-4.4526)	-0.7076* (-3.4213)	-0.0018*** (-3.0767)	-0.0965*** (-2.4952)
$CP_{i,t-1}$	-0.2252* (-1.6432)	-0.0420** (-1.7241)	-0.0004** (-1.8624)	-0.0129* (-1.7017)
$LQ_{i,t-1}$	-0.0762** (-2.0515)	-0.0017 (-0.3059)	-0.0003* (-1.8624)	-0.0021*** (-3.0201)
$PR_{i,t-1}$	-0.0247 (-0.4551)	-0.0113* (-1.5558)	-0.0002* (-1.7251)	-0.0031* (-1.9488)
Constant	-11.0711*** (-2.2622)	-4.4524*** (-3.9416)	0.0670* (1.5666)	0.9449*** (4.1796)
AR（2）	0.4975	0.6711	0.2768	0.1360
Sargan	0.3139	0.4790	0.2317	0.2662
Observation	342	342	342	342
Adjusted R^2	0.8379	0.6260	0.5089	0.5441

注：括号内为 t 值；*、**、*** 分别表示在 10%、5%、1% 水平上显著；AR（2）与 Sargan 检验输出结果为 P 值。下表同。

11.4.2 货币政策立场对银行风险承担影响异质性的估计结果

表 11-4 给出了货币政策立场对银行风险承担影响异质性的估计结果。① 从中可以看出，不仅货币政策立场对银行风险承担影响的估

---

① 对于宏观变量 MV、GR、YC、CG、ER、SM 的估计结果基本保持稳健，故而并未报告相应的估计结果，留存备索。下同。

计结果基本上保持稳健，而且从银行特征变量与货币政策立场交叉项的估计结果还可以得出一些重要结论。其一，银行资产规模及其与货币政策立场交叉项对所有风险测度的影响分别至少在95%和90%的置信区间内显著为负，说明银行资产规模越小，货币政策立场对银行风险承担的正向影响就越大。其二，银行资本比例及其与货币政策立场交叉项的估计系数均至少在90%的置信区间内显著为负，说明货币政策立场对银行风险承担的正向作用会随着银行资本比例的降低而趋于增强。其三，银行流动性对所有风险测度的影响至少在95%的置信区间内显著为负，且其与货币政策立场交叉项对风险资产率、Z值的倒数以及资产收益波动的影响均在99%的置信区间内显著为负，说明货币政策立场对流动性较差的银行的风险承担的正向影响更大。其四，银行盈利能力对不良贷款率、Z值的倒数和资产收益波动的影响至少在90%的置信区间内显著为负，但是其与货币政策立场交叉项对所有风险测度的影响均不显著，说明货币政策立场对银行风险承担的影响并不会因银行盈利能力不同而呈现明显差异。综合看，货币政策立场对银行风险承担的影响会随银行资产规模、资本比例和流动性变化而呈现异质性特征，即银行资产规模越小、资本比例越低、流动性越差，货币政策立场对银行风险承担的正向作用越明显。假设2得到验证。

表 11-4　货币政策立场对银行风险承担影响异质性的估计结果

	（一） 风险资产率	（二） 不良贷款率	（三） Z值的倒数	（四） 资产收益波动
$BR_{i,t-1}$	0.3030 *** (2.9487)	0.4659 *** (4.2680)	0.2535 *** (2.5515)	0.2263 *** (2.9879)

第11章 货币政策立场、宏观审慎管理与商业银行脆弱性

续表

	（一） 风险资产率	（二） 不良贷款率	（三） Z值的倒数	（四） 资产收益波动
MPS_t	0.2903*** (2.6256)	0.4234** (1.9506)	0.0312* (1.6340)	0.1589* (1.4451)
$SZ_{i,t}$	-14.0120*** (-5.5496)	-0.6772*** (-2.8118)	-0.0078** (-1.9254)	-0.0984*** (-2.1504)
$CP_{i,t-1}$	-0.0473*** (-0.1567)	-0.0418* (-1.7172)	-0.0011* (-2.0345)	-0.0148*** (-2.7437)
$LQ_{i,t-1}$	-0.0942** (-2.0139)	-0.0157 (-1.8504)	-0.0006*** (-3.2165)	-0.0045*** (-3.9455)
$PR_{i,t-1}$	-0.0312 (-0.6771)	-0.0341** (-2.3774)	-0.0004** (-2.1322)	-0.0040* (-1.6859)
$SZ_{i,t}MPS_t$	-0.4658*** (-2.3666)	-0.0492*** (-4.4009)	-0.0017** (-1.9172)	-0.0120* (-1.7313)
$CP_{i,t-1} \times MPS_t$	-0.4004* (-1.6802)	-0.0400* (-1.4172)	-0.0017* (-1.9172)	-0.0040* (-1.5606)
$LQ_{i,t-1} \times MPS_t$	-0.1478*** (-2.7719)	-0.0135 (-1.4392)	-0.0003*** (-2.3598)	-0.0032*** (-2.8435)
$PR_{i,t-1} \times MPS_t$	-0.0453 (-0.6038)	-0.0059 (-0.3033)	-0.0002 (-0.5882)	-0.0014 (-0.5975)
Constant	-11.0238** (-2.0394)	-4.1031*** (-2.5986)	0.0993* (1.7029)	1.1337*** (3.5128)
AR（2）	0.3738	0.4611	0.1822	0.1610
Sargan	0.4311	0.1837	0.7857	0.9732
Observation	342	342	342	342
Adjusted R^2	0.8367	0.6271	0.5109	0.5452

11.4.3 货币政策立场与宏观审慎管理对银行风险承担协同作用的估计结果

表11-5给出了货币政策立场与宏观审慎管理对银行风险承担协同作用的估计结果。在其他变量的估计结果与理论预期一致时，宏观审慎政策项的估计系数至少在90%的置信区间内显著为负，且其与货

币政策立场交叉项的估计系数均在99%的置信区间内显著为负，说明宏观审慎政策不仅可以减少银行风险承担，而且还会降低货币政策立场对银行风险承担的影响。另外，从银行特征变量、货币政策立场与宏观审慎政策交叉项的估计结果还可以得出一些重要结论。其一，银行资产规模、货币政策立场与宏观审慎政策交叉项对所有风险测度的影响至少在90%的置信区间内显著为正，说明宏观审慎政策实施强度的加大会使资产规模较小的银行的风险承担对货币政策立场变化的反应得到更明显的降低。其二，银行资本比例、货币政策立场与宏观审慎政策交叉项的估计系数至少在90%的置信区间内显著为正，说明宏观审慎管理的加强更加有助于降低资本比例较低的银行的风险承担对货币政策立场变化的敏感度。其三，银行流动性、货币政策立场与宏观审慎政策交叉项以及银行盈利能力、货币政策立场与宏观审慎政策交叉项对绝大部分风险测度的影响都不显著，意味着宏观审慎政策对于降低银行风险承担对货币政策立场变化的反应并不会因银行流动性或盈利能力不同而呈现显著且稳健的差异。总体而言，宏观审慎政策会降低货币政策立场对银行风险承担的影响，且对资产规模较少的银行和资本比例较低的银行的风险承担的作用效果更为明显。假设3和4得到验证。

表11-5　　　　货币政策立场与宏观审慎管理对银行

风险承担协同作用估计结果

	（一）风险资产率	（二）不良贷款率	（三）Z值的倒数	（四）资产收益波动
$BR_{i,t-1}$	0.2422 *** (2.6640)	0.4708 *** (4.0971)	0.2305 *** (1.9775)	0.1523 * (1.6431)

第11章 货币政策立场、宏观审慎管理与商业银行脆弱性

续表

	（一） 风险资产率	（二） 不良贷款率	（三） Z值的倒数	（四） 资产收益波动
MPS_t	3.7773 *** (3.5465)	0.5761 *** (5.9888)	0.1959 *** (3.6017)	1.8678 *** (3.8106)
$SZ_{i,t}$	-16.0664 *** (-7.0112)	-0.6863 ** (-2.2660)	-0.0080 * (-1.5956)	-0.1210 ** (-2.5892)
$CP_{i,t-1}$	-0.3241 ** (-1.9978)	-0.0405 * (-1.5329)	-0.0011 * (-1.7788)	-0.0101 * (-1.9476)
$LQ_{i,t-1}$	-0.1037 ** (-2.0750)	-0.0093 (-1.2297)	-0.0006 *** (-2.9487)	-0.0043 *** (-3.3498)
$PR_{i,t-1}$	-0.0672 ** (-2.1253)	-0.0113 * (-0.8080)	-0.0004 ** (-2.0246)	-0.0016 (-0.9872)
$SZ_{i,t} * MPS_t$	-0.7213 *** (-2.9757)	-0.0807 *** (-3.4558)	-0.0049 * (-1.5469)	-0.0301 * (-1.6626)
$CP_{i,t-1} * MPS_t$	-1.2174 ** (-1.9411)	-0.0491 *** (-3.1208)	-0.0046 * (-1.9111)	-0.0808 *** (-3.2162)
$LQ_{i,t-1} * MPS_t$	-0.1152 (-0.6957)	-0.0146 (-1.5400)	-0.0002 (-0.5720)	-0.0029 ** (-0.7415)
$PR_{i,t-1} * MPS_t$	-0.1500 (-0.6852)	-0.0183 * (-0.8533)	-0.0010 (-0.7902)	-0.0112 * (-1.3591)
MPP_t	-2.4365 *** (-5.5793)	-0.3195 ** (-2.2465)	-0.0042 *** (-4.4212)	-0.0167 * (-1.8728)
$MPS_t * MPP_t$	-6.1283 *** (-2.2253)	-0.8508 ** (-2.1518)	-0.0237 *** (-3.2275)	-0.2403 *** (-3.4966)
$SZ_{i,t} * MPS_t * MPP_t$	0.0849 *** (3.1911)	0.0754 ** (2.1544)	0.0002 ** (1.9514)	0.0042 * (1.4883)
$CP_{i,t-1} * MPS_t * MPP_t$	0.2229 *** (1.9522)	0.1123 ** (2.2483)	0.0007 * (1.8424)	0.0123 *** (3.2991)

续表

	（一） 风险资产率	（二） 不良贷款率	（三） Z 值的倒数	（四） 资产收益波动
$LQ_{i,t-1} * MPS_t * MPP_t$	−0.0122 (−0.5246)	0.0003 (0.0208)	0.0001 (0.3223)	0.0008 (1.5115)
$PR_{i,t-1} * MPS_t * MPP_t$	−0.0266 (−0.7678)	0.0236 (1.1768)	0.0001 (0.6374)	0.0014 (1.0547)
Constant	28.2731 *** (−2.5385)	−2.6760 (−0.9551)	0.5860 *** (3.8180)	5.0572 *** (2.9158)
AR（2）	0.9648	0.6343	0.2044	0.7890
Sargan	0.3885	0.4829	0.4571	0.4271
Observation	342	342	342	342
Adjusted R^2	0.8468	0.6262	0.5149	0.5734

11.4.4 稳健性检验

需要说明的是，本章对宏观审慎管理的考察基于主要宏观审慎政策工具的存续期间，且在观测期内宏观审慎指数呈现稳步增长态势，而对货币政策立场的考察则基于特定年份的虚拟变量设置，意味着在变量界定过程中并未充分认识到宏观审慎政策典型窗口内货币政策立场与宏观审慎管理的协同作用。考虑到中国人民银行从 2011 年正式引入差别准备金动态调整/合意贷款管理机制，2016 年起进一步将该机制升级为宏观审慎评估体系，可见 2011 年是中国宏观审慎政策实施的重要分水岭，故而有必要通过设置宏观审慎管理典型窗口的虚拟变量（2011 年以后为 1，否则为 0）进一步就货币政策立场与宏观审慎管理对银行风险承担的协同作用进行稳健性检验。结果显示，不仅其他变量的估计系数及显著性并未发生明显变化，而且关于货币政策立场与宏观审慎管理协同作用的估计结果也保持稳健。

/ 第 11 章　货币政策立场、宏观审慎管理与商业银行脆弱性 /

11.5　主要结论

本章遵循风险承担渠道的分析框架，借助 2010—2018 年中国商业银行数据，实证检验货币政策立场对银行风险承担的影响及其与宏观审慎管理的协同作用。研究结果表明：其一，宽松的货币政策立场会增加银行风险承担，进一步为风险承担渠道提供了经验证据。现有文献主要关注利率与银行风险承担之间的关系，而本章借助叙事描述法对货币政策立场进行综合识别，得出的研究结论更具说服力。其二，银行风险承担不同程度地受到其个体特征的影响，且以资产规模和资本规模的影响最为重要，即银行的资产规模越小、资本比例越低、流动性越差、盈利能力越低，承担的风险越高。与现有文献相比，本章在构建实证模型时考虑了货币政策传导的信贷渠道、预期渠道、汇率渠道和财富渠道的影响，在验证这些传导渠道有效性的基础上进一步揭示了风险承担渠道的特征。其三，货币政策立场对银行风险承担的影响不同程度地受到个体特征的影响，且以资产规模、资本比例和流动性的作用最为明显，即货币政策立场对资产规模较小、资本比例较低、流动性较差的银行的风险承担的正向影响更大。与现有文献不同，本章系统考察了风险承担渠道在个体特征方面呈现的异质性，得出的结论更具可比性。其四，随着宏观审慎管理的加强，货币政策立场对银行风险承担的影响趋于减弱，且银行资产规模越小、资本比例越低，其风险承担对货币政策立场变化的敏感度降低得越明显。现有文献虽然基于宏观审慎视角来分析风险承担渠道，但是并未明确将宏观审慎管理纳入实证分析。本章的研究在这方面进行了有益补充，发现宏观审慎管理有助于降低货币政策风险承担渠道的传导效果，且对小银行、资本比例较低的银行尤为明显。

本章的研究结论表明，宏观审慎管理会降低银行风险承担，削弱货币政策立场对银行风险承担的影响，且该效应因银行资产规模、资本比例不同而呈现差异化特征。这为我国加强货币政策与宏观审慎政策协调性具有重要的政策启示：第一，由于货币政策行为对金融稳定目标的影响并非中性，故而应充分发挥宏观审慎政策的作用，减少货币政策对金融稳定的负面作用。中央银行在制定货币政策时应更加重视其政策行为对银行风险承担和金融风险累积的影响，配合相应的宏观审慎政策作为重要补充。例如：DTI 可减少货币政策紧缩时期银行不良贷款率大幅上升对金融市场的冲击；逆周期资本缓冲或杠杆率要求可限制银行在货币政策宽松时期的冒险行为和杠杆过高情况；LTV 等工具可控制货币政策宽松时期的资产价格泡沫。第二，由于货币政策立场对银行风险承担的影响具有显著影响，故而应结合形势发展和政策工具箱，审慎稳妥地确定货币政策立场。中央银行在传统的货币政策工具外，应更加重视发挥中短期流动性管理工具、公开市场操作和窗口指导的作用。特别在货币政策宽松时期，应注重防范信贷集中性风险，加强结构引导。第三，由于货币政策立场对银行风险承担的影响具有异质性，故而宏观审慎管理应更加强调差异化调控，提高货币政策的稳健性和有效性。中央银行在制定货币政策时应更加重视银行资产规模、资本比例、流动性、盈利能力等微观特征对货币政策传导效果的影响，对银行实行差异化的货币政策调控和审慎管理措施。第四，由于宏观审慎政策仍是处于发展中的政策体系，在应用中难免会出现政策不到位或政策过猛的情形，可能会对金融体系甚至整体经济带来成本，故而对于宏观审慎政策在实施过程中可能产生的问题也不能忽略从货币政策层面进行适时适度调节。例如，当货币政策可信且通胀预期被准确锚定时，货币政策就没有必要过度激进，从而有助于减轻宏观审慎政策在缓解货币政策负作用时的负担。

第 12 章　研究结论与展望

12.1　研究结论

本书基于当前世界宏观经济增长放缓、经济政策不确定性因素加大、我国宏观杠杆率居高不下、资产价格波动剧烈、系统性金融风险积累剧增的国内外大背景下，研究资产价格波动与商业银行脆弱性之间的关系。本书根据"资产价格波动的内在驱动、资产价格波动对商业银行脆弱性冲击的传导机制、商业银行脆弱性的宏观效应、商业银行脆弱性的宏观政策监管"逻辑顺序，基于我国金融脆弱性不断加大的现实需求，通过对五部门资金循环流动模型的构建，利用相关数据实证检验了资产价格波动对商业银行脆弱性的冲击机制。在上述分析基础上，本书讨论了包含金融稳定目标与不包含金融稳定目标的货币政策框架选择，并进一步为了防范系统性金融风险，从商业银行风险承担视角分析了不同货币政策与宏观审慎政策协调搭配问题。研究结论对我国中央政府如何实施正确、合适的宏观政策具有重要的借鉴意义和指导作用，同时对地方政府监管部门如何加强对金融市场的有效监管，微观金融机构如何强化微观审慎管理提供了重要的参考。具体研究结论如下。

12.1.1 基础理论构建：基于资金循环流动视角

从看似毫不相关的经典实例入手，深入分析这些经典实例背后的共同点。由现象到本质，从实体经济与金融虚拟经济的关系出发，以资金循环流动为纽带，借鉴 Binswanger（1997）三部门建模思路构建了一个包括家庭部门、企业部门、金融部门、政府部门和国外部门的五部门资金循环流量模型，并利用数理方法对该模型进行了理论推导，并以此理论作为整个专著的理论基石。

12.1.2 资金循环流动与资产价格波动

当下我国呈现出宏观流动性超发、物价水平趋紧、资产价格暴涨共存的"三角组合"现状，央行货币政策操作陷入困境；M1/M2 剪刀差不断扩大，我国有陷入"流动性陷阱"的风险。在这种情况下通过资金循环流动理论模型，从流动性螺旋机制入手，厘清了流动性与资产价格波动之间的内在逻辑关系，资产价格波动的实质是流动性出现"三失"，流动性结构失衡是资产价格波动的根本动力，流动性总量失度是资产价格波动的直接动力，市场情绪失控是资产价格波动的催化动力。同时基于我国 2009 年第四季度至 2018 年第四季度房地产数据对上述理论进行了实证检验，无论是多元线性回归模型静态分析还是 VAR 模型动态分析都一致支持结论的正确性，其中脉冲响应函数分析结果印证了流动性螺旋的传导机制，差分分解结果表明流动性变动对房地产价格具有很强的持续解释能力，这种解释能力合计达到 57.52%，格兰杰因果检验表明流动性总量与市场情绪是房地产价格的单向格兰杰原因，流动性结构失衡与房地产价格互为格兰杰因果关系，暗示流动性螺旋机制在房地产市场存在。

12.1.3 利率价格波动对商业银行脆弱性的冲击

利用 2010 年第四季度至 2018 年第四季度数据，基于商业银行的脆弱性，并将银行同业拆借市场纳入分析框架，考察我国商业银行受利率冲击的微观效应。面对利率的冲击，我国的商业银行存在着基于脆弱性微观效应，但不同类型的商业银行基于脆弱性效应存在显著差异，国有商业银行鉴于其业务目标的多重性，极易得到政府部门的隐性担保，使得其基于脆弱性微观效应最大，股份制商业银行鉴于其科学合理的治理结构以及实现股东价值最大化的追求，使得其基于脆弱性的微观效应最小；门微观限回归模型表明在利率冲击下，我国商业银行基于脆弱性的微观效应存在门限效应，说明利率冲击的商业银行基于脆弱性的微观效应存在非线性特征，并且不同类型的商业银行非线性特征存在差异；通过门限分析还发现，我国商业银行基于脆弱性的微观效应存在边际效应递减特征；EGARCH 模型实证结果表明，在利率冲击下，我国商业银行基于脆弱性的微观效应存在典型的非对称性，面对下调的利率冲击时，城市商业银行更容易受到冲击，面对上调的利率冲击时，国有商业银行更容易受到冲击。

12.1.4 房地产价格波动对商业银行脆弱性的冲击

鉴于房地产在我国国民经济中的重要性，选取 2010 年第四季度至 2018 年第四季度，考察了房地产价格波动与商业银行脆弱性冲击的微观效应，并在此基础上进一步分析了这种微观效应的非线性特征。研究结果表明，面对房地产价格波动的冲击，商业银行脆弱性呈现典型的显著性效应，房地产价格波动对商业银行脆弱性具有显著的负向冲击，房地产价格上升能够显著减低商业银行的脆弱性，房地产价格下降会显著提升商业银行的脆弱性，加大商业银行体系的金融风险。研究结论还显示，面对房地产价格冲击，不同类型商业银行脆弱性具有显著的差异性，其中，国有商业银行脆弱性面临的冲击效应最大，城市商业银行最小。非线性估计结果表明，房地产价格波动对商业银行脆弱性的冲击呈现典型的"U"曲线效应，表明房地产价格上升在短期内会显著降低商业银行的脆弱性，但是随着时间的推移，房地产价格持续上升，其价格泡沫不断增大，隐含的金融风险越来越大，对商业银行的脆弱性又具有提升作用，会加大商业银行的系统性金融风险。结论还表明，不同类型商业银行脆弱性面对房地产价格波动所呈现的非线性特征具有显著性差异。随着房地产价格泡沫的不断增大，一旦泡沫破裂，农村商业银行抵御风险的能力最低，抵御风险能力最强的是国有商业银行。

12.1.5 资产价格联合波动对商业银行脆弱性的冲击

基于资金循环视角，利用2010年第四季度至2018年第四季度数据，构建了包含金融市场多项资产价格波动的FCI指数和商业银行脆弱性代理变量，建立了两者之间多元线性回归与VAR模型，并通过脉冲响应函数，得出FCI指数的表达式。研究结果一致表明，无论是线性回归模型还是VAR模型，房地产价格、人民币有效汇率价格波动是造成商业银行脆弱性的主要扰动源，其扰动贡献值高达71%；同时进一步分析得出FCI指数是商业银行脆弱度的单项格兰杰原因。

12.1.6 信贷错配与商业银行脆弱性特征下的宏观效应

基于我国经济现实，放松企业同质性和"完美银行"的隐含假设，将国有、民营的"二元"信贷错配和商业银行脆弱性特征引入带有金融加速器效应的DNK-DSGE模型，运用数值模拟及脉冲响应分析来考察我国的金融加速器效应及其变化趋势。研究结果表明：（1）由于我国金融市场的不完美，金融摩擦的存在，金融加速器效应在我国确实存在。同时随着金融市场约束条件的不同，金融加速器效应的显著性存在明显差异性。由于本书放松了"完美银行"假设，银行不再是无资产约束的"完美"个体，外界微小冲击通过企业资产负债表和银行资产负债表双重扩大（收缩）机制，使得金融加速器效应更加显著，但是又由于我国典型的国有企业与民营企业"二元"信贷错配的存在，造成了我国整体外部融资风险升水的杠杆率弹性被低估，对金融加速器效应又具有一定的冲抵效应。（2）信贷错配和商业银行脆弱性特征叠加 DNK-DSGE 模型下的外部冲击影响程度存在差异，尤其是货币政策调控效果存在显著差异，信贷错配和商业银行脆弱性特征叠加 DNK-DSGE 模型下货币政策对调控通货膨胀效果最好，对调控总产出效果欠佳。（3）信贷错配和商业银行脆弱性特征叠加的 DNK-DSGE 模型下，经济冲击具有传递性和持续性，并且这种持续性会延长 1-2 个季度。

12.1.7　商业银行脆弱性与货币政策新框架选择

理论模型推导表明当下货币当局最优的策略是应该将金融稳定目标纳入货币政策视野来考虑，这样能有效避免最优利率被系统性地低估，从而发挥央行最优利率在整个市场体系中的基准价格的引导作用。同时利用动态随机一般均衡模型实证模拟表明，中央银行设定的最优利率水平 r_t^f 与中央银行对金融稳定目标权重 λ^f 偏好程度、社会福利损失 γ^s 具有正向关系、与银行损失成本 γ^b 具有反向关系，会随中央银行对金融稳定目标权重 λ^f 偏好程度的提高（下降）而上升（下降）、随社会福利损失 γ^s 的上升（下降）而上升（下降）、随银行损失成本 γ^b 的上升（下降）而下降（上升）。同时央行设定不同金融稳定目标权重后，在技术冲击下，高权重金融稳定目标相对低权重金融稳定目标下无论是广义货币增速还是产出增速，在初始时期二者下降速度非常迅速，随后广义货币加速反超，大约在第 4 期之后再度下滑落后；产出增速大约在第 10 期后反超并持续，说明技术冲击对产出具有长期的滞后影响。在投资效率冲击下，将金融稳定目标高权重情形与低权重情形做比较，可以发现高权重金融稳定目标相对低权重金融稳定目标下广义货币和产出增速在期初时期均加快提升，广义货币增速大约在第 7 期之后动能显著下降，但低权重下的产出增速则在后续期限内一直高于高权重下的产出增速，表明央行为了维护金融稳定目标会牺牲部分经济发展目标，印证了货币政策目标确实存在"米德冲突"。综合分析表明，随着央行金融稳定目标权重的不断调整，产出和广义货币的脉冲冲击呈现复杂的动态变化趋势。面对同一外界冲击，初期影响与后期影响具有显著差异；同一时期面对不同类型的外界冲击结果差异也很明显，特别是广义货币增速的脉冲冲击结果呈现出阶段性反复，相较产出稳定性更差。这说明，货币政策框架体系包含金融稳定目标后，面对外界冲击，其对实体经济的调控机制更加复杂，调控效果也更加具有不确定性

12.1.8 货币政策立场、宏观审慎管理与商业银行脆弱性

遵循风险承担渠道的分析框架，借助 2010—2018 年中国商业银行数据，实证检验货币政策立场对银行风险承担的影响及其与宏观审慎管理的协同作用。研究结果表明：其一，宽松的货币政策立场会提升商业银行脆弱性，增加银行风险承担，进一步为风险承担渠道提供了经验证据。现有文献主要关注利率与银行风险承担之间的关系，而本章借助叙事描述法对货币政策立场进行综合识别，得出的研究结论更具说服力。其二，银行风险承担不同程度地受到其个体特征的影响，且以资产规模和资本规模的影响最为重要，即银行的资产规模越

小、资本比例越低、流动性越差、盈利能力越低,承担的风险越高,其脆弱性越强。与现有文献相比,本章在构建实证模型时考虑了货币政策传导的信贷渠道、预期渠道、汇率渠道和财富渠道的影响,在验证这些传导渠道有效性的基础上进一步揭示了风险承担渠道的特征。其三,货币政策立场对银行风险承担的影响不同程度地受到个体特征的影响,且以资产规模、资本比例和流动性的作用最为明显,即货币政策立场对资产规模较小、资本比例较低、流动性较差的银行的风险承担的正向影响更大。与现有文献不同,本章系统考察了风险承担渠道在个体特征方面呈现的异质性,得出的结论更具可比性。其四,随着宏观审慎管理的加强,货币政策立场对银行风险承担的影响趋于减弱,且银行资产规模越小、资本比例越低,其风险承担对货币政策立场变化的敏感度降低得越明显。现有文献虽然基于宏观审慎视角来分析风险承担渠道,但是并未明确将宏观审慎管理纳入实证分析。本章的研究在这方面进行了有益补充,发现宏观审慎管理有助于降低货币政策风险承担渠道的传导效果,且对小银行、资本比例较低的银行尤为明显。

12.2 工作展望

12.2.1 负利率条件下的货币政策操作对商业银行脆弱性的影响

当前世界各国为了应对经济放缓的下行压力,相继实施了负利率货币政策。作为一种非常规的货币政策,其政策效果如何值得探讨。负利率政策究竟是救命稻草还是昙花一现,其政策实施的传导机制究竟如何以及它如何影响商业银行的经营绩效目前学术界还没有完全厘清楚,因此,探究负利率政策实施的传导机理以及其对商业银行的经营行为的影响,进而分析与银行体系脆弱性的关系值得期待。

12.2.2 金融去杠杆对商业银行脆弱性的影响

2016年中央政府为了适应经常新常态,实施"三去一降一补"的政策,其中明确将去杠杆作为重中之重。"去杠杆"政策的实施有效地降低了我国各部门的整体负债率,快速地让我国系统性金融风险得到释放。"去杠杆"在缓解其他部门杠杆率的同时,是否也同时缓解了商业银行的脆弱性?"去杠杆"政策实施效果到底如何?这值得后续深入研究。

参考文献

中文部分

北京大学中国经济研究中心宏观组:《流动性的度量及其与资产价格的关系》,《金融研究》2008年第9期。

陈继勇、袁威、肖卫国:《流动性、资产价格波动的隐含信息和货币政策选择——基于中国股票市场与房地产市场的实证分析》,《经济研究》2013年第11期。

陈守东、王淼:《我国银行体系的稳健性研究——基于面板VAR的实证分析》,《数量经济技术经济研究》2011年第10期。

陈雨露、马勇:《混业经营与金融体系稳定性:基于银行危机的全球实证分析》,《经济理论与经济管理》2008年第3期。

董小君:《我国杠杆率水平、系统性风险与政策体系设计》,《理论探索》2017年第2期。

方芳、黄汝南:《宏观杠杆率冲击下的中国系统性金融风险的演化》,《安徽大学学报》(哲学社会科学版)2017年第7期。

方意、赵胜民、谢晓闻:《货币政策的银行风险承担分析——兼论货币政策与宏观审慎政策协调问题》,《管理世界》2012年第11期。

高文涵、童中文:《信贷扩张、房价波动与银行系统性风险——基于

SVAR 的实证分析》,《金融与经济》2015 年第 11 期。

高志勇、刘赟:《转型经济国家资本流动与银行稳定关系的实证研究——基于中东欧 8 国面板数据的分析》,《国际贸易问题》2010 年第 7 期。

葛扬、吴亮:《后金融危机条件下我国房地产证券化研究——基于美国房地产证券化实践的启示》,《审计与经济研究》2010 年第 4 期。

巩云华、张若望:《发展中国家的金融脆弱性及其防范》,《国家行政学院学报》2009 年第 6 期。

苟文均、袁鹰、漆鑫:《债务杠杆与系统性风险传染机制——基于 CCA 模型的分析》,《金融研究》2016 年第 3 期。

顾海峰:《信贷配给、银保协作与银行信贷效率改进》,《经济与管理研究》2013 年第 4 期。

桂荷发、邹朋飞、严武:《银行信贷与股票价格动态关系研究》,《金融论坛》2008 年第 11 期。

郭伟:《资产价格波动与银行信贷:基于资本约束视角的理论与经验分析》,《国际金融研究》2010 年第 4 期。

韩旭:《资产价格波动影响金融稳定的银行信用渠道分析》,《经济研究导刊》2012 年第 24 期。

何畅、邢天才:《中国金融体系脆弱性指标体系构建及风险因素分解》,《上海金融》2018 年第 10 期。

何静、李村璞、邱长溶:《信贷规模与房地产价格的非线性动态关系——基于中国直辖市数据的比较研究》,《统计与信息论坛》2011 年第 6 期。

胡援成、舒长江:《我国商业银行脆弱性:利率冲击与金融加速器效应》,《当代财经》2015 年第 12 期。

胡援成、舒长江、张良成:《基于资金循环视角的资产价格波动与商业银行脆弱性分析》,《江西社会科学》2016 年第 8 期。

滑冬玲:《发达国家、发展中国家和转轨国家金融脆弱性成因对比:基于制度视角的分析》,《管理评论》2014 年第 8 期。

黄金老:《论金融脆弱性》,《金融研究》2001 年第 3 期。

黄燕芬、赵永升、夏方舟:《中国房地产市场居民加杠杆:现状、机理、风险及对策》,《价格理论与实践》2016 年第 8 期。

纪敏、严宝玉、李宏瑾:《杠杆率结构、水平和金融稳定——理论分析框架和中国经验》,《金融研究》2017 年第 2 期。

蒋丽丽、伍志文:《资本外逃与金融稳定:基于中国的实证检验》,《财经研究》2006 年第 3 期。

金洪飞、李子奈:《资本流动与货币危机》,《金融研究》2001 年第 12 期。

荆逢春、李翠锦、周一:《外资银行进入、金融脆弱性与企业出口》,《世界经济研究》2018 年第 6 期。

荆中博、方意:《中国宏观审慎政策工具的有效性和靶向性研究》,《财贸经济》2018 年第 10 期。

柯孔林:《货币政策对商业银行系统性风险的影响——来自中国上市银行的经验证据》,《浙江社会科学》2018 年第 11 期。

李健、邓瑛:《推动房价上涨的货币因素研究——基于美国、日本、中国泡沫积聚时期的实证比较分析》,《金融研究》2011 年第 6 期。

李蕾、魏岗:《房地产金融风险的传导及防范》,《河北金融》2013 年第 7 期。

李双成、邢志安、任彪:《基于 MDH 假说的中国沪深股市量价关系实证研究》,《系统工程》2006 年第 4 期。

李义举、梁斯:《"双支柱"调控框架下的政策协调机制研究》,《南方金融》2018 年第 11 期。

梁琪、李政、卜林：《中国宏观审慎政策工具有效性研究》，《经济科学》2015 年第 2 期。

刘超、郝丹辉：《我国金融监管系统运行状态评价——基于协同论和 GM 模型的方法》，《系统工程》2018 年第 2 期。

刘慧悦、罗月灵：《我国金融脆弱性区制状态划分及经济政策取向》，《社会科学》2017 年第 9 期。

刘生福、李成：《货币政策调控、银行风险承担与宏观审慎管理——基于动态面板系统 GMM 模型的实证分析》，《南开经济研究》2014 年第 5 期。

刘湘勤、陈建华：《金融监管中的激励冲突、金融企业家行为与金融脆弱性》，《上海金融》2010 年第 8 期。

刘向耘、牛慕鸿、杨娉：《中国居民资产负债表分析》，《金融研究》2009 年第 10 期。

刘晓欣、王飞：《中国微观银行特征的货币政策风险承担渠道检验——基于我国银行业的实证研究》，《国际金融研究》2013 年第 9 期。

刘哲希、李子昂：《结构性去杠杆进程中居民部门可以加杠杆吗》，《中国工业经济》2018 年第 10 期。

刘知博、贾甫、韦静强：《银行体制、资本市场与房地产金融风险》，《经济体制改革》2014 年第 5 期。

鲁晓东：《金融资源错配阻碍了中国的经济增长吗？》，《金融研究》2008 年第 4 期。

骆祚炎：《资产价格波动、经济周期与货币政策调控研究进展》，《经济学动态》2011 年第 3 期。

马亚明、赵慧：《热钱流动对资产价格波动和金融脆弱性的影响——基于 SVAR 模型的实证分析》，《现代财经》（天津财经大学学报）2012 年第 6 期。

孟庆斌、张永冀、汪昌云：《商业银行最优资本配置、股利分配策略与操作风险》，《系统工程理论与实践》2018年第2期。

倪亚飞：《从金融危机反思我国房地产业发展》，《上海房地》2009年第7期。

乔治·阿克洛夫、罗伯特·希勒：《动物精神》，徐卫宇、金岚译，中信出版社2009年版。

阮湛洋：《我国系统性金融风险指数的构建与测算——基于CISS综合指数方法》，《浙江金融》2017年第5期。

沈中华：《银行危机和货币危机真是共生的么？》，《金融研究》2000年第6期。

舒长江：《基于宏观效应的金融脆弱性：理论与实证》，江西财经大学，2017年。

舒长江：《跨境资本流动与商业银行脆弱性：理论模型与最优货币政策》，《江西社会科学》2017年第12期。

舒长江、洪攀：《基于动态随机一般均衡模型的金融脆弱性与货币政策新框架：理论与数值模拟》，《金融理论与实践》2019年第1期。

舒长江、洪攀、黄佳卉：《基于资金循环流动视角的结构性杠杆与金融脆弱性——理论框架与中国实践》，《财经理论与实践》2019年第1期。

舒长江、胡援成：《宏观流动性、资产价格波动与货币政策新框架选择——基于中国房地产市场的实证分析》，《现代财经》2017年第8期。

舒长江、胡援成：《信贷错配和商业银行脆弱性特征下的金融加速器效应》，《系统工程理论与实践》2019年第10期。

舒长江、胡援成、樊嬬：《资产价格波动与商业银行脆弱性：理论基础与宏观实践》，《财经理论与实践》2017年第1期。

舒长江、罗静：《金融脆弱性与货币政策新框架选择》，《金融与经济》2017 年第 11 期。

宋凌峰、牛红燕、刘志龙：《房价波动、隐含担保与银行系统性风险》，《经济理论与经济管理》2018 年第 3 期。

隋聪、于洁晶、宗计川：《银行间债务违约诱发资产减价出售——基于债务与资产关联的风险叠加传染研究》，《系统工程理论与实践》2017 年第 11 期。

王爱俭、王璟怡：《宏观审慎政策效应及其与货币政策关系研究》，《经济研究》2014 年第 4 期。

王春峰、韩冬、蒋祥林：《基于信息非对称模型的交易行为与波动性关系研究——交易规模和交易频率》，《管理工程学报》2007 年第 1 期。

王晓明、施海松：《资产价格波动形势下货币政策工具的宏观调控效应比较研究》，《上海金融》2008 年第 11 期。

吴云、史岩：《监管割据与审慎不足：中国金融监管体制的问题与改革》，《经济问题》2016 年第 5 期。

肖远企：《国际金融体系的演变研究》，《国际金融研究》2019 年第 4 期。

徐璐、钱雪松：《信贷热潮对银行脆弱性的影响》，《国际金融研究》2013 年第 11 期。

许长新、张桂霞：《国际资本流动对我国银行体系稳定性影响的实证研究》，《亚太经济》2007 年第 1 期。

严佳佳、黄艳、何乐融：《宏观审慎监管能降低系统性风险吗？》，《金融理论与实践》2018 年第 8 期。

杨晨姊：《现阶段房地产金融风险分析与对策》，《当代经济》2018 年第 9 期。

杨海珍、黄秋彬：《跨境资本流动对银行稳健性的影响：基于中国十大银行的实证研究》，《经济与金融管理》2015年第10期。

杨伟、谢海玉：《资产价格与货币政策困境："善意忽视"能解决问题么?》，《国际金融研究》2009年第11期。

叶茜茜：《基于金融脆弱性理论的区域金融风波形成机制与防范研究——以温州为例》，《管理世界》2016年第6期。

于蓓：《宏观审慎框架下中国上市银行系统性风险监测研究》，《财经理论与实践》2015年第2期。

余婧：《中国金融资源错配的微观机制——基于工业企业商业信贷的经验研究》，《复旦学报》（社会科学版）2012年第1期。

余雪飞、宋清华：《"二元"信贷错配特征下的金融加速器效应研究——基于动态随机一般均衡模型的分析》，《当代财经》2013年第4期。

袁利勇、胡日东：《我国宏观经济杠杆的部门结构分析》，《经济问题探索》2018年第9期。

张朝洋：《货币政策立场、宏观审慎管理与风险承担渠道——来自中国银行业的经验证据》，《金融论坛》2019年第2期。

张成科、张欣、高星：《杠杆率结构、债务效率与金融风险》，《金融经济学研究》2018年第5期。

张金清、张健、吴有红：《中长期贷款占比对我国商业银行稳定的影响——理论分析与实证检验》，《金融研究》2011年第9期。

张佩、马弘：《借贷约束与资源错配——来自中国的经验证据》，《清华大学学报》（自然科学版）2012年第9期。

张强、乔煜峰、张宝：《中国货币政策的银行风险承担渠道存在吗?》，《金融研究》2013年第8期。

张睿峰：《杠杆比例、资产价格泡沫与银行信贷风险》，《金融与经济》2009 年第 9 期。

张铁强、李剑、李美洲：《国际资本流动的周期效应及其逆转风险控制研究》，《金融与经济》2013 年第 10 期。

张晓晶、常欣、刘磊：《结构性去杠杆：进程、逻辑与前景》，《经济学动态》2018 年第 5 期。

张雪兰、何德旭：《货币政策立场与银行风险承担——基于中国银行业的实证研究（2000—2010）》，《经济研究》2012 年第 5 期。

张玉：《资产价格波动成因、测度以及对金融不平衡的影响》，《市场经济与价格》2014 年第 2 期。

张元：《金融脆弱性的自增强效应分析》，《技术经济与管理研究》2015 年第 10 期。

张元：《金融脆弱性形成机理及其在中国的表现——流动性错配的视角》，《技术经济与管理研究》2015 年第 9 期。

张云、李宝伟、葛文欣：《明斯基融资类型、金融不稳定和经济增长——基于中国省际数据的实证分析》，《政治经济学评论》2017 年第 5 期。

郑庆寰：《金融脆弱性与房地产价格波动相互作用机制分析》，《价格理论与实践》2009 年第 4 期。

中国金融论坛课题组：《杠杆率结构、水平和金融稳定：理论与经验》，《中国人民银行工作论文》2017 年 2 月 24 日。

中国人民银行内江市中心支行课题组：《银行信贷资源错配与产能过剩问题研究——以钢铁行业的川威集团为例》，《西南金融》2016 年第 3 期。

钟宁桦、刘志阔、何嘉鑫、苏楚林：《我国企业债务的结构性问题》，《经济研究》2016 年第 7 期。

朱民：《全球金融市场：结构性变化和波动》，《国际金融研究》2017

年第 1 期。

庄起善、张广婷：《国际资本流动与金融稳定性研究——基于中东欧和独联体国家的比较》，《复旦学报》（社会科学版）2013 年第 5 期。

英文部分

Adalid, R., and C. Detken, "Liquidity Shocks and Asset Price Boom/Bust Cycles", *European Central Bank*, *Working Paper*, No. 732, 2006.

Adrian T., Borowieck Ki, Tepper A., "A Leverage-Based Measure of Financial Stability", *Social Science Electronic Publishing*, 2014.

Adrian T., Boyarchenko N., Shin H. S., "The Cyclicality of Leverage", *Social Science Electronic Publishing*, 2014.

Adrian, Tobias and Shin Hyun Song, "Liquidity and Financial Cycies", 6th BIS Annual Conference, "Financial System and Macroeconomic Resilience", *Brunnenm*, June 18 – 19, 2007.

Agur, I., *A Model of Monetary Policy and Bank Risk Taking*, Dutch Central Bank Working, 2009.

Akhter S., Daly K., *Bank Health in Varying Macroeconomic Conditions*: *A Panel Study*, International Review of Financial Analysis, Vol. 18, No. 5, 2009.

Allen, Franklin, Carletti, Elena, "Mark-To-Market Accounting and Liquidity Pricing", *Cfs Working Paper*, Vol. 45, No. 2 – 3, 2006.

Allen, Gale, "Competition and Financial Stability", *Journal of Money*, Credit and Banking, No. 6, 2004.

Altunbas Y., Gambacorta L., Marques-Ibanez D., "Do Bank Characteristics Influence the Effect of Monetary Policy on Bank Risk", *ECB Working Papers*, No. 1427, March 2012.

Altunbas Y., Gambacorta L., Marques-Ibanez D., "Does Monetary Policy Affect Bank Risk-taking", *BIS Working Papers*, No. 298, March 2010.

Angelini P., Neri S., Panetta F., "Monetary and Macroprudential Policies", *ECB Working Paper*, No. 1449, June 2012.

Angelini P., Nico S., Vis Co I., "Macroprudential, Microprudential and Monetary Policies: Conflicts, Comple-mentarities and Trade-offs", *Bank of Italy Occasional*.

Angeloni I., Faia E., Duca M., "Monetary Policy and Risk Taking", *Journal of Economic Dynamics & Control*, Vol. 52, 2015.

Angeloni I., Faia E., Duca M. L., "Monetary Policy and Risk Taking", *Journal of Economic Dynamics & Control*, Vol. 52, 2015.

Ansgar, Belke, Walterorth, and RalPhSetzer, "Liquidity and the Dynamic Pattern of Asset Price Adjustment: A Global View", *Paper to Be Presented at the NERO Meeting*, OECD Headquarters, Paris, 2009.

Aspachs O., Goodhart C., Segoviano D. T., "Searching for a Metrie for Financial Stability", *Financial Markets Group (FMG) Special Paper*, 2006.

Back K., Baruch S., "Working Orders in Limit Order Markets and Floor Exchanges", *The Journal of Finance*, Vol. 62, No. 4, 2007.

Ball L., "Efficient Rules for Monetary Policy", *International*, Vol. 2, No. 1, 1999.

Beau D., Clerc L., Mojon B., "Macro-Prudential Policy and the Conduct of Monetary Policy", *Banque De France Working Papers*, No. 390, January 2012.

Bemanke B. and M. Genler, "Should Central Banks Respond to Movements in Asset Priees?", *The Ameriean Eeonomic Review*, Vol. 91, No. 2, 2001.

Bernanke B. and M. Gertler, "Monetary Poliey and Asset Priees Volatility", *Economic Review*, 4th Quarter, Federal Reserve of Kansas, 1999.

Bernanke B., Gertler M., Gilchrist S., "The Financial Accelerator in a Quantitative Business Cycle Framework", *The Handbook of Macroeconomics By J. B. Taylor and M. Woodford*, No. 1, 1999.

Bernanke B., Gertler M., Gilchrist S., "The Financial Accelerator and the Flight to Quality", *The Review of Eeonomics and Statistics*, Vol. 78, 1996.

Bernanke B. S., Gertler M., and Gilchrist S., "The Financial Accelerator and the Flight to Quality", *The Review of Economics and Statistics*, Vol. 78, No. 1, 1996.

Binswanger M., "The Finance Processon Amacroeconomic Level from a Flow Perspective: A new Interpretation of Hoarding", *International Review of Financial Analysis*, Vol. 6, No. 2, 1997.

Borio C., Zhu H., "Capital Regulation, Risk-taking and Monetary Policy: a Missing Link in the Transmission Mechanism?", *Journal of Financial Stability*, Vol. 8, No. 4, 2008.

Borio C., "Implementing the Macroprudential Approach to Financial Regulation and Supervision", *Financial Stability Review*, Vol. 13, No. 13, 2011.

Borio, Claudio and Philip Lowe, "Asset Prices, Financial and Monetary Stability: Exploring the Nexus", *Working Paper* 114, *Bank for International Settlements*, Basle 2002.

Brailsford T. J., "The Empirical Relationship Between Trading Volume, Returns and Volatility", *Accounting & Finance*, Vol. 36, No. 1, 1996.

Buch C. M., Eickmeier S., Prieto E., "In Search for Yield? Survey-based Evidence on Bank Risk Taking", *Journal of Economic Dynamics & Control*, Vol. 43, No. C, 2011.

Calvo G. A., "Staggered Prices in a Utility—Maximizing Framework", *Journal of Monetary, Economics*, Vol. 12, 1983.

Carstens A., Schwartz M. J., "Capital Flows and the Financial Crisis in Mexico", *Journal of Asian Economics*, Vol. 9, No. 2, 1998.

Cerutti E., Claessens S., Laeven L., "The Use and Effectiveness of Macroprudential Policies: new Evidence", *IMF Working Papers*, No. 15/61, March 2015.

Christan E. Welle, "Financial Crises After Financial Liberalisation Exceptional Circumstances Or Structural Weakness?", *The Journal of Development Studies* 38.1, 2001.

Christensen I., and Dib A., "The Financial Accelerator in an Estimated new Keynesian Model", *Review of Economic Dynamics*, Vol. 11, 2008.

Christensen I., Dib A., "The Financial Accelerator in an Estimated new Keynesian Model", *Review of Economic Dynamics*, Vol. 11, 2008.

Claessens S., Ghosh S. R., Mihet R., "Macro-Prudential Policies to Mitigate Financial System Vulnerabilities", *IMF Working Paper*, No. 14/155, August 2014.

Crowe C., Dell'Ariccia G., Igan D., et al., "How to Deal with Real Estate Booms: Lessons from Country Experiences", *Journal of Financial Stability*, Vol. 9, No. 3, 2011.

Cuerpo, Carlos, et al., "Indebtedness, Deleveraging Dynamics and Macroeconomicadjustment", *European Com-Mission, Directorate-General for Economic and Financial Affairs*, No. 8, 2013.

Danielsson J. and Zigrand J. P., *Equilibrium Asset Pricing with Systemic Risk*, Economics Theory, Vol. 35, No. 2, No. 2, 2008.

De Nicolo G., Dell'Ariccia G., Laeven L., Valencia F., *Monetary Policy and Bank Risk-Taking*, IMF Staff Position Notes SPN/10/09, July 2010.

Delis M. D., Kouretas G. P., *Interest Rates and Bank Risk-taking*, Journal of Banking & Finance, Vol. 35, No. 4, 2011.

Demary, Markus, "The Link Between Output, Inflation, Monetary Poliey and Housing Price Dynamics", *Institut Der Deutschen Wirtschaft Koeln*, Vol. 8, May 2009.

Diamond D. W., Dybvig P. H., *Bank Runs, Deposit Insurance, and Liquidity*, Journal of Political Economiy, Vol. 91, No. 03, 1983.

Dornbusch, Rudi, *Fiscal Aspects of Monetary Integration*, American Economic Review, Vol. 87, No. 2, 1997.

Fisher, Irving, *The Debt-deflation Theory Ofgreat Depressions*, Journal of the Econo-Metric Society, No. 7, 1933.

Gabriele A., K. Boratav, and A. Parikh, *Instability and Volatility of Capital Flows to Developing Countries*, World Economy 23, 2000.

Gelain P., Lansing K. J., Mendicino C., *House Prices, Credit Growth, and Excess Volatility: Implications for Monetary and Macroprudential Policy*, Norges Bank Working Paper, No. 2012 l 08, August 2012.

Gerdesmeier, Roffia, and Reimers, "Asset Price Misalignlments and the Role of Money and Credit", ECB Working Paper, No. 1086, 2009.

Goetz V. P., *Asset Prices and Backing Distress: a Macroeconomic Approach*,

Journal of Financial Stability, Vol. 5, No. 3, 2009.

Goldfajn I., Valdes R. O., *Capital Flows and the Twin Crises: the Role of Liquidity*, International Monetary Fund, 1997.

Goodchart C. and Hofmann B., *Do Asset Price Help to Predict Consumer Price Inflation*, Mancherster School, 2001.

Goodhart C., Tsomocos D. Vardoulakis A., *Modelling a Housing and Mortgage Crisis*, CBC Working Paper, No. 547, 2009.

Goodhart C. A. E., Hofmann B., Segoviano M., *Default, Credit Growth and Asset Prices*, London School of Economies Working Paper, 2005.

Gourichas P-O and Obstfeld M., *Stories of the Twentieth Century for the Twenty-First*, American Economic Journal: Macroeconomics, Vol. 4, No. 1, 2012.

Gu H. F., *Credit Rationing Bank Insurance Cooperation and Bank Credit Efficiency Improvement*, Economics and Business Management, No. 4, 2013.

Halling M., and E. Hayden, "Bank Failure Predicition: a Two-step Survival Approach", Working Paper, 2006.

International Monetary Fund, "The Interaction of Monetary and Macroprudential Policies", IMF Policy Papers, January 2013.

Ireland P. G., *Endogenous Money Or Sticky Prices?*, Journal of Monetary Economics, Vol. 11, No. 50, 2003.

Kaminsky G. L. and Reinhart C. M., *The Twin Crises: The Causes of Banking and Balance-Of-Payments Problems*, American Economic Review, Vol. 89, No. 3, 1999.

Kannan P., Rabanal P., Scott A., *Monetary and Macroprudential Policy Rules in a Model with House Price Booms*, IMF Working Paper, No. 09/

251, 2009.

Korinek A., Systemicrisk-Taking: Amplificationeffects, Externalities, And Regulatory Responses, Work-In-Progress of University of Maryland, 2009.

Laeven L., Levine R., *Bank Governance, Regulation and Risk Taking*, Journal of Financial Economics, Vol. 93, No. 2, 2009.

Lamoureux C. G., Lastrapes W. D., *Heteroskedasticity in Stock Return Data: Volume Versus GARCH Effects*, The Journal of Finance, Vol. 45, No. 1, 1990.

Lee C. F., Chen G., Rui O. M., *Stock Returns and Volatility on China's Stock Markets*, Journal of Financial Research, Vol. 24, No. 04, 2001.

Lis S., Herrero A., *The Spanish Approach: Dynamic Provisioning and Other Tools*, Ssrn Electronic Journal, No. 903, 2009.

Lloyd R. Kenward, Kemana Indonesia's Financial Sector?, Agency for International Gevelopment, PPC/CDIE/DI Report, 2002.

Louhichi W., *What Drives the Volume-volatility Relationship on Euronext Paris?*, International Review of Financial Analysis, Vol. 20, No. 4, 2011.

Lu X. D., *Do the Mismatch of Financial Resources Impede China's Economic Growth?*, Journal of Financial ResearchNo. 4, 2008.

Machado, J. A. F., and J. Sousa "Identifying Asset Price Booms and Busts with Quantile Regressions", *Banco De Portugal Working Paper*, No. 8, 2006.

Maddaloni A., Peydró J. L., *Bank Risk-taking, Securitization, Supervision, and Low Interest Rates: Evidence from the Euro-area and the U. S. Lending Standards*, Review of Financial Studies, Vol. 24, No. 6,

2011.

Marsh T. A., Wagner N. F., "Return-volume Dependence and Extremes in International Equity Markets", *Working Paper*, *Walter A. Haas School of Business*, 2000.

Meng Q. B., Zhang Y. J., Wang C. Y., *Optimal Capital Allocation Dividend Strategy and Operational Risk of Commercial Banks*, Systems Engineering-Theory & Practice, Vol. 38, No. 2, 2018.

Milton Friedman, Anna J. Schwartz, *A Monetary History of the United States*, 1867 – 1960, Nber Books, Vol. 70, No. 1, 1963.

Minea A., Parent A., *Is High Public Debt Always Harmful to Economic Growth? Reinhart and Rogoff and Some Complex Nonlinearities*, Working Papers, 2012.

Minsky H. P., "The Financial Instability Hy-pothesis", *Palgrave Macmillan U. K.*, 1992.

Minsky P. D., Hyman P., *How "Standard" is Standard Economics*, Vol. 14, No. 3, 1977.

Misati R. N. and Nyamongo E. M., *Financial Liberalization, Financial Fragility and Economic Growth in Sub-saharan Aferia*, Journal of Financial Stability, Vol. 8, No. 3, 2012.

Mishkin Frederic, "Understanding Financial Crisis: a Developing Country Perspective", *Annual World Bank Conference on Developing Economics 1996*, World Bank, Washing, D. C.

Mishkin, Frederic S., "The Transmission Mechanism and the Role of Asset Priees in Monetary Poliey", *NBER Working Paper*, No. 8617, 2001.

Nicholas, A. Pergis, "Housing Prices and Macroeconomic Factors: Prospects with in the European Monetary Union", *International Real Estate Review*, 2003.

Nier E. W., Zicchino L., *Bank Losses, Monetary Policy and Financial Stability-evidence on the Interplay from Panel Data*, IMF Working Paper No. 08/232, September 2008.

Obstfeld M., *Trilemmas and Trade-Offs: Living with Financial Globalisation*, BIS Working Papers, No. 480, 2015.

Ozsoylev H. N., Takayama S., *Price, Trade Size, and Information Revelation in Multi-period Securities Markets*, Journal of Financial Markets, Vol. 13, No. 1, 2010.

Pavlova, Anna, Rigobon, Roberto, *The Role of Portfolio Constraints in the International Propagation of Shocks*, Review of Economic Studies, Vol. 75, No. 4, 2008.

Policy, "Evidence from Cointegrated VAR Models", Unpublished Working Paper University of Oxford, Nuffield College and University of Copenhagen, Departrment of Eeonomies.

Ramayandi A., Rawat U., Tang H. C., *Can Low Interest Rates Be Harmful: an Assessment of the Bank Risk-taking Channel in Asia*, Working Papers on Regional Economic Integration, No. 123, January 2014.

Reinhart C. M., Rogoff K. S., *Errata: Growth in a Time of Debt*, American Economic Review, Vol. 100, No. 2, 2010.

Romer C., Romer D., *Does Monetary Policy Matter? A new Test in the Spirit of Friedman and Schwartz*, NBER Macroeconomics Annual, Vol. 4, 1989.

Ronald I. Mckinnon, *International Overborrowing: a Decomposition of Credit and Currency Risks*, World Development, Vol. 26, No. 7, 1998.

Rueffer R., Stracea L., "What Ls Global Exeess Liquidity, And Does Lt Matter?", *ECB Working Paper* 696, Frankfurt A. M., 2006.

Sarno, L. and M. P. Taylor, *Hot Money, Accounting Labels and the Permanence of Capital Flows to Developing Countries: An Empirical Investigation*, Journal of Development Ecomonics, Vol. 59, 1993.

Sedik T. S., Sun T., *Effects of Capital Flow Liberalization—what is the Evidence from Recent Experience of Emerging Market Economics?*, IMF Working Paper, No. 12/275, 2012.

Shin H. S., *Risk and Liquidity in a System Context*, BIS Working Papers, 2006.

Stiglitz Joseph E. Economics Crises, *Evidence and Insights from East Asia*, Brooking Papers on Economic Activity, Vol. 2, 1998.

Stiglitz J. E., Weiss A., *Credit Rationing in Markets with Imperfect Information*, American Economic Review, Vol. 71, No. 71, 1981.

Suh H., *Macroprudential Policy: Its Effects and Relationship to Monetary Policy*, FRB of Philadelphia Working Paper, 2012.

The Project Group of the Central Branch of the People's Bank of China, Neijiang City, *Research on Bank Credit Resource Mismatch and Overcapacity Problem: Taking the Chuan Wei Group of Iron and Steel Industry As an Example*, Journal of Southwest Finance, No. 3, 2016.

Wang B., Sun T., *How Effective Are Macroprudential Policies in China?*, IMF Working Paper, No. 13/75, March 2013.

Wilson J. W., *An Analysis of the S & P500 Index and Cowles' Extensions: Price Indexes and Stock Return*, 1870 - 1999, Journal of Business, No. 75, 2002.

Xu L., Qian X. S., *The Impact of the Credit Boom on Bank Vulnerability*,

Journal of International Financial Research, Vol. 11, 2013.

Yu J., *The Micro Mechanism of Mismatch of Financial Resources in China: an Empirical Study Based on Industrial Enterprises Commercial Credit*, Journal of Fudan (Social Science Edition), No. 1, 2012.

Yu X. F., Song Q. H., *A Study of the Financial Accelerator Effect Under the "Two Yuan" Credit Mismatch Characteristics: Based on the Dynamic Stochastic General Equilibrium Model*, Contemporary Finance & Economics, No. 4, 2013.

Yun T., *Nominal Price Rigidity, Money Supply Endogenously, Business Cycle*, Journal of Monetary Economics, Vol. 37, 1996.

Zdzienicka A., Chen S., Kalan F. D., et al., *Effects of Monetary and Macroprudential Policies on Financial Conditions: Evidence from the United States*, IMF Working Paper, WP/15/288, December 2015.

Zhang P., Ma H., *Borrowing Constraints and Resource Mismatch: Empirical Evidence from China*, Journal of Tsinghua University (Natural Science Edition), Vol. 9, 2012.